TAC建築設備シリーズ

第2版

いちばんよくわかる
給排水・衛生設備

TAC建築設備研究会

はじめに

今日の日本社会は、あらゆるものの価値観について再考されるべき状況にあると言えるでしょう。建築物の価値という点においても例外ではなく、社会的ストックという観点からも以前のように簡単にスクラップアンドビルドなどと言っている状況にはありません。長期にわたって、その価値を維持・更新し続けることが大変重要な課題となりつつあります。

建築物を人間の体にたとえると、建築躯体や外装は、骨格・筋肉や皮膚・容姿に当たり、建築設備は、血管・リンパ管・神経などいわゆる循環器系及び神経系の部分に当たると言えるでしょう。それ故に、建築基準法第2条において「建築物は、建築本体に建築設備を含んだもの」と定義されています。建築物は、時代を先取りする省エネ・新エネなど先端的設備技術によるリニューアル化などで適切な新陳代謝を行うことにより、常に使い勝手の良い、快適で最適な空間を提供し続けることができ、その価値が高まります。このことからも、今後、建築においても設備やその維持管理についての知識が重要になるであろうことは疑う余地はありません。

ビル管理においてもベテランと言われる人は存在しますが、その人たちも始めは初心者であったはずです。本書は建築設備について全く知識を持っていない初心者の方から、これから建築設備やその維持管理の実務に就く方々を対象に、できるだけ平易な表現を心がけて記述されていますので、大枠のイメージをつかんでいただき基礎知識の習得に活用いただければ幸いです。

令和6年1月

工学院大学名誉教授
ＮＰＯ法人建築環境・設備技術情報センター（ＡＥＩ）理事長
中島　康孝

目　次

Part 1

給排水・衛生設備

建物があると、必ずトイレや洗面所があります。どんな水がどこからやってきて、どこへ排水されるのでしょうか？　このパートでは、給排水衛生設備の導入として基本的な事柄について話します。

給排水衛生設備の歴史

水のある所に人の営みがある

人々が生活を営む住居の近くには、必ず「水」が存在します。古来より水のあるところに人は集まり、集落ができ、そして都市が形成されてきました。紀元前の都市にはすでに、井戸、水道、下水道などといった「都市」の機能があったといわれています。

都市機能としての設備

上下水道は、都市機能です。都市機能は、給排水衛生設備に大きく影響します。住居には、上水道が井戸や湧き水、川から引かれ、都市は大きく発展してきました。しかし、水を使った後の下水は、浄化処理されずに、そのまま川に流すことで済ましてきました。ローマ帝国などの大都市が滅びた後も、19世紀末までの長い間、下水は処理されずに川にそのまま流していました。その結果、非衛生的な状態が長い期間続きました。都市の発達とともに、人口が増え、密集してくると、下水の汚れ、川の汚れはますますひどくなり、伝染病も多発しました。

19世紀以降、下水の処理施設が開発され、建物内の衛生器具、衛生配管システムが改良、考案され、下水道処理施設が整備されました。

日本の給排水衛生設備の歴史

日本には、平城京の時代より、生活用水を井戸から得て、排尿・排便は共同便所で行ってきました。し尿を肥料にするための汲み取り便所はすでに14世紀には確立されていました。そのため、下水道がなくても、人々は臭気などになやまされずに暮らすことができました。

明治時代に入り、文明開化によってビルの建築技術とともに、衛生設備技術も西洋から入ってきました。現代の日本の衛生設備技術は、そのころから研究、発達した技術です。

近年の給排水衛生設備は、建築関係の技術者だけでなく造船、機械、土木、化学、生物関連など様々な技術が複合されて成り立っています。水質維持、排水浄化、水の節水技術など様々な分野の技術者が、給排水の技術を支え進歩させています。

また、これからの給排水衛生設備は、科学の特定分野だけではなく、水の使用状態、給水、配水などの水の意識など、人文科学分野からのアプローチも必要となりつつあります。

給排水衛生設備は、「人がいての技術」であり、人の歴史と深く結びついてきて、これからも人の歴史とともに発展していくでしょう。

世界の下水道の歴史

	年号	主な出来事
古代	紀元前 5000 年頃	バビロン等で下水道ができる。（メソポタミア文明）
	紀元前 2000 年頃	モヘンジョ・ダロの下水道ができる。（インダス文明）
	紀元前 600 年頃	ローマで下水道ができる。
中世	1350 年頃	ヨーロッパでペストが大流行する。
	1370 年	パリ（フランス）に下水道ができる。
近代	1740 年頃	パリ（フランス）の環状大下水道が完成する。 （ビクトル・ユーゴ「ああ無情」にも登場する。）
	1760 年頃	イギリス産業革命
	1810 年頃	水洗トイレがイギリスの都市で使われ始める。
	1848 年頃	ハンブルグ（ドイツ）に下水道ができる。
	1848 年頃	ロンドン（イギリス）でコレラが大流行する。
	1858 年頃	シカゴ（アメリカ）に下水道ができる。
	1863 年頃	ロンドン（イギリス）に下水道ができる。
	1914 年頃	活性汚泥法（微生物を用いた下水の近代的処理方法） の最初の処理場がイギリスにできる。

日本の下水道の歴史

日本は古くから
し尿を肥料として
活用してきた。

日本で最初の水洗便所
といわれている。

高野山の便所（平安時代）

トラブル事例

わずか20年ばかり前の建物でも、給排水管に鉛管を使用している場合もあります。接続には鉛を溶かして行います。しかし、鉛管は作業に手間どり、現在ではほとんで見られません。そのため、職人に「鉛管接続」とか「鉛管曲げ」を依頼しても難しいでしょう。

あって当たり前のインフラ

水が当たり前にある暮らし

水栓をひねれば安全な水が満足に出て、排水は、逆流せずに、速やかに流れるのがごく当たり前ですが、当たり前のことが、当たり前でなくなると、どのようなことが起こるのでしょうか。

上水設備

水道設備は、配管から勢いよく水が流れてくるのが当たり前です。これは、水に圧力があり、水量が満足に出ているためです。給水に圧力がないと、給水配管の外から、他の液体が入り込んでくる恐れがあります。断水した際は、給水配管に圧力がなくなり、末端の水栓から汚染された水が吸い込まれ、配管内に細菌や有害化学物質が入り込んでしまい、伝染病などの事故が起こる可能性があります。このため、大便器などには逆流防止処置（排水が直接引き込まないような衛生器具）や水栓器具にはチャッキ弁が取り付けられています。

排水設備

排水設備は、上水設備のように圧力をかけて水を流す方式ではなく、自然流下に任す方式ですので、自然に速やかに流れるようにするための配管システムをとっています。配管システムは、最適な配管サイズ、配管方式をとらなければ、水が詰まり、排水が逆流する事故などの原因となってしまいます。

クロスコネクションの禁止

給水管と他の排水管などを、間違って接続した配管を、クロスコネクションといいます(P.34)。これは、非常に危険な配管として禁止されています。

給水管と排水管を接続すると、水を出せばすぐにわかるので是正ができますが、上水と井戸水、中水などを間違って配管した場合は、発見が遅くなり、病気などの事故が起きてしまうことがあります。

通常は、流す水の種類によって、配管の種類を変える、配管継手を変えて配管するなどの処置をとり、竣工時には、色をつけた液体を流して確認するなど、事故防止のための処置をしていますが、一部改修工事などをした場合などは、クロスコネクションを起こさないように細心の注意が必要です。

器具設備

衛生器具は、給水管と排水管を同じ器具に取り付けていますので、給水の汚染に対しては、十分に安全対策をしなくてはいけません。洗面器、流しなどは水栓の下部と器具の水面の距離を保つようにし、大便器、小便器は、洗浄弁にバキュームブレーカー（P.34）という、排水が逆流しない装置が取り付けてあります。

暮らしに欠かせない水

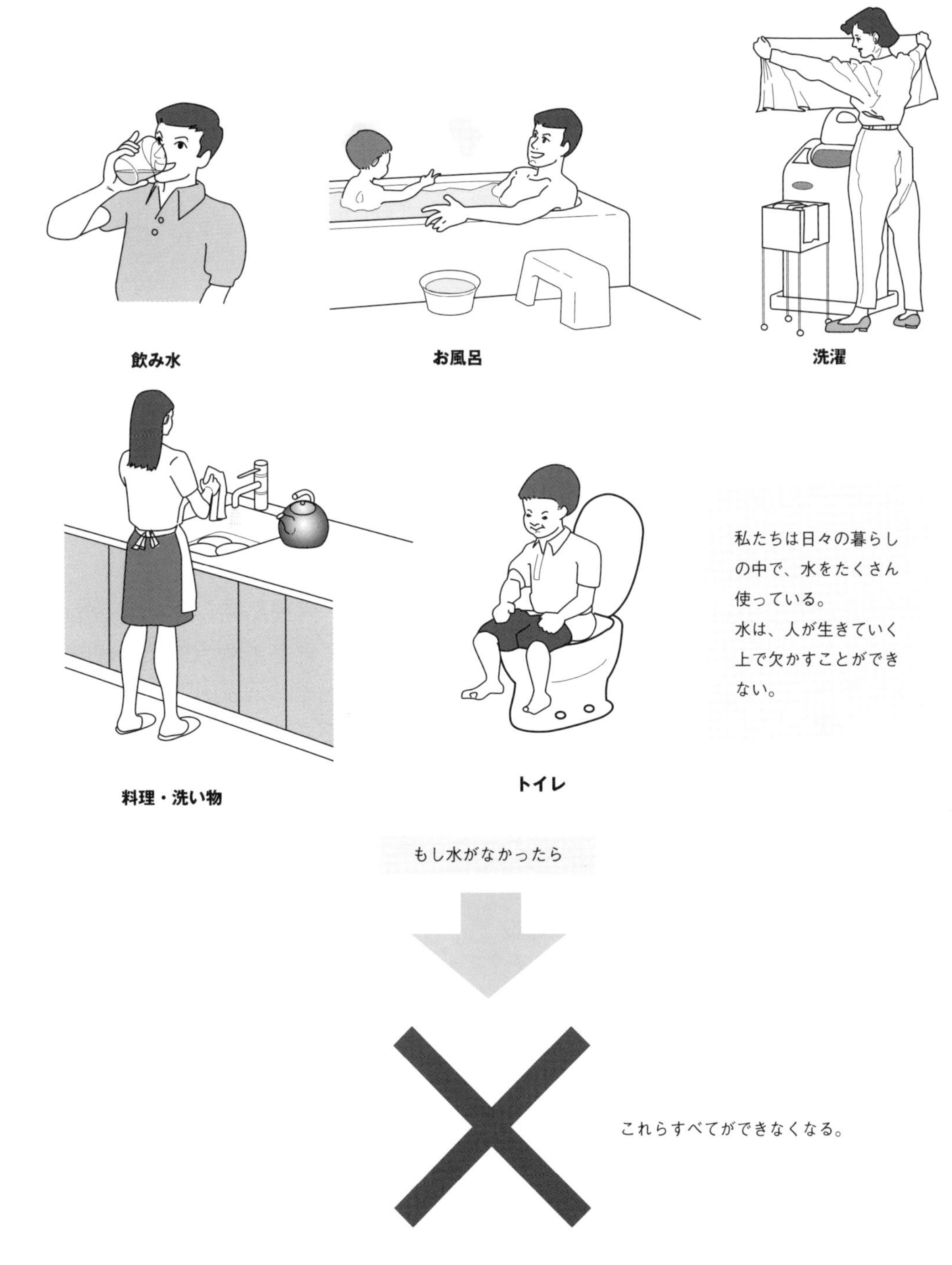

用語解説

チャッキ弁……チャッキ弁とは、逆止め弁・戻り止め弁ともいい、流体の流れを一方向のみ許し、反対方向に流されることを阻止するよう作動するバルブのこと。

上水道

上水道とは

上水道は、川からの取水、貯水池、貯水ダム、浄水場など、水の供給設備一般を表します。

日本において、上水道は、水道法による水道のことを指し、「水を清浄して豊富低廉な水の供給を実現する」と定められています。

わたしたちは、水道水を何不自由なく安全に、そして安心して使うことができますが、それではその水道は、どうやってわたしたちに水を届けているのでしょうか。

水道の定義

水道法では、水道について、「水道とは、導管およびその他の工作物により、水を人の飲用に適する水として供給する施設の総体をいう。ただし、臨時に施設されたものを除く」と定義しています。

つまり、水道の原水を取り入れる取水施設、水道原水を貯水する貯水施設、水道原水を浄水施設まで導水する導水施設、取水した水道原水を人が飲用できる水に処理する浄水施設、浄水を一時的に貯留しておく配水池・配水搭、浄水施設から配水池等まで送水する送水施設、配水池等から需要者の近くまできめ細かく水を配る配水管、配水管から分岐して給水する給水装置、これが水道であり、導管のないもの、人の飲用に適さないものは水道とはいいません。

水道の基準

水質の基準　水質の基準としては、病原菌に汚染していない、有害重金属を含まない、銅、鉄、フッ素などの物質が許容量を超えていない、アルカリ・酸の許容地を越えていない、異常な臭気を発しない、無色透明である、などがあります。

水道事業・管理基準　水道施設の基準は、需要者に対して安全に豊富な水量を低廉に供給できる施設を持ち維持管理することです。水道事業者は、地域独占事業として経営する権利を国から与えられています。つまり、ほとんどの水道は地方公共団体が運営しています。水道は、給水メーターの公道側までが水道施設と考えます。

しかし、マンションなど、受水槽があり、水道メータが各戸についているようなところでは、簡易専用水道といって、管理を法律で義務付けられています。

消毒　水道水の消毒は基本的に塩素で行われています。大腸菌や細菌などの病原菌に対して、塩素による殺菌消毒が有効です。

よく水道水が消毒臭いといわれるのは、水道水の中に残留塩素として残っているためです。

上水道施設

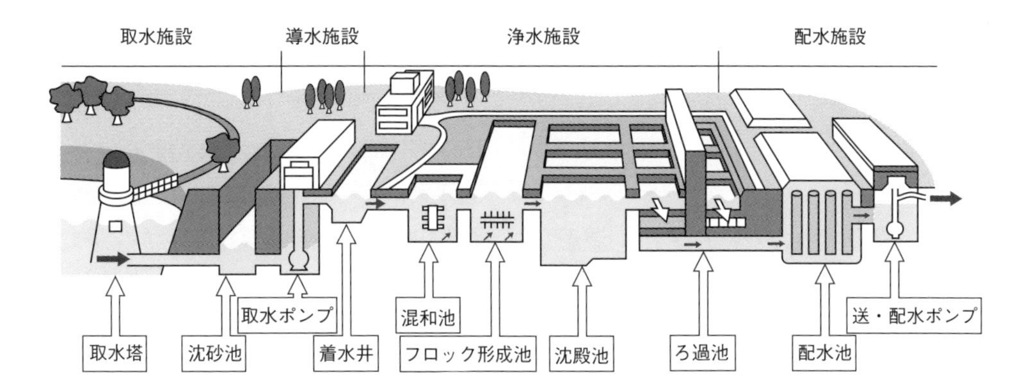

水道法による水質基準

項目	基準値
一般細菌	1mℓの検水で形成される集落数が 100 以下であること。
大腸菌	検出されないこと。
シアン化物イオン及び塩化シアン	シアンの量に関して、0.01mg/ℓ以下であること。
フッ素及びその化合物	フッ素の量に関して、0.8mg/ℓ以下であること。
銅及びその化合物	銅の量に関して、1.0mg/ℓ以下であること。
ナトリウム及びその化合物	ナトリウムの量に関して、200mg/ℓ以下であること。
有機物（全有機炭素（TOC）の量）	3mg/ℓ以下であること。
pH 値	5.8 以上、8.6 以下であること。
味	異常でないこと。
臭気	異常でないこと。
色度	5 度以下であること。
濁度	2 度以下であること。

＊R2.4.1 施行のものより抜粋

用語解説

飲用水道水……人が飲んだり接触してもよい品質の水のこと。その他に、地域により工業用水道が引かれているところがある。人の飲用には適さないが、洗浄、その他工業用には適する水である。

水の性質

水の物理的性質

水は常温、常圧では液体ですが、温度と圧力によって、固体・液体・気体(水蒸気)に変化します。1気圧(通常の状態)であると、0℃で氷になり、100℃で水蒸気になります。0℃を、凝固点、100℃を沸点といいます。

0℃では、0℃の氷と0℃の水が存在しますが、0℃の氷から0℃の水になるとき、熱を発散し、0℃の水から0℃の氷になるときには熱を奪います。その熱量は、333.6KJ/kgです。これを、凝固熱(融解熱)といいます。

100℃の水から100℃の水蒸気、100℃の水蒸気から100℃の水になるときも、熱のやり取りがあります。その熱量は、2,256KJ/kgで、蒸発潜熱といいます。

水の密度は温度の上昇と共に減少します。100℃のとき比重量は、958.3kg/㎥となり、比容積は1,043.4㎤/kgとなり約4.3%増加します。最大密度は1気圧で4℃のときで、それ以下になると容積が増加し、0℃になると氷になって固まって容積が大きくなります。その容積は、液体の場合の約10%増加します。

空気含有率

水の中は、空気が溶けていて、たとえば20℃の水には体積の2%ほど空気が含まれています。水が溶かせる気体の量は一般的に圧力が高いほど、温度が低いほど多いので、液体の圧力が低下したり、温度が上昇すると、液体の中に溶けていた空気は、気泡となって出てきます。お湯を沸かすと、お湯の中から気泡が出て空気が出てくるのはこのためです。

水のpH値(酸・アルカリ性)

水は酸素と水素の化合物で、水中に電離している水素イオンH^+と水酸イオンOH^-の数が同数のため、「中性」といいます。

pHは水素イオン濃度を表す指数で、水素イオン指数とも呼ばれています。水の中に塩酸や水酸化ナトリウムなどの溶液が入ると、水素イオンや水酸イオンの量が変わるため、中性ではなくなります。$pH=7$は中性、$pH<7$は酸性、$pH>7$はアルカリ性となります。

何も混じっていない水は中性で、pH値といわれるものでは、pH7です。

水の硬度

水中に含まれるマグネシウム、カルシウムなどの塩類の含有量を示したものを「軟水」「硬水」と呼びます。一般の水では、約90～100㎎/ℓ、この値より大きいと硬水、小さいと軟水となります(水道法の水質基準では300㎎/ℓ以下とされています)。

水の物理的性質

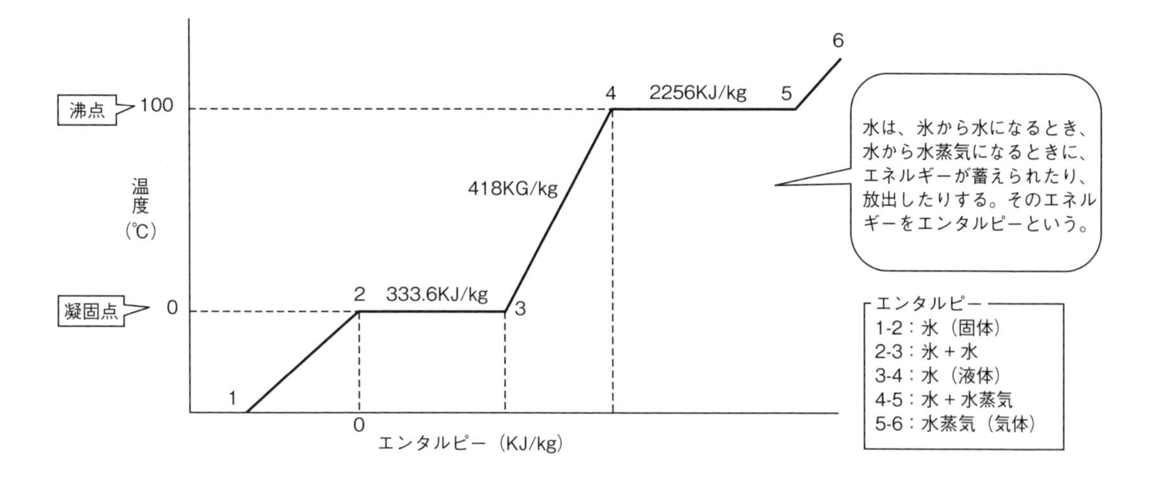

水道水のｐＨ値

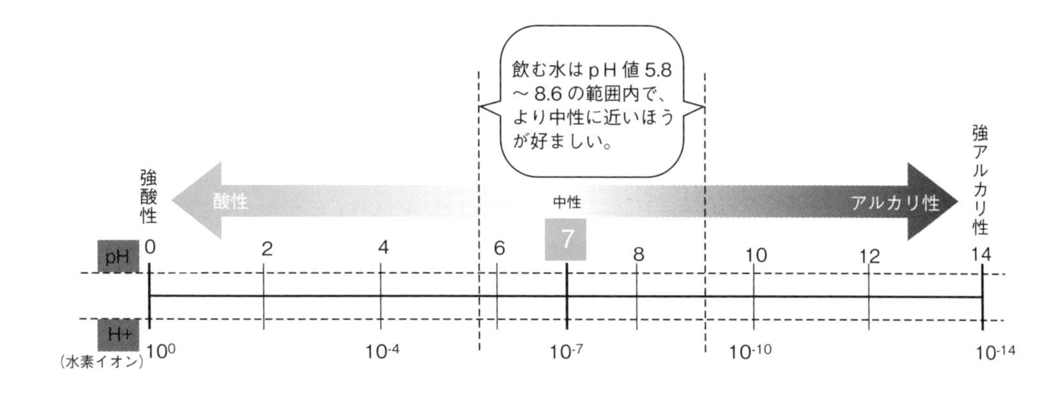

ワンポイントアドバイス

ペットボトルに水を入れて冷凍庫に入れておくと、ペットボトルが膨らんで凍ります。これは、液体が固体になり、容積が大きくなることを表しています。

下水道

下水道とは

下水道は、建物の敷地から外に出て下水管に流れていくもので、都市施設です。公共性があり、都市の健全な発展、公衆の保健衛生などから、都市の機能として欠くことのできない施設です。

下水道の定義

下水道法により、下水道とは、「下水を排除するために設けられる排水管、排水渠(きょ)その他の排水施設(灌漑(かんがい)排水施設を除く)で、これに接続して下水を処理するために設けられる処理施設(し尿浄化槽を除く)又はこれらの施設の補完のために設けられるポンプ施設その他の施設の総体をいう。」と規定されています。

また、下水とは、「生活もしくは事業(耕作の事業を除く)に起因し、もしくは付随する廃水(以下(汚水)という)または雨水をいう。」と規定されています。

つまり、敷地から出たところから下水を処理し、川や湖沼に出るまでが下水道で、下水とは通常生活や事業で使った廃水、または雨水が下水ということになります。

下水道の種類

下水道は、下水道法により下水道の種類が、公共下水道、流域下水道、都市下水道の3つに分かれています。

また、下水の排除方式には、下水道の地域や規模などによって、合流式と分流式の2つがあります。

合流式

合流式は、汚水と雨水を同じ管渠系統で、排除する方式です。

この方式は、分流式に対して施工が容易かつ経済的ですが、大量の汚水が発生したときに、公共用水域(川や湖沼など)に処理されずに、直接放流されてしまったり、雨水のない晴天時は、下水道管内で適度な流速が確保できず、管内に汚水中の浮遊物が沈殿してしまうなどの問題が発生してしまうことがあります。

分流式

分流式は、汚水と雨水を別々の管渠系統で排除する方式です。この方式は、公共用水域の汚濁防止に効果があるとされています。

しかし、雨の降り始めの際は路面排水が処理されずに公共用水域に流れてしまいます。合流式にくらべ、施工費は多額になりますが、水質汚濁防止などで有効なことが多く、そのような理由から、分流式を採用するところが多くなっています。

公共下水道の例

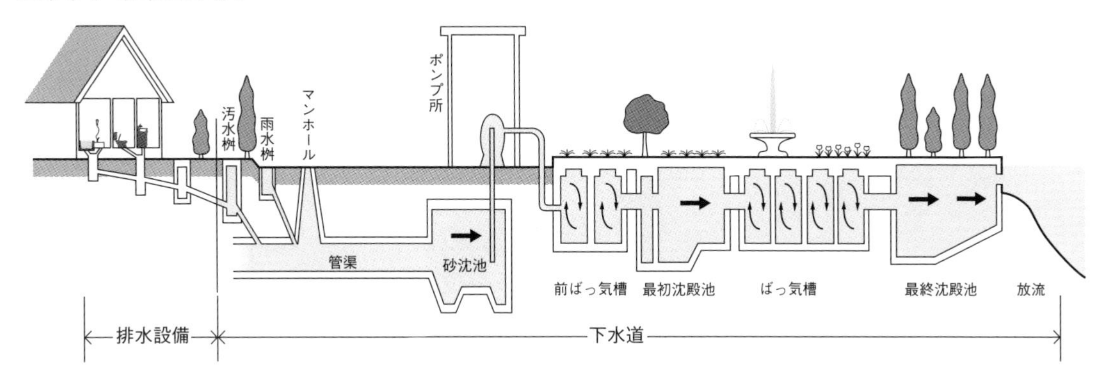

下水の排除方式

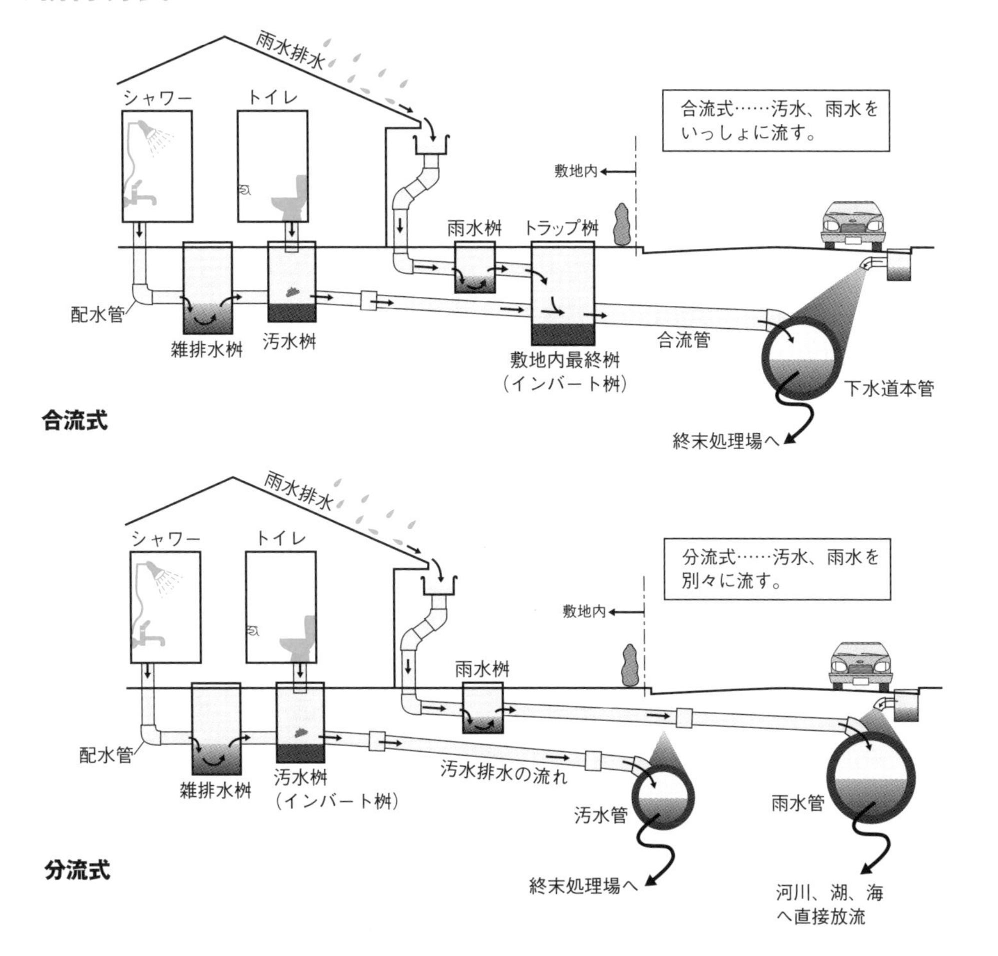

用語解説

管渠……下水道は自然流下が基本。液体を配管で流さない場所を「管渠」という。ふたをしているところを「暗渠（あんきょ）」、川などの開放しているところを「開渠（かいきょ）」という。

下水処理施設

下水の流れ

下水は、下水道が管渠から流れ、ポンプ場を経て、終末処理場に送られます。しかし、下水に流れる排水は、何でも流してもいいというわけではなく、流してもいい排水、流してはいけない排水があります。

ポンプ場

ポンプ場には、下水が自然流下により、雨水を排水できないときに設ける排水ポンプ場、地域内の汚水を次のポンプ場または終末処理場まで送水するため揚水を行う中継ポンプ場、処理場内ポンプ場などがあります。

ポンプ場の主な施設は、沈砂池、スクリーン、ポンプます、ポンプなどから構成されています。

終末処理場

終末処理場は大きく分けて、水処理施設と汚泥処理施設の二つになります。

水処理施設は、処理の方法により標準活性汚泥法、標準散水ろ床法、高速散水ろ床法、モデファイトエアレーション法、沈殿法など多種多様であり、放流水質など地域の状況により、採用されています。一般に、標準活性汚泥方式の場合、はじめに下水中の沈殿可能な物質を沈殿池で沈殿分離します。沈殿物は汚泥処理施設に送り、下水は、曝気槽(エアレーションタンク)で活性汚泥と混合されて、攪拌され、空気を吹き込まれて、曝気(エアレーション)されます。活性汚泥は、塊り(フロック)になり、フロックの周りに下水中の有機物を吸着し、フロックの中の好気性微生物(バクテリア)がその有機物を食べて酸化分解します。バクテリアは、有機物を食べることにより増殖を続け、フロックが大きくなります。十分にエアレーションされた下水は、最終沈殿池に送られ、フロックは沈殿し、上澄水は消毒され、公共水域に放流します。

汚泥処理施設は、はじめに下水処理場の沈殿池と最終沈殿池で多量に発生した汚泥を汚泥貯留槽にためます。この汚泥は、有機性物質を多量に含んでいるので、腐敗し悪臭が発生しやすく、病原菌を含み不衛生です。

その後、汚泥は、遠心分離機などで水分を分離し濃縮され、焼却などにより最終処分されます。

その際、薬品や重金属を含む下水を流すと、下水処理ができなくなります。

また、下水管を侵食したり、管渠を損傷する恐れのあるものは、下水道には流せません。その場合、下水処理ができなくなる物質の原因となるものを取り除いてから、下水に流すよう法律で定められています。

下水処理の流れ

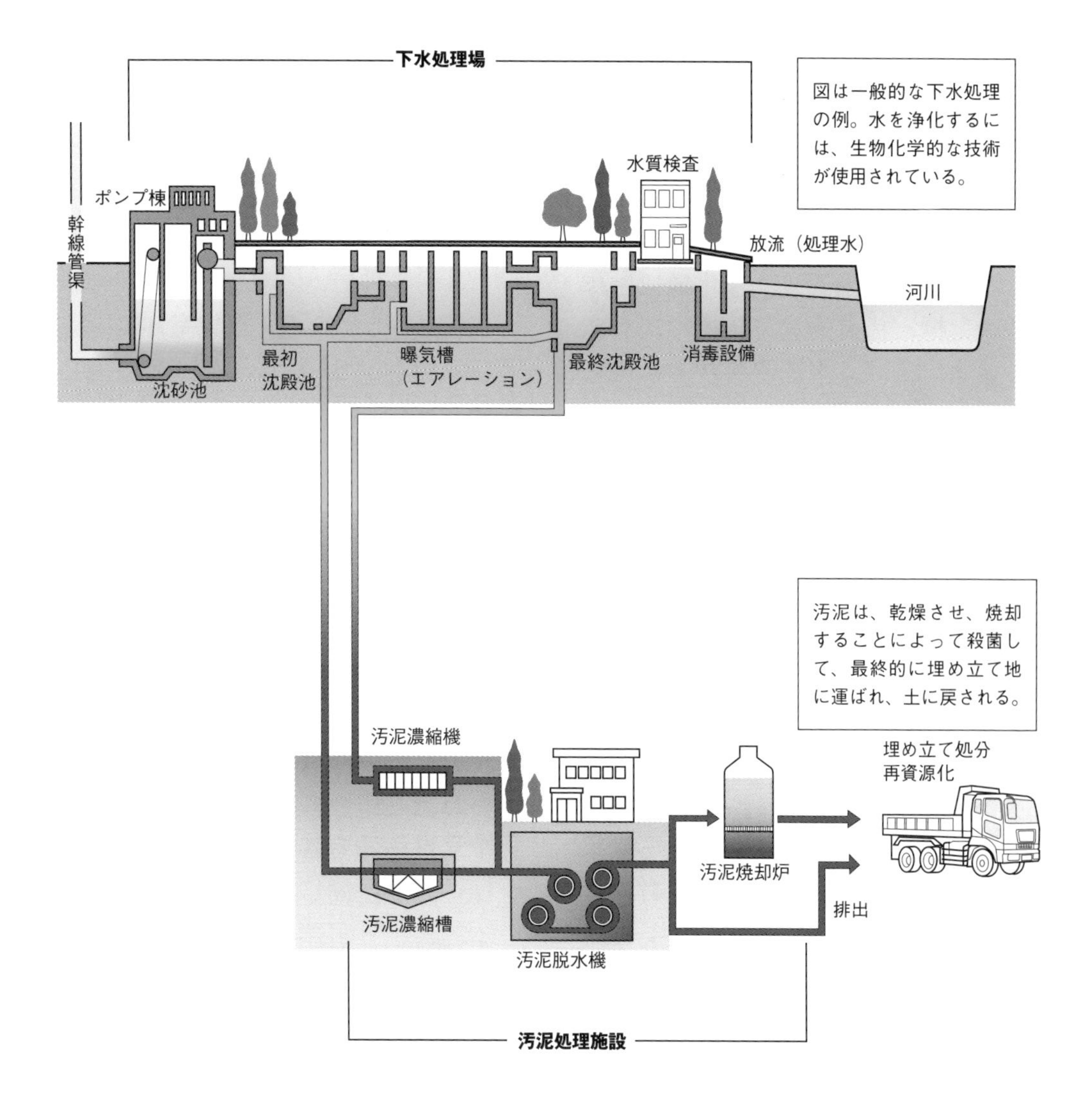

用語解説

曝気……水の中に、水槽の下部から大量に空気を送り込むこと。
攪拌……大きなスクリューによって、汚水を混ぜ合わせること。

浄化槽

浄化槽の種類

浄化槽は、下水道がない場所に用いるための浄化処理設備です。浄化槽には単独処理浄化槽と合併処理浄化槽があります。単独浄化槽は、水洗便所から排出される汚水だけを処理するし尿浄化槽です（平成13年より新設は禁止されています）。合併処理浄化槽は、水洗便所から排出される汚水だけでなく、手洗い、厨房、浴室などその他の雑排水を一緒に合流して処理するものです（雨水は浄化槽に入れません）。

浄化槽の処理方式・生物処理方式

汚水を接触材の表面に形成されている微生物（生物膜、好気性菌）に接触させることにより酸化分解し、浄化する方法です。処理可能な微生物の種類が多く、気温や汚水の変化に対応しやすく、また安定した機能が期待でき、発生汚泥量も少なく管理が容易であるため、家庭用の小規模合併処理浄化槽はこの方式が採用されています。以下、生物処理方式を用いた各処理方法を説明します。

散水ろ床方式　腐敗室で沈殿分離させ、その上澄みをろ材（硬質プラスチックなど）に通過させ、好気性菌によって分解させる方式です。

接触曝気方式　生物膜法で有機物を除去する方式です。

回転板接触方式　汚水中の有機物を回転板を利用して除去する方式です。

浄化槽の処理方式・活性汚泥方式

エアレーション室（曝気室）内に浮遊している活性汚泥と汚泥物質を接触させ、吸着、酸化、固液分離させて汚水を浄化する方法です。効率よく大規模処理をするには適していますが、汚泥量が大量に発生するため管理が必要です。以下、活性汚泥方式を用いた各処理方法を説明します。

長期曝気方式　曝気槽内に曝気装置を設けて長時間槽内の汚水を均等に撹拌し、十分な酸素を供給して有機物を除去する方法です。

標準活性汚泥方式　下水道処理施設の活性汚泥法と同じ方法です。浄化槽は基本的に、下水道処理場の水処理システムと同じ方法がとられていますが、汚泥の処理はしないので、汚泥を外部から引き抜かなくてはいけません。そのため、汚泥引き抜きなどの維持管理が必要です。

浄化槽の水質基準

浄化槽は、公共水域に放流しますので、建築基準法で決められていますが、地域により排出基準が規制されているところもあります。基準の指標は、処理対象人数とBOD除去率で決められています。

浄化槽の処理方式

処理方式	フローシート	処理方法	処理対象人員（人）
生物処理方式	 流入→嫌気ろ床槽→接触曝気槽→沈殿槽→消毒槽→放流	嫌気ろ床接触曝気方式	5～50
	流入→沈殿分離槽→①回転板接触槽／②ポンプます→散水ろ床→分水装置（返送水→ポンプます）／③接触曝気槽→沈殿槽→消毒槽→放流 汚泥 はく離汚泥	①回転板接触方式 ②散水ろ床方式 ③接触曝気方式	5～50 51～500 51～500 ①③51～500
	流入→スクリーン→流量調整槽→①回転板接触槽／②ポンプます→散水ろ床→分水装置（返送水→ポンプます）／③接触曝気槽→沈殿槽→消毒槽→放流 汚泥、はく離汚泥→汚泥濃縮設備→汚泥貯留槽 脱離液→流量調整槽 （500人以下は汚泥濃縮貯留槽とする）	①回転板接触方式 ②散水ろ床方式 ③接触曝気方式	101～500 501～2000 101～500 501～ ①101～ ②501～ ③101～
活性汚泥処理方式	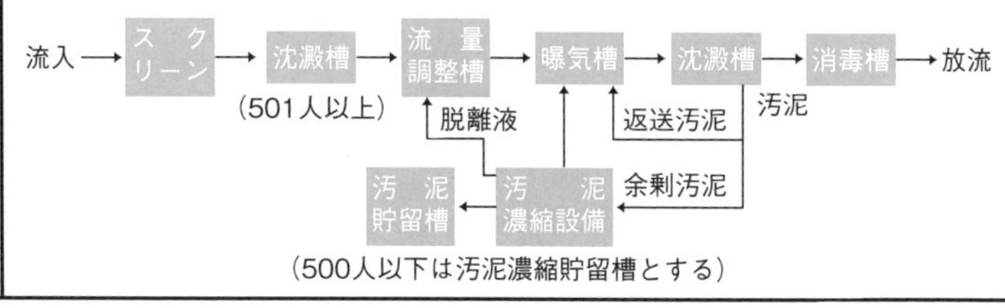 流入→スクリーン→沈殿槽（501人以上）→流量調整槽→曝気槽→沈殿槽→消毒槽→放流 脱離液、返送汚泥、汚泥、余剰汚泥→汚泥濃縮設備→汚泥貯留槽 （500人以下は汚泥濃縮貯留槽とする）	長期曝気方式	101～500 501～2000 101～500 501～5000 101～
		標準活性汚泥方式	5001～

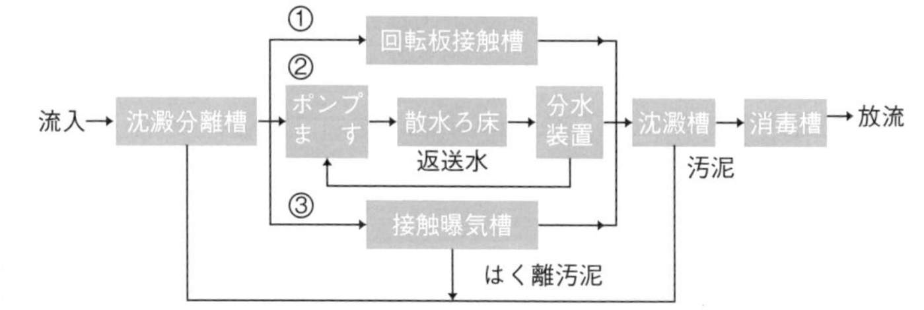

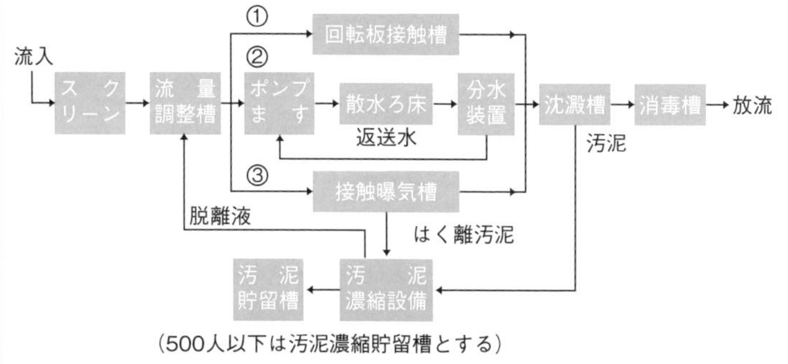

用語解説

BOD除去率……BOD除去率とは、し尿浄化槽の性能を表す指数のこと。汚水が流入し、放流されるまでにどれだけBODが除去されたかを表す。求め方は下記の通り。
BOD除去率＝（流入水のBOD－放流水のBOD）÷流入水のBOD×100（%）

中水道

中水道とは

中水道は、水洗トイレの用水や、公園の噴水など、人が直接接しない場所で使用される水道のことです。中水道に使用される水は、生活排水や産業廃水を再利用します。

中水道を設けることで、建物からの排水を減らすことができるとともに、雨水の再利用もできるので、周辺環境の改善にも効果が期待できます。

中水道の原水

一般的に建物には、流しや手洗い、厨房などで使われる水と、便器洗浄などに使われる水が使用されています。

中水道は飲用もせず、また、人の手にも直接触れない水を原水として再利用するため、水処理がしやすいように、油分が少ないことなどが必要です。

厨房排水などを除いた雑排水(流し、洗面、浴室などの排水)、建物内から排水する雨水なども、貯留できるところがあれば、原水として使用できます。

中水道の効用

一般的に建物が使用する水のうち、飲用や手洗いなど人の手に直接触れる水と、人の手に直接触れずに使用する便器洗浄などの水の割合は、4：6程度です。そのうち、約3割程度の飲用や手洗いに使用した水を再生して、便所の洗浄水に使用すれば、都市施設である上水道などの負荷が減るばかりでなく、給水の引き込み口径、受水槽の容量も減らすことができます。しかし、中水道を貯留する施設が別途必要になるので、建物の性格(使用目的、使用状態)、規模などを勘案しなければ効果は望めません。

中水道施設

中水道をつくるためには、中水道の原水となる水の排水配管を、雑排水系統、汚水系統などに分けて排水する方式をとらなければ原水の抽出はできません。そのため、中水道設備は建物の設計当初から計画に盛り込んでいく必要があります。

中水道プラント

中水道をつくるプラントは、水の浄化システムである活性汚泥法など、し尿浄化槽や下水道の最終処理施設などと同じ原理で水を浄化します。

加えて、中水道の原水の貯留槽、中水受水槽、中水高置水槽などが水道だけでなく、水道と同じようなシステムが必要になります。

飲用はしないので、受水槽は地下の躯体内に組み入れることができ、飲用に必要な水質も求められないので、点検スペースも必要ありません。

しかし、中水道設備のプラントは、浄化槽よりも高度な浄化を求められますので、維持管理が大切となります。

中水道の例

中水道とは

洗面、手洗いなどの雑排水を再生利用し、便器の洗浄などに再利用。

中水道の目的

・上水の使用量を減らす
・排水が少なくなることで下水道の負担を減らすことができ、また河川や湖などの水質を改善できる。
・節水につながる。
・非常時の防災用水として使用できる。

など

トラブル事例

以前に、下水道のない時代に建設されたビルの浄化槽を利用して、中水道プラントができないものかと考えましたが、下水道のない時代の建物は、受水層も地下の躯体でつくられていたため、現在の法律の下では使用することができませんでした。

水の流れ

水の流れ方

常温・常圧の状態では、水は上から下に流れるのが普通で、宇宙空間のように水が空中に浮かんだりすることはありません。「水の流れ」を考える際、流体力学の概念が基本となります。

水に関わるものの単位

水の物理的性質(P.16)でも触れましたが、水には重さ、体積、圧力、温度があります。加えて、水の粘性を調べることにより、水の「流れやすさ」がわかります。次項に水に関わる単位についてまとめましたので、参照してください。

流体

物質は気体・液体・固体に分けられます。流体は気体と液体を指します。よって、水も当然液体なので、「流体」となります。

密度・比重

液体の単位体積の質量を密度といいます。また、単位体積の重量を比重量(比重)といいます。単位は、

密　度：ρ(kg/㎥)

比重量：γ(N/㎥)

で求められます。

表面張力・毛(細)管現象

液体は、表面積を最小にしようとする表面張力が働きます。表面張力とは、液体の分子が集まろうとする分子間力の凝集力という性質のことです。地球上では、液体は上から下に流れていきますが、無重力下では、液体は球状にまとまります。

毛(細)管現象は、細いガラス管を液体の中に入れると、管内の液面が管外の液面よりも高くなる現象のことです。

圧縮

気体は圧力をかけると圧縮しますが、液体はほとんど圧縮しません、この性質を、非圧縮性流体といいます。

流体の量

気体や液体の量を測るには、器がないと測れません。水のように流れている物の量を測るためには、「1分」、「１秒」など、単位時間「当たり」の量を示さなければ測ることができません。

単位には必ず、/ｈとか/minなど時間を表す単位がついてます。/は÷という意味なので、「㎥/h」とか「ℓ/min」とあれば、１時間当たり、1分当たりの量ということです。

さて、㎥/ｈを㎡×m/ｈとしましょう。㎡は面積です。、m/ｈは速度の単位です。そうすると、速度がわかれば、流体の流れの量、流量がわかります。つまり、

面積×速度＝流量

で求められます。

面積は、配管の断面積を求めることでわかります。

水の単位

重量

キログラム kgf	ポンド lbf	トン tf	
		メートル法 1000kgf	米国制 2000lbf
1	2.2046	0.001	0.0011023
0.45359	1	0.00045359	0.0005
1000	2.2046	1	1.1023
907.18	2000	0.90718	1

（注）1kgf=9.80665N

容積（体積）

dm^3	m^3	in^3	ft^3
1	0.001	61.024	0.035315
1000	1	61024	35.315
0.016387	0.000016387	1	0.00057870
28.317	0.028317	1728	1

（注）1dm^3=0.999972 ℓ

圧力(g=980.665cm／s^2)

kg／cm^2	lbf／in^2	標準気圧	水銀柱（0℃）		水柱（0℃）
			mmHg	inHg	mAg
1	14.22	0.9678	735.5	28.96	10.01
0.07031	1	0.0684	51.71	2.036	0.7037
1.0332	14.70	1	760.0	29.92	10.34
0.03453	0.4912	0.03342	25.40	1	0.3456
0.09991	1.421	0.09669	73.49	2.893	10.34

（注）1kgf=9.80665×10^{4}Pa.,1bar=10^{5}Pa

粘度

kgf･s／m^2	g／cm･s (Poise)	kg／m･h	lbf･s／ft^2
1	98.07	3.530×10^4	0.20482
0.01020	1	360.0	1
0.03453	0.4912	0.03342	0.002087
4.8824	478.8	172368	1

（注）1Pa･s=0.1020kgf･s／m^3=10g／cm･s (Poise)

比重量

tf／m^3	kgf／m^3	lbt／m^3
1	1000	62.43
0.001	1	0.06243
0.01602	16.02	1

流体の量の求め方

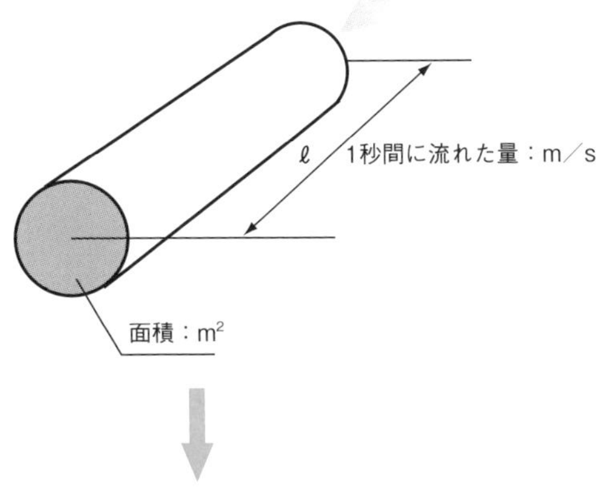

体積（＝流量）は、面積×ℓ＝m^2×m／s＝m^3／s

例 内径200mmのパイプに3m／sの流速の水が流れるときの1時間当たりの流量は

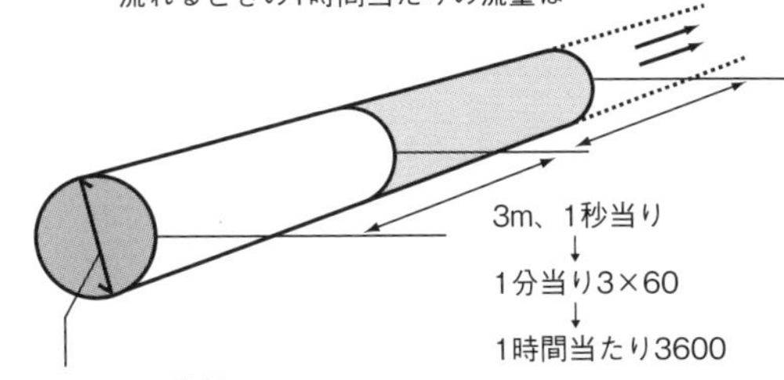

200mm→半径100mm→0.1m

面積は、0.1m×0.1m×3.14=0.0314m^2… ①
（半径×半径×3.14（円周率））

時間は、3m／s=3m×60m／min=3×60×60m／h
=10800m／h… ②

①②より 0.0314m^2×10800m／h=3.3912m^3／h

ワンポイントアドバイス

建築関連の単位は、基本的にmm（ミリメートル）。流量はm（メートル）単位、秒単位になるので、計算した結果のケタを間違えてしまうと大変なことになります。注意しましょう。

水の圧力・水の量

圧力

配管の中の流体(水)を、下から上に上げるときは、圧力をかけて引き上げます。流体が自然に上から下へ流れているときは圧力には重力が作用しています。

粘性

流体の流れる力に対して、抵抗する力が働きます。これは、液体の重量に関係してきます。

流体は、重量が重ければ流れづらくなり、物など障害物に直面すると、流体には抵抗する力が働き流れづらくなります。

この力は、流体の速度が早くなればなるほど大きくなります。この抵抗する力のことを「粘性」といいます。

粘性の力により、管内に流れる流体の速度は、中心が一番速く、外側に行くにしたがって遅くなります。

層流と乱流

水の流れが速く、渦を巻き、波を立てて流れていく状態のことを「乱流」といいます。反対に、流れが遅く、静かに平行にゆっくりと流れる状態のことを「層流」といいます。この乱流か層流かを決める判定には、レイノズル数を用います。レイノズル数とは、速度のある流体と粘性の比率を計算した数値のことです。Re<2300なら層流域、Re>2300なら乱流域といいます

ベルヌーイの定理

流体の要素は、基準面からの高さによる位置エネルギー、速度による運動エネルギー、圧力エネルギーを持っています。この3つのエネルギーは、流れの状態によって相互に変化しながら、総量は保存されます。つまり、ある2点を比較して、高さ、圧力、運動エネルギーを足した場合、一定であるということ示します。次式で計算することができます。

$$\frac{1}{2}\rho V^2+\rho gh+P=一定$$

ρ：流体密度
V：流体速度
g：重力加速度
h：高さ
P：圧力

流速の測定

ベルヌーイの定理を利用して、流量を測定する装置に、ピトー管、ベンチュリー管などがあります。どちらも計算によって流量を計ります。一つ一つ補正係数と計算が必要です。現場で計算せずに、一目で流量がわかるようになっている浮きを使った流量計などが使用されています。また、給排水衛生設備では空調と違い、流速よりも流量が必要になることが多く、流量計では、羽根車を使用した流量計(水道メータなど)が使用されています。

粘性のしくみ

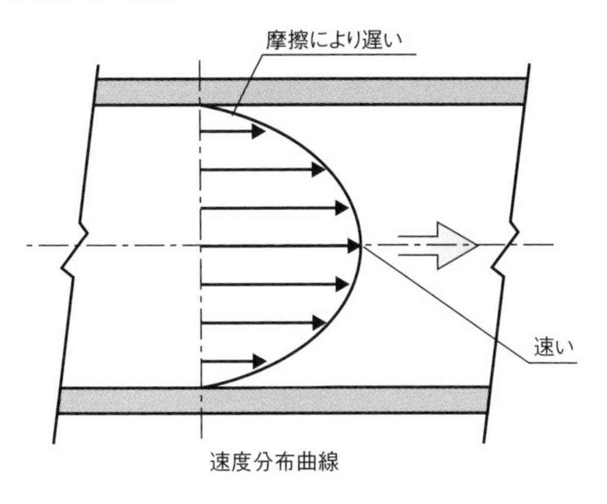

速度分布曲線

粘性により、配管の壁に当たる部分は摩擦が起こるため、流体は遅くなる。一方、抵抗のない中心部は、流体が速くなる。

層流と乱流

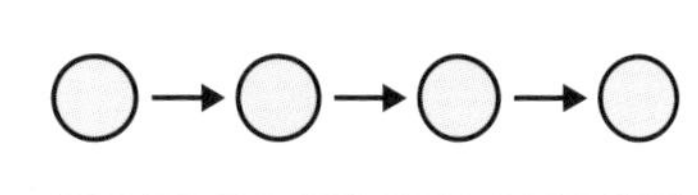

層流のイメージ

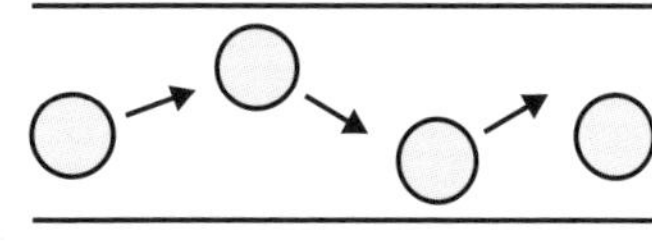

乱流のイメージ

流体は、ゆっくり流れれば、真っすぐに進むが、速くなるとどこかにぶつかりながら流れる。ほとんどの配管内の流れは乱流になる。

流量の計測

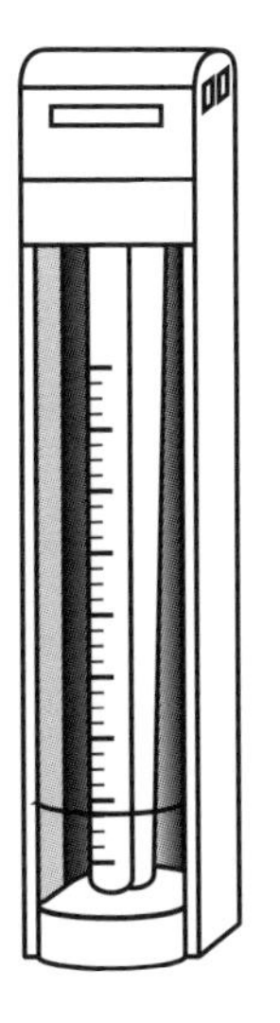

フロー型流量計

ピトー管は、正面からの圧力と、周りから入ってくる圧力の差を測って、ベルヌーイの定理により流速を算出する。
圧力差で速度がわかり、高さの圧力の影響に関係なく計測できるため、飛行機の速度はピトー管によって計測されている。給排水衛生設備の現場では、フロー式流量計などが使われている。

ワンポイントアドバイス

設備の中で、一番わかりづらいのがこのページです。イメージを膨らませ、何となくわかればそれで良いでしょう。空調は「空気」という見えないものが相手なので難しいのですが、衛生設備は「水」という見えるものが相手なので、空調とくらべていくぶん楽かと思います。

コラム

水は
まだ見える

給排水衛生設備は、水を溜め、運び、流して、処理するだけなのですが、それを事故のないように、すべての人が満足するようにすることが実はとても難しいのです。

「蛇口をひねれば水が出る」ことが、ごく当たり前のことのようになっています。水栓や衛生陶器がある場所だけしか水を目で見ることができず、水道管や排水管は地下など目に見えないところに追いやられていることもあり、水が普通に使えることが、あたかも当たり前、やさしいことのように思われがちです。

私は、人間は、もっと水に親しみ、ありがたみを感じてほしいと思っているのですが、なかなか理解されません。その上、水の科学的性質があり、化学的分野と物理的分野からアプローチする必要もあり、かなり難しいと感じられてしまいます。

しかし、給排水衛生設備は、他の設備である空調・電気とは違い、目で見ることができるものを扱っていますので、その分、実は他よりもやさしいのです。「手」で扱えるというのも特徴で、水の重さ、速さ、冷たさ、温かさを感じることができます。それを数式に置き換えるのですが、それでも難しいと感じる人が多いようです。人間の五感を駆使して、理解していただければありがたいのですが……

Part 2

給水設備

給水設備は、水を必要とする人に、安全にかつ十分に供給するための装置です。巨大なビルから小さな住宅まで、様々な装置や方式によって水を使用者に供給しています。

大型給水設備機器

大型給水設備とは

給水引き込みから、末端の水栓に至るまで、給水に必要な水量を安全かつ安定的に供給するために、ビルにはタンクやポンプなど、一般家庭では使われない大型給水設備機器が使用されます。

受水槽

たとえば、一時的に水を大量に使用するからといって、配水管をその都度敷設するわけにはいきません。

水圧の変動も考慮し、一時的に大量の水を使用する施設には、一時的に水を溜め置く「受水槽」を設け、給水を安定して供給させます。

水を一時的に溜め置くため、衛生管理は特に重要になります。

受水槽設置においては、建物の躯体を使用してつくることは禁止されています。必ず建物の躯体から独立させて設置し、作業・点検できるスペースを確保することが法律で定められています。

また、溜め置く水の量(受水槽容量)は、1日の使用量の半分から1日分が目安で、水道事業者と建物所有者の協議の上決定しています。

高置水槽

一度受水層で溜めた水を使用するときに、安定した給水圧力を得るために、高置水槽を設置して給水する方法があります。この方式を、「高置水槽重力給水方式」といいます。

高置水槽は、受水層と同じように、安全かつ安定的な供給が要求されるので、建物の躯体とは別に設置しなければいけません。

設置場所は、建物の屋上や、必要で安定的な給水圧力が得られる階などです。受水槽、高置水槽ともに水を溜め置く装置なので、災害時や事故などによる水道の断水時に、給水の確保ができる利点があります。

ポンプ

高置水槽重力給水方式の場合は、受水槽から高置水槽に送るために、揚水ポンプが使用されます。

圧送ポンプ方式には、ポンプとともに、タンクユニットも設置されます。通常、受水槽の近くに置かれ、受水槽とともに、点検、メンテナンスが容易にできるように設置してあります。

その他の装置

その他、上水道のない場所にある建物には、井戸ポンプ、引き込みポンプ、上水ろ過装置などが設置されます。

受水槽設置のポイント

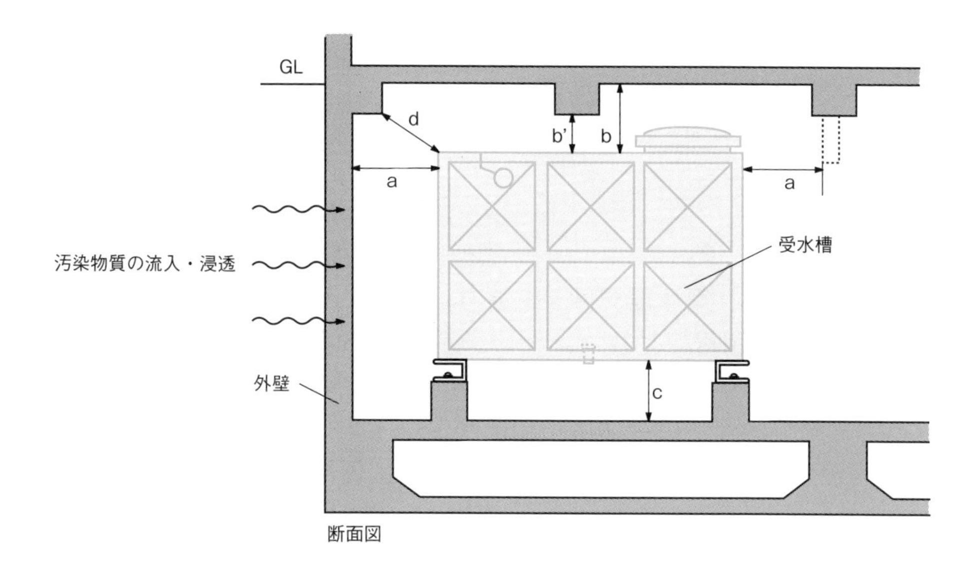

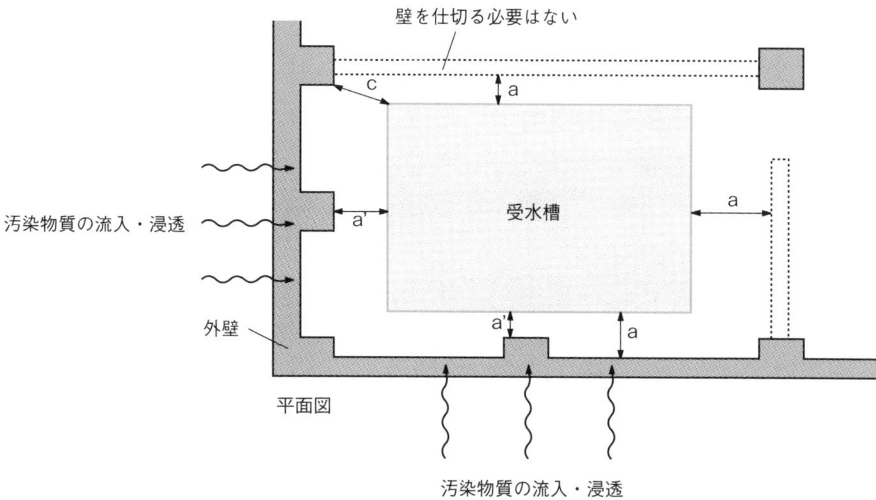

a、b、cのいずれも保守点検が簡単に行える距離にしなければならない。（標準的にはa、c≧60 ㎝、b≧100 ㎝）また、梁・柱等はマンホールの出入りに支障になる位置としてはならず、a'、b'、d、cは保守点検に支障のない距離にする。

ワンポイントアドバイス　給水直結と受水槽方式は、給水引き込み管の管径が違い基本料金が違います。受水槽を設けるか、または直結方式にするかは、建物のランニングコストも考慮し決定します。

末端給水設備機器

給排水衛生設備器具

給排水衛生設備において、衛生器具は蛇口などの「給水器具」、洗面器などの「水受け気具」、排水金物などの「排水器具」、石けん受けなどの付属品の４つに分類されます。

給水器具

水栓(蛇口)は、右に回せば水が出て、左に回せば止まる単純なしくみで、誰でも簡単に使うことができるようにユニバーサルデザインでつくられています。水栓には、操作が簡単で、衛生的かつ安全なものが求められます。より使いやすくするために、レバー式、自動式なども使われています。

また、便所、台所、浴室などで、衛生器具と組み合わせて設置すると、衛生設備器具といわれます。

給水器具の種類

給水器具は、一般的に水栓のことをいいますが、水栓だけでも、水栓、胴長水栓、首振水栓など、様々な形状があります。

また、シャワーヘッドのように、直接水が出る部分のことを水栓器具といい、水栓器具も給水器具の一種です。

水受け器具

水受け器具は、キッチン、バス、シャワーなどから出てくる水を受ける部分のことで、一般的には陶器でつくられています。

水受け器具は、吸湿性・耐久性に優れ、防カビ、衛生的、かつ容易に壊れないことが求められます。

一般的に便器、洗面器などは、衛生陶器といわれていますが、上記の条件を兼ね備えることが必須です。

給水設備から見て水受け器具は、排水とも接続されているので、給水設備とのクロスコネクションを起こさないことが最大の課題です。そのため、洗面器、流しは、水栓の吐水口(蛇口の出口)の高さまで水が溜まらずにあふれ出てしまうようなしくみ(あふれ縁)になっており、水栓から吐水口までの距離(吐水口空間)(P.82)を定められており、溜まった水が水栓に逆流しないようになっています。

シャワー水栓は、水栓の先にホース、シャワーヘッドがつき、給水、給湯する器具です。ホースの先が水につかると、水が逆流する恐れがありますので、逆流防止のために、逆流防止装弁がついています。

便器にも、フラッシュバルブ(一定の水量がひとつの操作により出る装置)などには、バキュームブレーカーといわれる逆流防止装置をつけて、クロスコネクションによる給水の汚染事故が起こらないようにしてあります。

衛生器具の種類

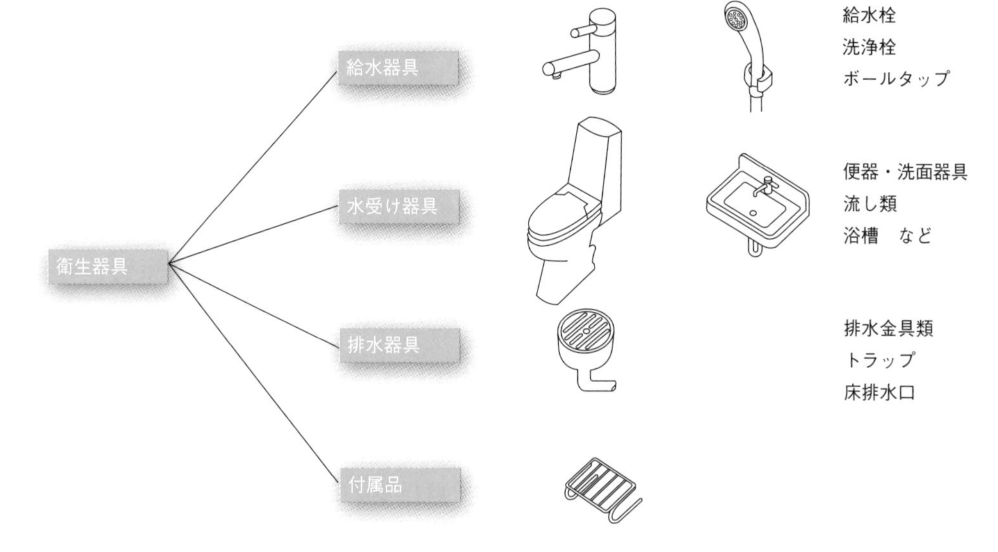

やってはいけない クロスコネクションのしくみ

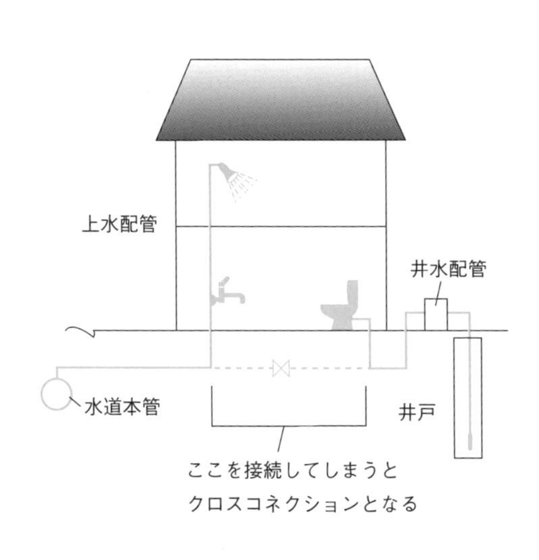

バキュームブレーカーのしくみ

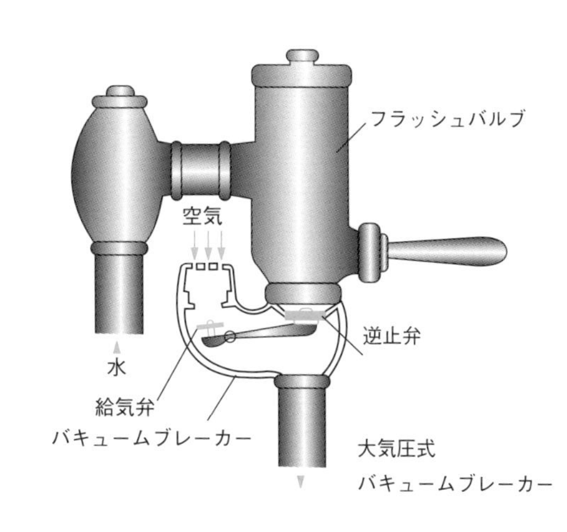

ワンポイントアドバイス

公共施設などではより衛生面を重視して、手を出すと水が出てくる自動水栓も使用されています。これは衛生面ばかりでなく、水の出しっぱなしを防ぐための節水にもなります。

給水方式

様々な給水方式

給水は、水道直結により、末端の水洗器具まで通るようにしたほうが、汚染事故の心配はありません。しかし、水量、圧力など諸条件に合わせて、様々な給水方式により給水しています。

以下に、代表的な給水方式について、それぞれ解説いたします。

水道直結方式

低層で、水道本管からの圧力により必要な水量が得られ、管理がほとんど必要ない住宅に使用されます。水道直結の末端まで、水道法や水道事業者の規定に適合した配管材料、器具(日本水道協会認定品など)が指定されています。

水道直結増圧給水方式

水道本管から必要な水量は得られますが、必要な圧力が得られない場合、たとえば10階建程度の集合住宅などに、圧力ポンプを入れて給水する方式です。空気に直接触れないため、水槽の管理が必要なく、点検整備も軽減できるため、水量が確保できる施設は、受水槽方式から切り替える場合があります。

受水槽、重力給水高置水槽方式

受水槽で水を受けると、水量は確保できても圧力がないため、配水することができません。配水するために、水を一度揚水(ようすい)ポンプで、高い場所に設置した高置水槽に引き上げてから配水する方式です。安定した水量、圧力が得られ、一般的には、この方法が採用されています。

水が、受水槽、高置水槽の２箇所で空気に直接触れ、溜め置きもするため、管理には細心の注意を要します。

管理については法律で定められている点検整備が必要です。

高置水槽の置き場は、高置水槽から、給水器具までの高さの差が７ｍ以上ないと機能しない器具があります(大便器のフラッシュバルブ、シャワー、給湯器など)ので、高置水槽は最上階の屋上や、または、屋上にあるさらに高い塔の上に設置されます。

また、高層ビルでは、器具の必要圧力より、約0.3MPa（3Kg/㎡）以上高くなると、水栓圧力が高くなり、水はねや水栓からの音が大きくなりますので、高置水槽を10階程度ごとに設置したり、圧力の高くなる階に減圧弁を設けるなどの処置をします。

受水槽加圧給水方式

受水槽から、加圧ポンプで配管に加圧して給水する方式です。高置水槽が不要で、必要なときに必要な圧力を制御しますので、搬送動力の省エネルギーにつながります。

様々な給水方式の例

水道直結方式

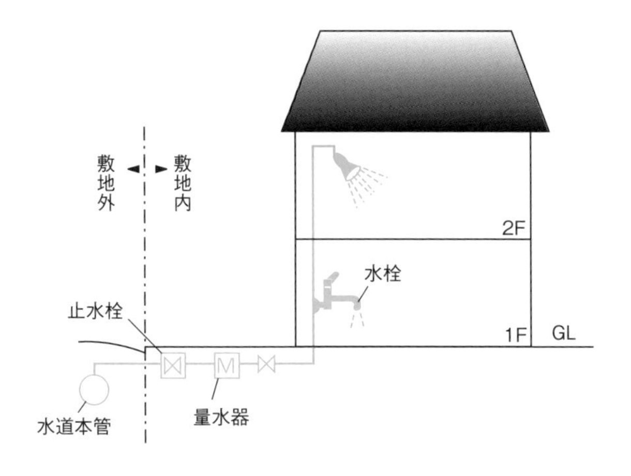

水道直結増圧給水方式

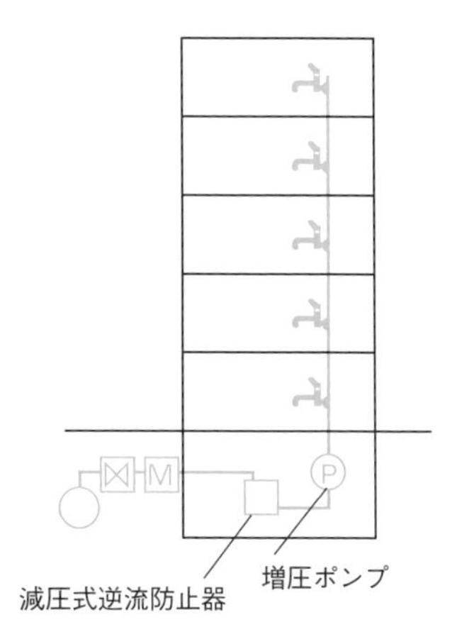

受水槽、重力給水高置水槽方式

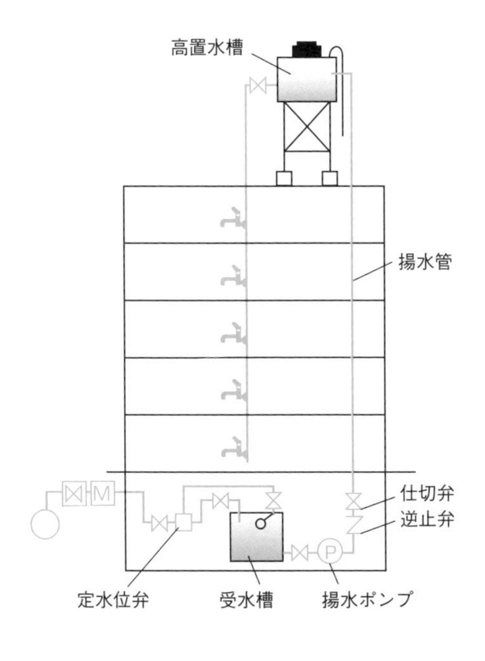

受水槽加圧給水方式

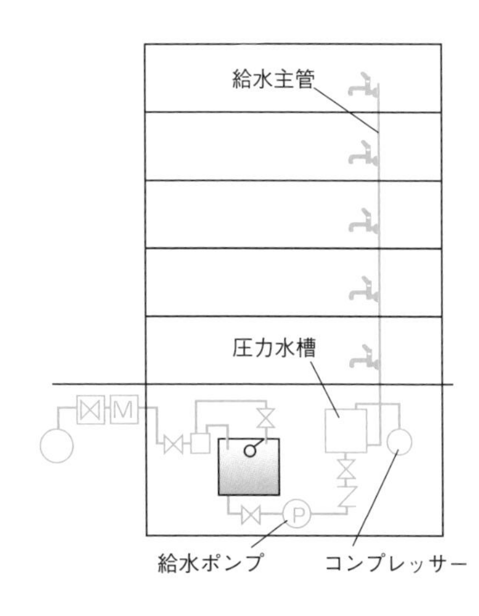

ワンポイントアドバイス

水道直結方式は、高置水槽方式にくらべシステムが簡単なのですが、水道事業業者への届出、指定工事店など、様々な制約があります。どちらも一長一短ですが、使用者が一番安全・安価で、使いやすい方式を選ぶことが必要です。

水の使用量の決定

飲用の水・その他の水

飲用としての水、手洗いや浴室など直接体に触れる水、また便器の洗浄に用いる水など、暮らしの中ではたくさんの水を使用しています。このような日常的に使用する水の「使用量」は、建物の種類によってわかるようになっています。

建物には、水道の給水メーターがそれぞれ個別に取りつけてあり、1ヶ月、または2ヶ月単位で料金徴収のために計量しています。この計量データは、水道インフラが整備されたときからあり、過去何十年もの計量データーがストックされています。このデータを基に、建物の使用人数がわかれば、1人当たりの水の使用量はわかります。

水の使用目的

水の使用目的は、飲用系と洗浄系に分かれます。その多くは、便所の洗浄水に使用されています。飲用と便器の洗浄の比率は、便器の洗浄に井戸を使っていた場所があるため、概ねの水の使用量の比率となります。近年では、中水道など再生水の使用が増え、的確なデータが取れるようになり、より正確な使用量を算定することができるようになりました。

受水槽・高置水槽の容量

給水量は、人がどのくらい水を使用するかによって決まります。そのため、受水槽や高置水槽の容量を算定しなければなりません。

受水槽の容量　受水槽容量は、建物1日当たりの使用水量における半日から1日分とされています。下記に式を記します。

1日の使用量×(0.5～1.0)
＝受水槽容量

なお、受水槽容量については、水道本管、引き込み径などを水道事業者と打ち合わせの上、決定しなければいけません。

高置水槽の容量　高置水槽の容量は、大きすぎると重くなり、少なすぎると渇水し、ポンプが年中稼働してしまいますので、ピーク時に渇水しないように設定しなければいけません、揚水ポンプの吐水量、運転時間とピーク時の水の使用量のバランスで決めます。一般的には、ピークは、1日の使用量を、水の使用時間で割った2倍としています。

1日の使用量÷水使用時間×2
＝高置水槽の容量

給水配管システム

給水配管は、高置水槽以下には重力給水により水が給水されます。そのため、多量の水栓を同時に使用すると、水の出が悪くなる場合があります。これは、給水量に対して、給水配管のサイズが小さいことが原因です。給水システムは、すべての給水栓に対し十分な給水ができ、またピーク時を含め、どの時間帯でも給水できるように計算、設計されています。

建物種類別給水量の原単位

1日の給水量は、建物種別により決定される。高置水槽の容量計算には、水使用時間を用いる。

建物種類	原単位（ℓ／m^3・d）、（ℓ／人・d）、（ℓ／床・d）、（ℓ／席・d）	水使用時間（h）
事務所ビル*1	延べ床面積当たり　専用建物：5～7、標準建物：6～8、複合建物：7～9 登録人員当たり　専用建物：80～110、標準建物：100～130、複合建物：140～170	10～12
官庁・銀行	延べ床面積当たり：6～7、登録人員当たり：100～120	10
病院	延べ床面積当たり　小規模：10～12、中規模：20～22、大規模：22～25 従業員当たり　小規模：550～600、中規模：800～850、大規模：1000～1200 病床当たり　小規模：600～800、中規模：600～800、大規模：1000～1200	12
ホテル*2	延べ床面積当たり　ビジネス：13～16、中規模シティ：18～20、大規模シティ：22～25 宿泊可能人員当たり　ビジネス：300～500、中規模シティ：600～900、大規模シティ：1000～1300	16～18
住宅*3	世帯人員当たり　1人世帯：300～350、2人世帯：250～280、3人世帯：230～250、4人世帯：200～230、5人世帯：180～200、6人世帯：160～180	12
小・中学校*3	世帯人員当たり　1人世帯：300～350、2人世帯：250～280、3人世帯：230～250、4人世帯：200～230、5人世帯：180～200、6人世帯：160～180	12

*1…事務所の延べ床面積当たり給水量は人員密度が高い場合（延べ床面積当たり10～12m^2／人）は、10～12ℓ／m^2・d程度を見積もる。

*2…リゾートホテルはシーズンのピークを考え、シティホテル給水量原単位の1.5倍程度をとる。

*3…住宅、小・中学校、高等学校以上の給水量には冷房用水は含まない。

受水槽・高置タンクの求め方

例

5000m^{2}の標準的ビルは、

表により　6～8m^2／人なので
　5000÷（6～8）＝（833～625）人

使用人員を750人とすると
　750×（100～120）＝（75000～90000）ℓ

1日使用量を8000ℓとする
　85m^3／日

○受水槽の容量は
　85×0.6＝50m^{3}とする

○高置タンクの容量は
　85÷（10～12）×2＝（14.1～17）≒15m^{3}とする

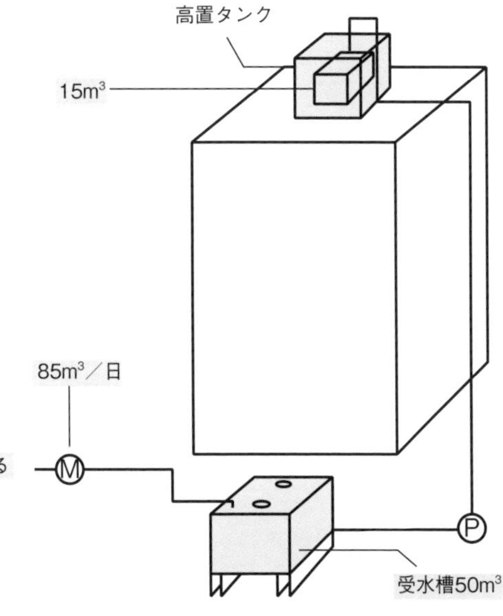

ワンポイントアドバイス

水の使用量の算定は、不足すると設計者が悪いといわれますが、逆に多すぎる場合については、特に問題になりません。しかし、問題にならないからといって、それが最適な算定であるとは限りません。そのため、的確な使用量を示せるように、過去のデータが必要になるのです。

給水配管の決定

給水の末端

給水量が決まると、建物各所に配水するために配管をします。その際、配管の太さは水の使用する場所によって決めていきます。

給水配管の計算方法

給水配管の計算方法は、洗面器の給水量を基に、器具の給水量を決定していきます。洗面器１個の給水を1単位(14ℓ /min)として決めていきます(次項器具給水負荷単位表参照)。洗面器が2個の場合は2単位になるため、28ℓ /minです。大便器(フラッシュバルブ)１個は10単位なので、大便器2個と、洗面器2個の場合は、10× 2 ＋ 1 × 2 ＝22単位になります。しかし、大便器10個ですと、10×10＝100で、100×14で140ℓ /minになりますが、フラッシュバルブの流れる時間は15秒のため、同時に、10個使用することをはないと考え、同時使用率を掛け合わせて流量を決定します。

配管サイズ

配管径は、水使用量と、流速によって、決めていきます。流速が速くなると配管の抵抗が大きくなります。流速が遅すぎると配管内に水が溜まってしまいます。配管の種類による抵抗、配管の太さなどを勘案し、適度な流速で、配管径を決めます。

流れは一方向

給水配管の流れは、一方向で高置タンクから給水立て管、各階には横引き管で分岐して配管します。基本的には、立て管の根元から末端に向けて流れます。給水立て管は、高置タンク方式の場合は、必ず上から下に流します。受水槽から高置タンクへの揚水管は、下から上にのみ流します。また、揚水管と給水管は兼用することはありません。

給水管は、流水量によって配管サイズは決まりますので、末端に行くほど配管径は小さくなっていきます。末端は器具給水単位の太さになり、器具の接続は、器具側の接続径になります。

ループ配管

各階横引き管で、給水されるときは、各器具均等に、水量を確保したい場合、ループ配管方式を採用する場合があります。この配管方式は、水平に配管した給水管から、器具に均等に給水できる配管で、末端がないため、たくさんの器具がある場合に関しては有効な配管方法ですが、注意しなければならないのは、１つの階であっても、上下するような配管をすると抵抗が変わり、水の流れが一方向になってしまいますので、給水管は水平配管をしなければいけません。

器具給水負荷単位

器具名	水洗	器具給水負荷単位	
		公衆用	私室用
大便器	洗浄弁	10	6
	洗浄タンク	5	3
小便器	洗浄弁	5	
	洗浄タンク	3	
洗面器	給水栓	2	1
手洗い器	給水栓	1	0.5
水飲み器	水飲み水栓	2	1
湯沸かし器	ボールタップ	2	
散水・車庫	給水栓	5	

器具の同時使用率

器具種類 / 器具数	大便器	一般器具
1	100	100
2	50	100
4	50	70
8	40	55
12	30	48
⋮	⋮	⋮
50	15	38
70	12	35
100	10	33

給水配管流量の決め方例

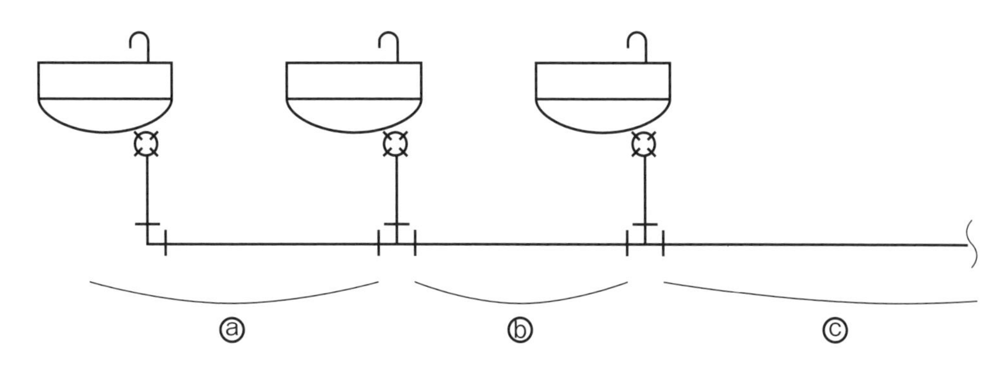

洗面器の給水配管例

	単位	同時使用率	流量・／m³
ⓐ	1	100%	14
ⓑ	2	100%	28
ⓒ	3	70%	29.4

上記「器具の同時使用率表」により、器具3つの場合、同時使用率は70％となる。

1単位14とする。

14×3＝42
42×0.7＝29.4

ワンポイントアドバイス

改修工事においては、便器の追加があっても、配管サイズを太くできないことがあります。こういうときは、給水管は一方向からではなく、ループ配管といって、末端をつくらない配管にすると良いでしょう。

給水は生きている

午前中など、洗濯機に水を張るとき、なかなか水が溜まらないと感じる人がいるかもしれません。実は、これが「給水の量が不足している」ということです。

しかし、水は不足しても必ず出ています。吸い込んでしまったりはしませんし、自然に流している分には逆流もしません。

あなたの職場のビルで、水が不足していると感じることはありますか？　それは、水が不足しているというより、水が出なくなる「事故」としか考えられません。水が出ないときは、たいがい別の理由によるものです。たとえば、停電や、漏水による断水などでしょう。

水道直結の配管は、1本の配管が近隣の家に分岐されて、本管につながっているのが普通で、どこか近隣の家で水を使っていると、水量はそれだけ出にくくなります。

給水管の末端の水栓器具で、ビニール管を3mほど露出し、静かな部屋で配管をしておくと、どこかの家で水を出したり止めたりしていることがわかります。また、急に止めることによる衝撃波（ウォーターハンマー）も届くのがわかります。

Part 3

給湯設備

建物に湯を供給するためには、水を湯にして、適度な温度、適度の湯量を安全に供給する技術が必要です。このパートでは、その技術について解説するとともに、熱源機器、配管方法などについても話します。

給湯設備と給湯配管方式

給湯設備

給湯(きゅうとう)設備は、必要な時に、必要な温度で、必要な量を適切に給湯する設備です。湯の使われ方をより正確に把握し、使い勝手のよい給湯方式を選ぶ必要があります。湯を必要とする使用者との十分な打ち合わせを経て、給湯方式を決定します。給湯方式には、中央式給湯方式と局所式給湯方式があります。必要とされる最適な温度、湯量を勘案し決定します。

中央式給湯方式

貯湯槽などに蓄えた湯を配管で広範囲の給湯箇所に供給する方式です。ホテル、病院、事務所ビルなどの給湯に採用されています。一般に中央給湯方式では給湯栓を開いた時に短時間で湯が出るように、返湯管と循環ポンプを用いて、湯の強制循環をしています。貯湯槽近くに給湯箇所がある場合や、厨房、浴室、洗濯室などのように、連続して大量に湯を消費するところでは、給水開始直後から適温の湯が供給できなくても許容される場合があります。

このように強制循環が必要ない場合には短管式を採用します。強制循環させるために、給湯管、返湯管の2系統配管の複管式よりも、総配管長が短く、かかる費用も安価であり大規模給湯設備には多々単管式が用いられます。短管式の配管長さは、住宅などの小規模の場合は9m程度とし、中規模以上の建物は30mを限度としています。

循環方式による給湯方式では、湯をポンプで循環させる強制循環式があり、主に大規模・大容量の給湯に用いられます。一方、水の温度変化による密度の差で循環させる自然循環式があり、重力方式とも呼ばれ、ごく小規模なものに用いられています。

局所式給湯方式

事務所ビルなどの湯沸室の飲料用給湯や、住宅の瞬間湯沸器による給湯などが局所式給湯方式です。大規模な建物では給湯機器などが分散するため、保守管理が不便ですが、必要に応じて給湯量、温度などを細かく操作できるので熱源を経済的に使用できて、ランニングコストが軽減できます。

給湯方式の選定方法

以上のように給湯方式は2つの方式に大別できますが、時々の使用状態、使用箇所により使い勝手が異なります。給湯用途、使用量、使用時間帯により中央式と局所式が併用される場合が多いものです。方式の選定には、建物の用途、１日の使用量、最大使用時間、使用継続時間、使用箇所と目的、使用する熱源の種類・熱源供給能力・機器類の維持管理方法(保守要員の有無・種類・資格など)、工事費などを十分把握して決定します。

中央式給湯方式例

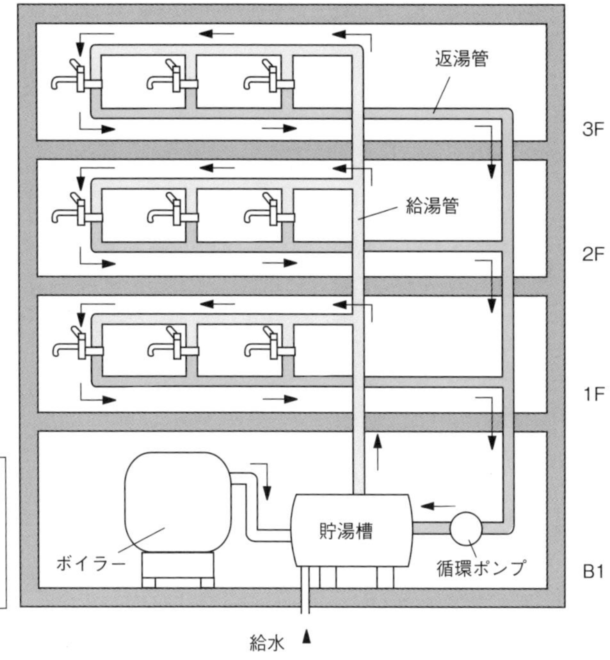

中央式給湯方式では、どの場所でも同じ温度で出湯できるようにしてある。

局所式給湯方式

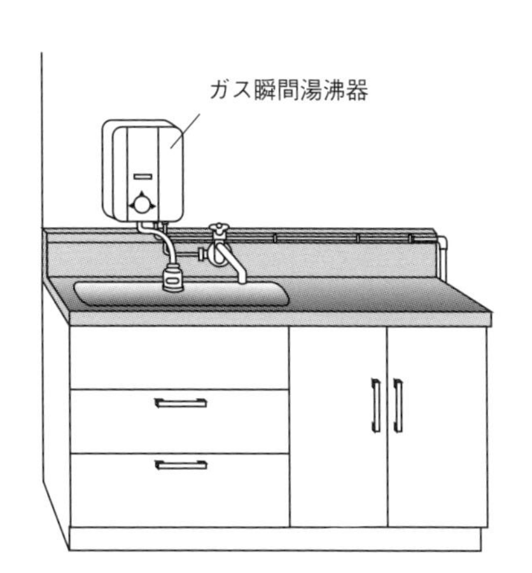

必要とする場所に、小型の加熱器を設置し、水を直接加熱して各設備に給湯する。

ワンポイントアドバイス

湯はいつ蛇口をひねってもすぐに望む温度の湯が出てきて欲しいもの。そんな人間の欲求にできるだけ対応したいのが建築設備の給湯機器と給湯方式。貯湯タンクが遠くにあれば、その間の配管パイプの冷えた水ができるまで流すのは、水と時間の無駄使いです。

給湯量・給湯温度

給湯量

湯の使用量の算定は、利用人員で決める方法と、浴室等のように器具種類の個数により決める方法があります。それぞれ計算方法が異なりますので、同じ値が出ることはなく、利用時間や最大湯量などを勘案し、決めていく方法が一般的です。

利用人員による算定では、1日の総給湯量は

1人1日当たりの総給湯量×人員

で算出しますが、単に1日の給湯量が算出されるだけで、1日のピーク時間には給湯温度が下がる懸念があります。よって、時間最大予想給湯量を算出する必要があり、時間最大給湯量は

総給湯量×用途別の1日使用量に対する必要な1時間あたり給湯最大値の割合で算出します。

給湯温度

給湯温度は、工場などの厳密な温度管理を必要としない場合には、おおむね60℃程度になります。給湯温度を適切にするため、水で薄めて使用します。厨房などの食器洗浄用などは70～80℃になりますが、60℃程度の給湯をさらにブースターヒーターで加熱して供給します。飲料用は、90～100℃の温度で、少量給湯しますので、局所式給湯方式で対応します。

器具の種類と個数による方法

各器具の1時間当たり最大使用回数と1回あたり使用湯量より求めた値に、建物別および器具数別に同時使用率をかけて算出します。他に、器具ごとの給湯単位量により求める方法もあります。この方法は、各箇所配管サイズを決定するときに使用する方法です。

飲料用給湯量

飲料用給湯は、給茶用に湯沸室や食堂などに設置されるもので、湯沸室には一般に壁掛け型や置き型の貯湯式湯沸器が設置されます。熱源には、従来ガスが多く用いられていましたが、排気が不要な電気が用いられることも多くなっています。しかし、電気式の場合は加熱能力が小さいため、予定外の大量消費には対応が難しく、貯湯量などを十分検討することが必要となります。

浴槽給湯の負荷

浴槽の給湯設備は、住宅の場合のような循環方式や瞬間湯沸器を利用する場合と、独身寮や旅館などの共同浴場のように浴槽に適当な時間内にボイラや貯湯タンクの湯をさし湯する場合があります。瞬間湯沸器からのさし湯の場合は熱損失が大きいので考慮が必要です。この場合、浴槽の大きさ、浴室使用人数などを勘案し、湯量を決定します。

用途別使用状況

湯の使用温度は使用用途、季節、使用者の状況により異なる。下の表はだいたいの目安。

使用用途	使用温度（℃）
飲料用	50～55
入浴・シャワー	42～45（小児は 40～42）
洗面・手洗い	42～45
厨房	45（皿洗いは 60　すすぎは 80）
屋内プール	25～28（冬期は 30）

給湯温度

一般的に 60～70℃に給湯された湯を、水で薄めて調整して使用。給湯温度はレジオネラ菌の発生を防ぐため、50℃未満にしてはいけない。

使用用途	使用温度（℃）
飲料用	90～98
一般用途	60
厨房（洗浄機用）	80（60℃で供給し、ブースターで加熱）

給湯量の求め方

①1 日の総給湯量〔ℓ/d〕を求める

$Q_D=Nq_d$

Q_D：1 日の総給湯量〔ℓ/d〕、

N：給湯対象人員〔人〕、

q_d：1 人 1 日当たり給湯量

②1 時間当たりの最大給湯量を求める

$Q_{HMAX}=Q_Dq_h$

Q_{HMAX}：時間最大給湯量〔ℓ/h〕

q_h：1 日の使用量に対する必要な 1 時間当たり最大値の割合

〈例〉

30 世帯（1 世帯 4 人）の共同住宅の給湯量

〈解答〉

①1 日の総給湯量〔ℓ/d〕を求める。

給湯対象人員（N）＝30（世帯）×4（人 / 世帯）＝120

1 人 1 日当たりの給湯量（qd）は下記表より求める。ここでは 100（ℓ/d・人）とする。

QD=120×100=12,000〔ℓ/d〕

②1 時間当たりの最大給湯量 (QHMAX) を求める。

1 時間当たり最大の割合（qh）は下記表より求める。よって、

QHMAX=12,000×1/7≒1714（ℓ/h）

用途別給湯量（温度 60℃）

建物の種類		1 人 1 日当たり給湯量 qd〔ℓ/d〕	1 日の使用量に対する必要な 1 時間当たり最大値の割合 qh
事務所		8 ～ 12	1/5
ホテル	客室	150 ～ 200	1/7
	宴会場	5	1/7
	主食堂・グリル	20	1/7
集合住宅		100 ～ 150	1/7
病院	高級	150 ～ 200	1/10
	一般	100 ～ 150	1/10

トラブル事例

浴槽の給湯温度の設定を40℃にして設計したときに、大きな浴槽だったため、熱損失が大きく、なかなか温まらなくて余計な出湯量が出てしまいました。出湯温度を計算しておかないと、余分な湯が出てしまいます。

給湯ボイラ

給湯ボイラ

ボイラとは、燃料を燃焼させて水を水蒸気や温水(湯)に換える熱交換装置を持った熱源機器です。一般的に工場の圧力装置の動力源として使用されていますが、建築設備としては給湯、暖房などの熱源として使用します。ボイラを法規(ボイラー及び圧力容器安全規則)で分類すると、鋳鉄(ちゅうてつ)ボイラと鋼鉄ボイラに分類することができます。

ボイラの種類

鋳鉄ボイラ　鋳鉄を構造として用いたボイラです。鋼鉄にくらべて耐食性に優れ、暖房、給湯用として建築設備ではよく用いられます。鋳鉄セクショナルボイラは、鋳鉄製のセクションを前後に組み合わせた形で構成されています。セクションごとに分割しての搬入や修理が可能なものです。

炉筒煙管ボイラ　鋼鉄製の水を満たした缶を主体としたボイラです。炉筒(ろとう)と煙管(えんかん)とがあり、効率がよく、据付面積も少なく、現在主流のボイラです。横形鋼板製の波円筒状炉管の燃焼室と多数の煙管から構成されています。通風抵抗が大きく、構造も複雑で掃除が困難との欠点もありますが一般的に普及しています。大きな胴内に貯水するため、保有水量が多く、許容される水位変動幅も大きいので安定した運転ができます。大容量を必要とするビルに用いられています。

水管ボイラ　貯水管ではなく、伝熱部が水管になっているもので、循環方法によりいくつかに分類されています。気水管、降水管、多数の蒸発管から構成され、貫流ボイラ、強制循環ボイラ、自然循環ボイラ等があります。

貫流ボイラ　水をポンプで水管に送り込み、水管出口で蒸気として取り出すため、長い水管で構成され、気水ドラムが不要です。急速起動が必要な小型ボイラに用いられ、保有水量が少ないため起動性や負荷追従性に優れています。反面、蒸気量や蒸気温度を安定させるためには、高度な制御技術が必要とされます。

小型で大きな容量を得ることができて、安全装置も十分装備されているため、採用している建物も多くなりつつあります。ガス湯沸器は、家庭用の水管ボイラになります。

ボイラの燃料　油、ガス、石炭等の燃料によって、燃焼装置が異なります。燃料を効率よく燃焼させるため、燃料に圧力を掛けたり、燃料を噴霧したり、空気を送り込むなど、各種の方法で燃焼させています。石炭ボイラなどは、石炭貯蔵庫などが必要となります。油ボイラは、貯油槽が必要です。ガスボイラは、ガス管からの供給でまかなえますので有利です。

ボイラの分類（法規）

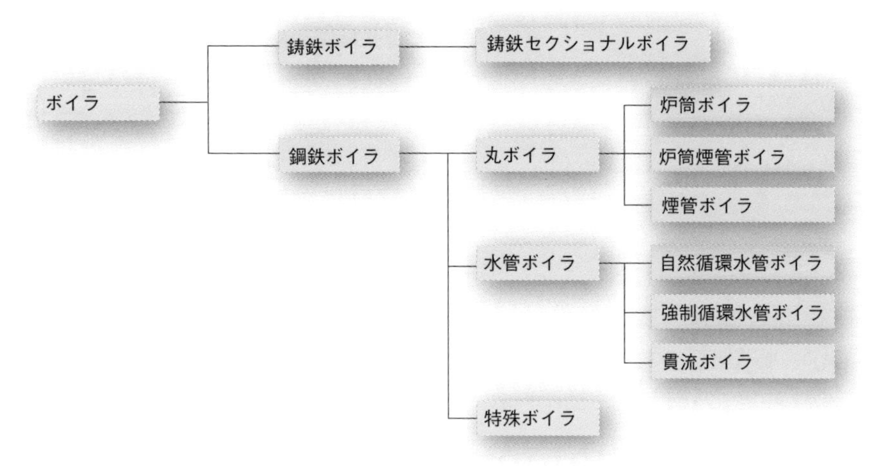

代表的なボイラのしくみ

鋳鉄ボイラ

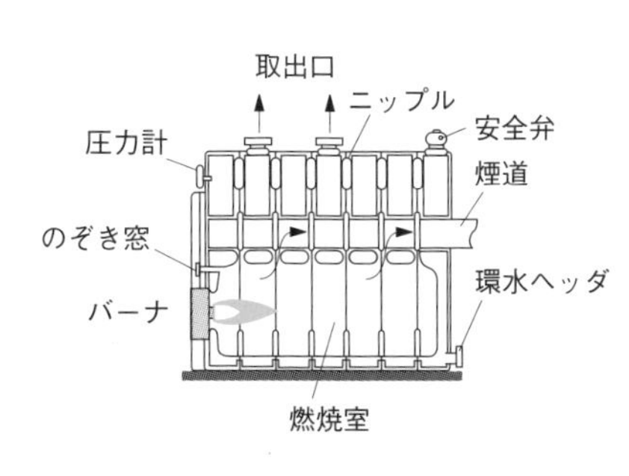

炉筒煙管ボイラ

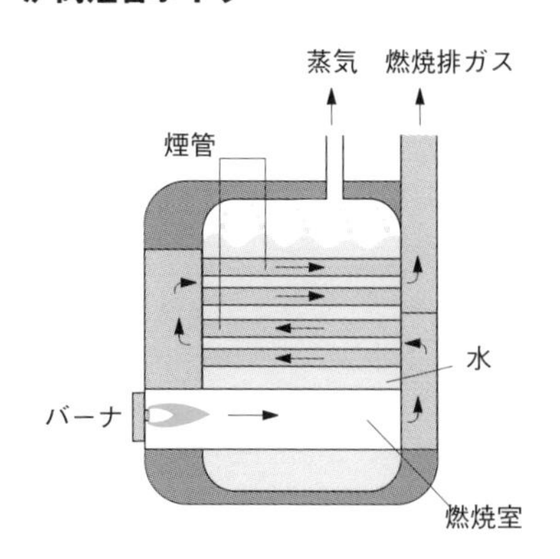

水管ボイラ

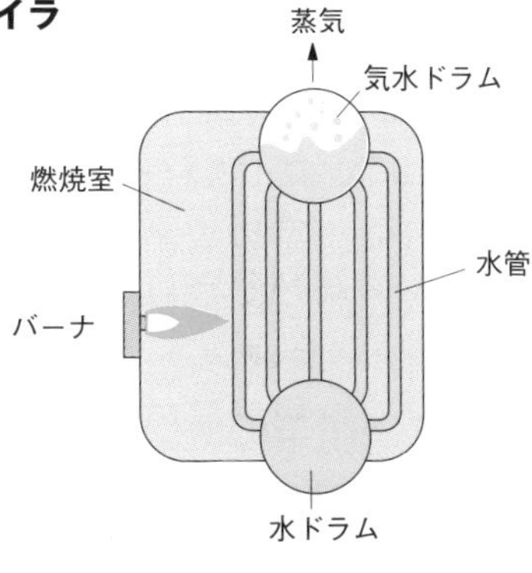

ガス湯沸器（家庭用水管ボイラ）

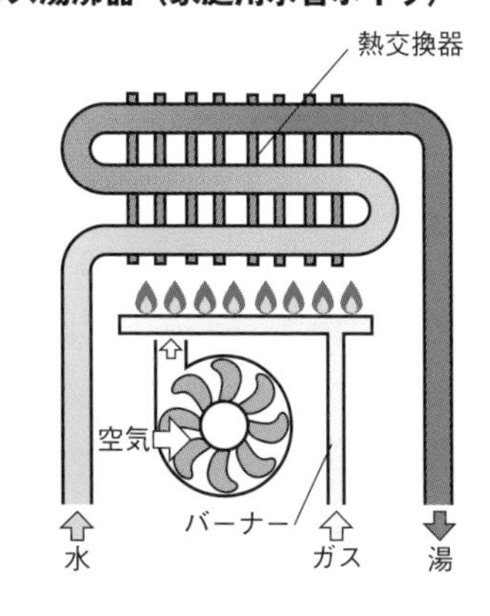

ワンポイントアドバイス

冷水を温め温水や蒸気にするための設備機器がボイラです。水の比熱は大きく、多量のエネルギーが必要です。薪や石炭に始まり、石油やガス、電気を使います。化石燃料への依存リスクを回避するため、発電においては原子力の活用も図られています。

太陽熱の利用

太陽熱利用給湯

太陽熱を利用した給湯設備は、太陽熱集熱器と貯湯槽を使い、配管でつなげば簡単に使える単純なシステムです。

太陽熱温水器

太陽の日射を受けて水を湯に替える装置で、日射量は直接太陽から受ける直達日射と天空日射です。天空日射とは曇りの日などの直接当たらない日射や、反射したものからの拡散日射を利用するものです。これら2つを合わせて全天日射といい、曇った日でも、太陽熱を利用できます。

太陽熱温水器は、設置角度によって集熱量が変わりますので、設置場所やその角度を検討し、一番効率のよい状態で最大集熱量を確保できるように設置することが重要です。集熱器は大きく分けて、自然循環式と強制循環式があります。

自然循環式

太陽熱温水器で集熱された温水は、貯湯槽に溜められます。簡単な太陽熱温水器ですと、集熱部の上にタンクを置いたものがあります。温められた温水は上部に上がりますので、タンクの冷水と入れ替わり自然循環します。このタンクにはフロートといって、常に貯湯タンクの上部から湯が取れるしくみになっています。

強制循環式

効率よく集熱するには、太陽熱集熱器の中の温水を適度に循環させるのが有効です。循環ポンプを用いて冷温水を循環させます。この方式はポンプを回すために電気が必要になりますが、太陽電池を組み合わせてポンプを作動させ、自然エネルギーとしての太陽光を有効に使っての循環方式です。貯湯タンクは温水を取り出しやすい、集熱器とは別の所に設置することができます。

太陽熱利用給湯システム

直接に太陽熱を利用するシステムは季節や天候、時間によって給湯温度が変わり一定温度の確保が難しいシステムといわれています。給湯を確実にするために、他の熱源機器との併用を考える必要があります。

太陽熱給湯は、化石燃料や原子力エネルギーではなく、自然エネルギーを使用するシステムであり、工業的には一定温度で一定の量を保障できない不確実なエネルギーで使い勝手の悪いエネルギーとの評価もあります。住宅などのように、小規模で比較的柔軟性のあるエネルギー供給で対応できるところでは有効なエネルギー資源になり得ます。

また、太陽熱利用はエネルギー密度が低いという問題点もあります。

太陽熱温水器のしくみ

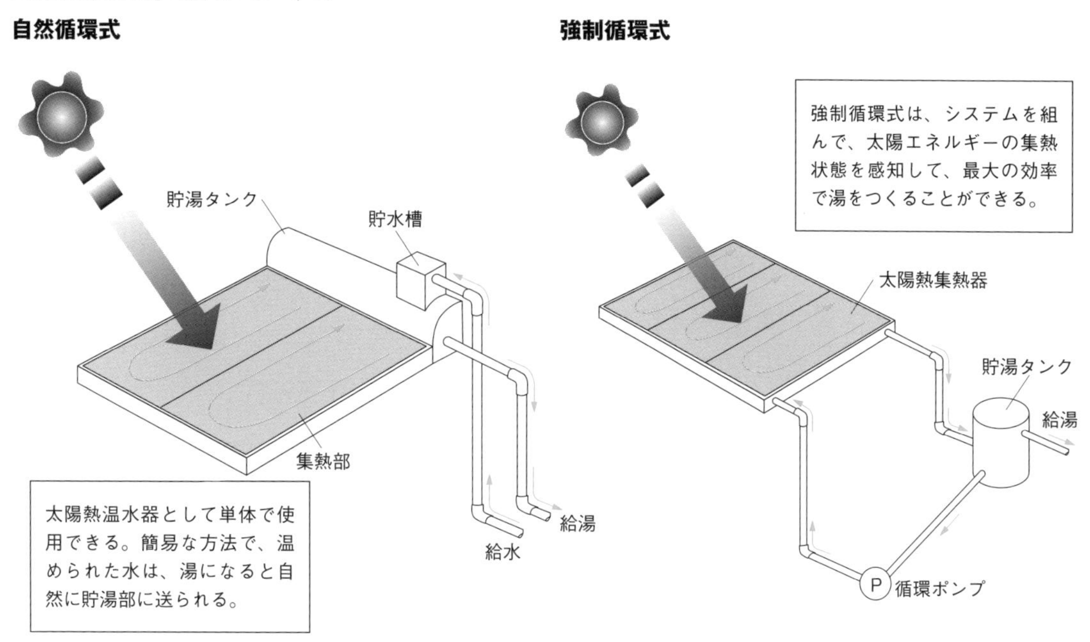

太陽熱利用給湯の配管

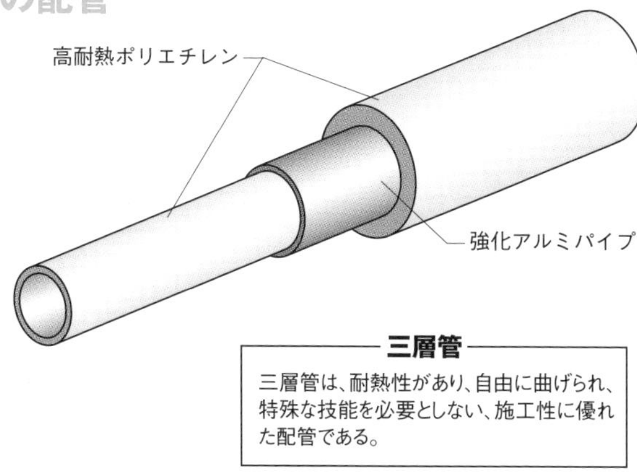

三層管

三層管は、耐熱性があり、自由に曲げられ、特殊な技能を必要としない、施工性に優れた配管である。

給水、給湯管については、20㎜程度までは、三層管が使用されることが多い。

ワンポイントアドバイス

冬の晴れた日、太陽光の暖かさを実感した人は多いはず。夏の日射しは人肌を焼きかなり強烈です。太陽エネルギーを利用しない手はありません。ご承知のように CO_2の排出はありませんが、エネルギー密度の低さに課題があります。

貯湯槽

貯湯槽

貯湯槽は一義的には、湯を貯めておく設備機器ですが、貯湯槽の中に加熱チューブを組み込み、そこに蒸気などの熱源を通して、間接的に水槽内を暖める熱源器的性格も持ち合わせたものもあります。電気の貯湯槽は、電気ヒーターが入っていますし、蒸気の貯湯槽は、蒸気のチューブが入っています。

温水ボイラやヒートポンプ温水器など温水をつくる熱源機器から送られてきた温水を各所で必要な量を貯え、必要なときに、必要な量が供給できるようにしておくのが貯湯槽です。大量に温水を使う浴槽などがあるときは必要なものです。温水を使用した分だけ新たにボイラから温水が補給されるようになっています。

電気昇温貯湯槽

電気ヒーターで貯湯タンクを温めて湯を沸かす電気温水器で給湯器と貯湯槽とを兼ねるものです。ボイラには常に燃料補給が必要ですが、給水と電気があれば温水ができ、設備が簡単で設置もしやすいので、小型のビルなどで使用されています。住宅などでは安価な深夜電力を利用して深夜に温め、翌日の利用に備えるのが普通です。

タンクに貯めた水を電気ヒーターで温めて沸き上げるため、空気を汚さず火災や不完全燃焼等の危険もありません。貯湯タンクは、使われた温水と同量の水を瞬時に補給しますので、常に大量の温水を蓄えています。

間接加熱式貯湯槽

蒸気ボイラで蒸気を各所に配給し、ゾーンごとに熱交換器を設け温水をつくり、各所に給湯する方式です。大規模施設や地域暖房のあるところで、使用されることがあります。使用された温水の分だけ新しい水を自動で補給するシステムです。貯湯槽は、圧力容器といわれるものになりますので、加熱チューブの引き抜き等の作業点検スペースなどが必要です。大きさ、圧力により、設置時や点検時に労働基準監督署の検査があります。

開放型貯湯槽

開放型貯湯槽は、圧力容器にならず、定期検査の対象ではなくなります。高所に設置する場合は、タンク内の水位をボールタップで制御し、重力式による給湯方法になります。

材料

貯湯槽の材料はステンレス鋼のものが多く、密閉型はステンレスクラッド鋼(軟鋼とニッケルめっきを施したステンレス鋼を圧着した合板)が使われ、開放型はステンレスパネル製の組み立て式のものが多く使われています。

電気昇温貯湯槽

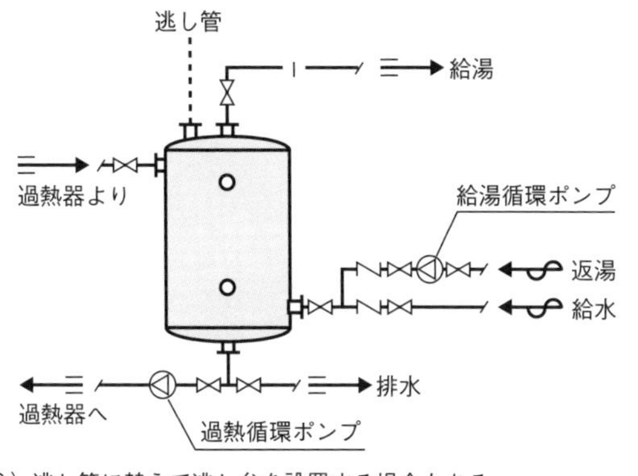

（注）逃し管に替えて逃し弁を設置する場合もある。

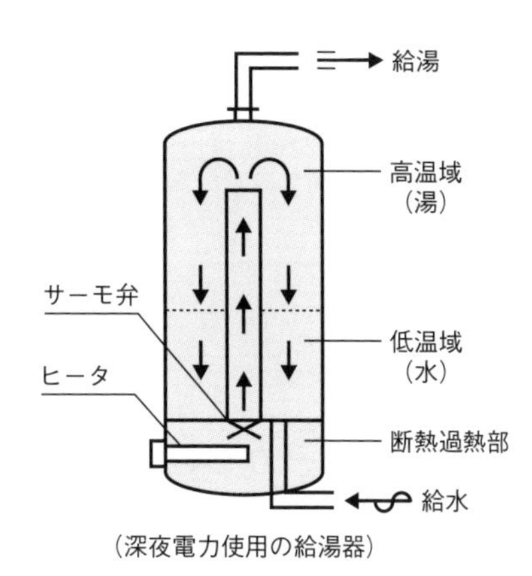

（深夜電力使用の給湯器）

間接加熱式貯湯槽

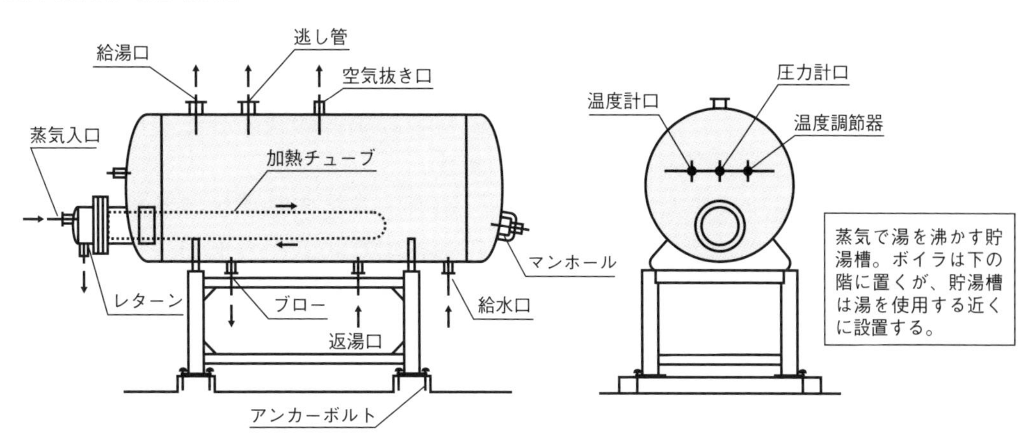

開放型貯湯槽

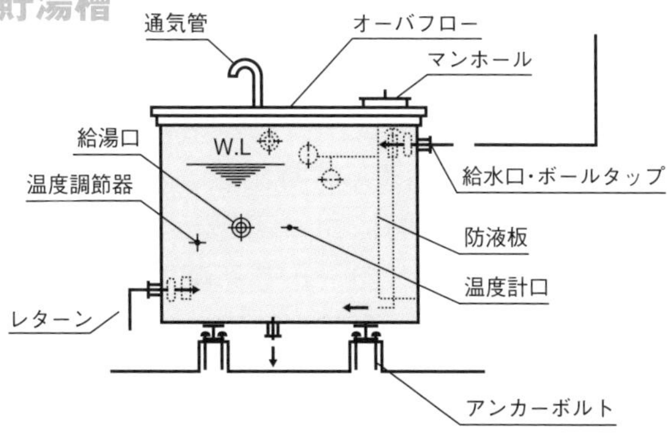

最上階に置いて給湯する。圧力容器ではなくなるので、無資格でも扱うことができる。

ワンポイントアドバイス

湯を溜めておく設備機器ですが、一定温度を保つために各種の工夫があります。貯湯槽内部に電熱ヒーターや蒸気を使って温水を温める貯湯槽ですが、シャワーや浴槽で使われる温水の管理には必要な機器です。オール電化の住宅などでは、この貯湯槽が必要です。

湯沸器と給湯配管

湯を最適温度で出す

湯は水栓やシャワーから吐水した瞬間から設定温度であって欲しい物ですが、なかなか難しいものがあります。できるだけ早く快適温度になるように常時ポンプで湯を循環するか、瞬時に湯をつくる方法があります。どちらも、快適性を求める機器です。

ラインポンプ

中央給湯方式の給湯システムは、貯湯槽から各所に配管を結び、常に一定の温度で湯を供給するため、温水を循環させておく給湯循環ポンプがあります。配管システムの途中に設置され温水を循環させる働きを担っています。循環量は、湯が冷めない程度の循環量になっています。

密閉配管の中または満水状態で循環しますので、揚程(押し上げる力)は、揚水ポンプと違い配管の抵抗だけなので大型のものは必要なく、配管の途中に入れられるポンプでラインポンプといわれています。

使用中は常時ポンプが回っています。通常は2台平行配管に設置し、1日交代で運転し、片側故障したときは、すぐに交換できるようにしています。

湯沸器

湯沸器は、使用する場所で、必要な量を効率よく沸かすための器具です。住宅など、個別に出湯するところなどでは瞬間式湯沸器が多用されています。

瞬間式湯沸器

必要なときに瞬時に沸かして湯を出す機器で、湯量、温度を自由に調整でき、能力のわりに小型です。一般的にはガス瞬間湯沸器が使われています。機構は燃焼装置、熱交換器、ガス点滅装置、点火装置、湯温調節装置などで構成されています。

湯を出すと自動点火するものと点火して湯を出すものとがあり、先止め式、元止め式といわれています。湯量を調整して温度を調整する方式と、ガス量を調整して、湯温を調整するものがあります。電気式の瞬間湯沸器もあります。

高温度の湯を常時貯蔵して、いつでも一定温度の湯が得られる貯湯式もあります。一般にガス、電気を使用する給湯室などで使用される湯沸器ですが、90度前後の湯を常時出せるようにしています。必要時に即対応できるよう、使用時間をコントロールする週間タイマーなどをつけて、必要な時間に沸きあがるようにしています。

風呂用湯沸器

浴槽内を循環する回路(追い焚き機能)を持つ、ガス湯沸器、石油湯沸器があります。どちらも、給湯回路と追い焚き回路の2系統を備えています。

ラインポンプの設置例（循環ポンプ）

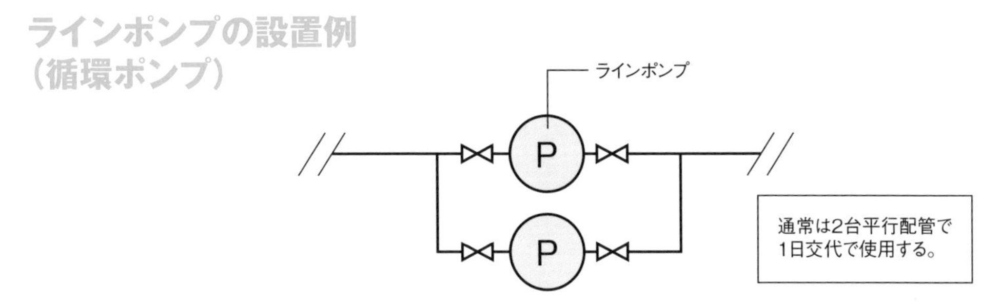

ガス瞬間湯沸器の種類

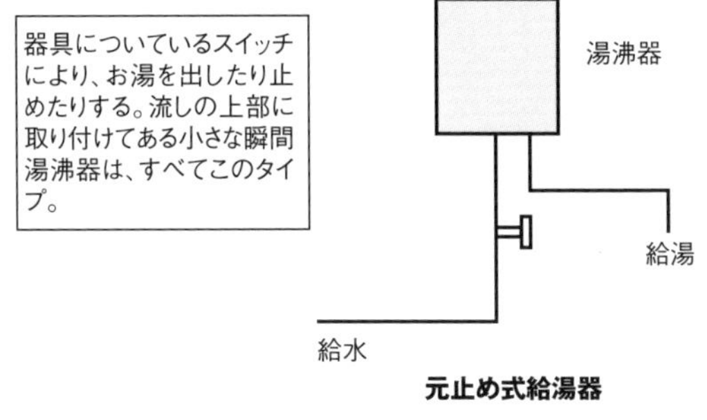

元止め式給湯器

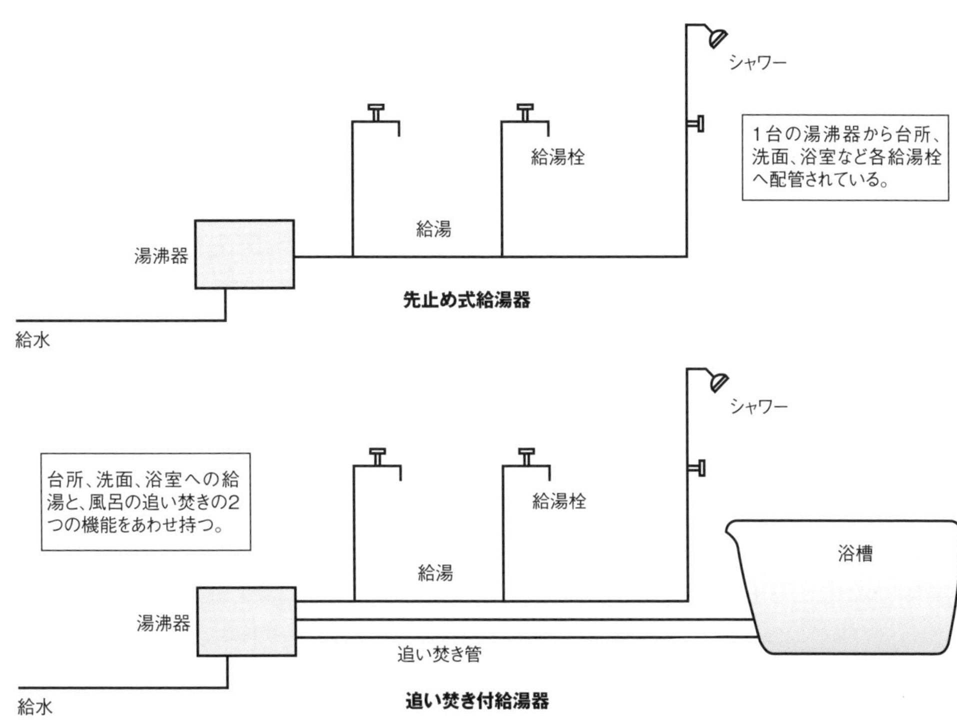

先止め式給湯器

追い焚き付給湯器

ワンポイントアドバイス

使いたい湯は、常に最適温度であって欲しいという欲求をいかに満足させるかの給湯設備機器です。ぬるくても嫌、熱くても嫌。丁度いい温度は個人差もありますが、風呂や飲料用などの建築設備機器の本来の役割は、人間の生理に基づく快適性を提供するものです。

適切な給湯配管

給湯配管

温水は冷水と違い、中から空気が発生しますので、給湯配管には温水から出てきた空気を貯めないように配慮します。配管は金属でできているので、熱膨張します。そのため、膨張を吸収したり逃がす工夫も大切です。どちらも、給湯配管に求められる技術的配慮です。

配管勾配

排水管のように自然流下ではないため、顕著な勾配は必要はありません。継手も、排水継手のように滑らかではなく段が付きますので厳密には勾配によって空気を抜くということはありません。勾配をつけるというより、水平に配管するということが大切です。

基本的には、通称鳥居配管(P.79)と呼ばれる配管は避けるべきものです。配管が上に行ったり下に行ったりするような事になると、曲がりくねった配管の上部には、密閉された空気溜まりができ、配管の腐食の原因になります。

空気抜き弁

配管の最上部に水栓器具などがない場合は空気抜き弁を使って空気抜きをします。空気抜き弁を使用するところは、空気と一緒に液体が出ることがありますので、室内側や天井内での設置は避けるべきで、パイプスペースや機械室内などに取り付け、他の設備機器(たとえば空調機)などのドレンパイプなどを利用します。

熱膨張の吸収

配管が長くなりますと、熱膨張で伸びる事を考慮する必要があります。本配管から横に取り出したり、立ち上げる場合はエルボなどで配管に曲がる力がかからないような工夫が必要です。

長い横引き配管は、途中に配管の伸びを吸収することができるタコベントや伸縮継手などを用いて熱膨張対策を取ります。伸縮継手を使用したところは、点検口を設けて将来不具合が生じたときに対処できるようにしておくことも必要です。

立て管は、床の貫通部分はモルタルなどで強固に固めず、ロックウール(防火上必要)で巻き、配管カバーをつけて躯体と縁を切って、配管との間に遊びの間隙を設けます。3層階ごとに一箇所程度、伸縮継手を使って、熱膨張対策を施しておきます。

配管の吊り

コンクリート・スラブや梁から配管を吊る場合でも、熱膨張による配管の伸縮に対応できるよう拘束しないようにします。吊り金物は、伸縮方向に配管が移動できるものを使いますが、拘束するところは伸縮継手の片側のみとして、配管の伸縮のための余裕を残します。

熱膨張対策

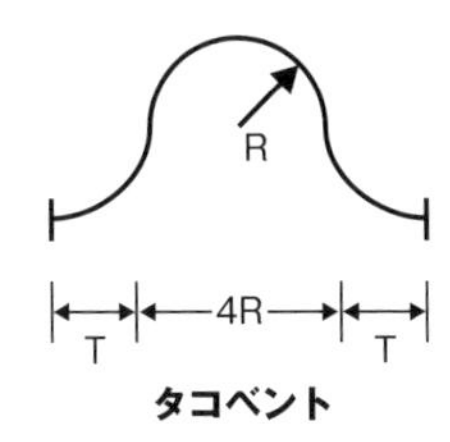

タコベント

配管が膨張すると、膨張する力を吸収するためにタコのように配管を曲げて入れる。これを「タコベント」という。長い配管だと膨張する長さを計算して用いる。

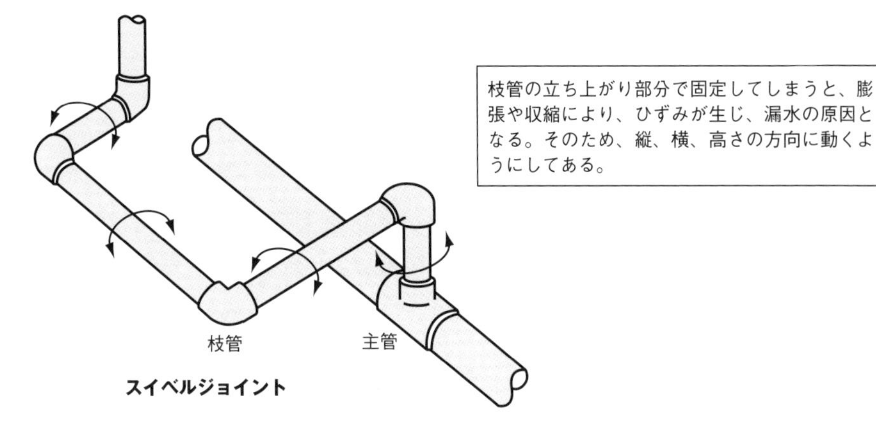

スイベルジョイント

枝管の立ち上がり部分で固定してしまうと、膨張や収縮により、ひずみが生じ、漏水の原因となる。そのため、縦、横、高さの方向に動くようにしてある。

各種の伸縮継手

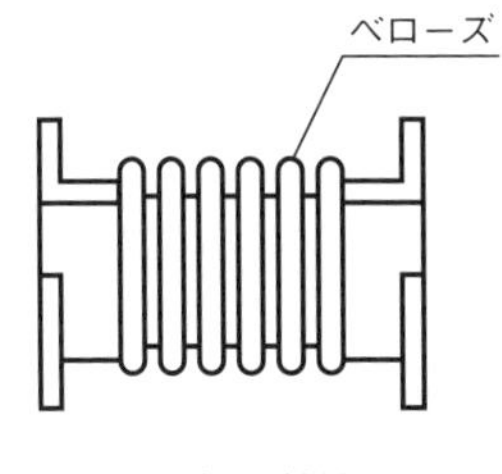

ベローズ型伸縮継手

シャフト内や天井内で用いられ、熱膨張を吸収する。「ジャバラ」のように伸びたり縮んだりする。

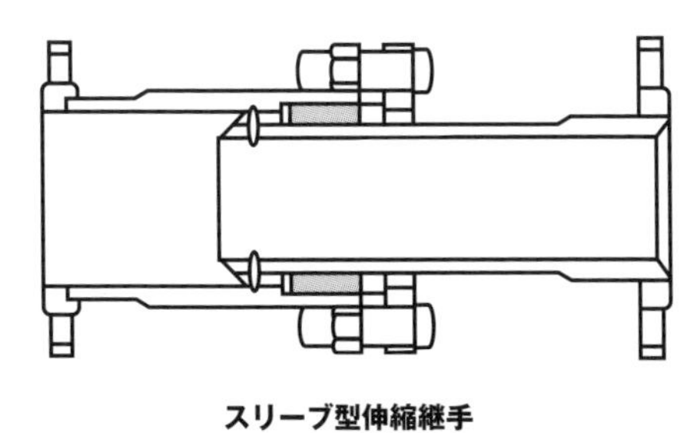

スリーブ型伸縮継手

長い配管の途中に用いる継手で、熱膨張を吸収する。

ワンポイントアドバイス

温水のための配管は冷水と違って、発生する気体や熱による膨張を考慮しなくてはなりません。通常使う蛇口からのエア抜きはときに危険でもあります。適切な配管作業があって、適切なエア抜き弁があり、熱による配管の伸び縮みを考慮した設備工事が必要です。

給湯配管の特質

忘れてはいけない給湯配管の特質

給湯システムには、熱源機器と貯湯槽とポンプがあり配管で結ばれています。この配管内に、熱膨張した湯を密閉すると配管内やボイラ、貯湯槽などに圧力がかかりますので、常に圧力が異常に高くならないよう、膨張タンクや配管方式、バルブ類に工夫があります。

膨張タンク

膨張タンクはボイラ、貯湯槽、給湯配管など、温水に起因する圧力変化のクッション役に使われるタンクです。機器などの上部に配管をして圧力を逃がすのが目的です。高温水があるところは膨張し加圧されます。温水が冷えれば減圧され負圧が生じます。配管されている給湯管やボイラ、貯湯槽などは、その都度膨らんだり縮んだりを繰り返し、水漏れや機器の破損に繋がります。加圧減圧を調整するための配管を通し、膨張タンクに導き圧力調整をするわけです。タンクには開放型と密閉型があります。

密閉型膨張タンク

開放型のタンクと違い、屋上などにタンクが置けない場合には密閉型膨張タンクを設けます。このタンクは、圧力がかかってくると空気が圧縮されるようになっている構造で、その内圧により膨張水を吸収し、圧力を調整するタンクです。

配管方式

中央式給湯方式は、ポンプで温水を供給していますので、配管の抵抗を均一にすることで、均等に温水が回るようにする配管方式がとられます。この配管方式をリバースリターン方式といいます。見るとややこしい配管のようですが、長さが均等になります。高層ビルなどで使われます。

バルブ類

バルブとは、一般的に配管などの内部を通す空気やガスなどの気体、水や油などの液体の通り道の開閉や量の制御及び調節などができる可動機構をもつ機器の総称です。このような機能なくしては、各種装置の運転を行うことはできません。

配管設計・設備設計をする上で、適切な材料・材質のバルブ・弁を選定し、バルブの数量の調整・管理などには十分な配慮が必要です。

給湯に使われるバルブとして代表的なものはゲートバルブ(仕切弁)と グローブバルブ(玉形弁)です。給湯配管の場合、配管抵抗を均等にして流量を均一にすることが求められます。

通常の建物内の給湯配管は、昼と夜の温度差があり、配管内の温水の制動が不安定で、熱膨張を繰り返します。工場などより使用頻度は少なくても、耐用年数に差がなくなることがあります。

膨張タンクの種類

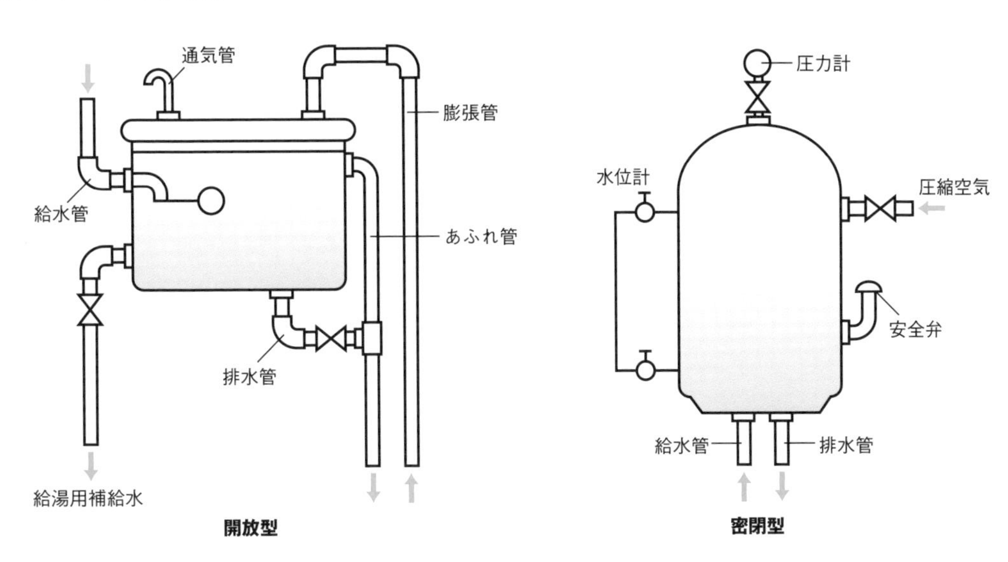

ダイレクトリターン方式とリバースリターン方式のしくみ

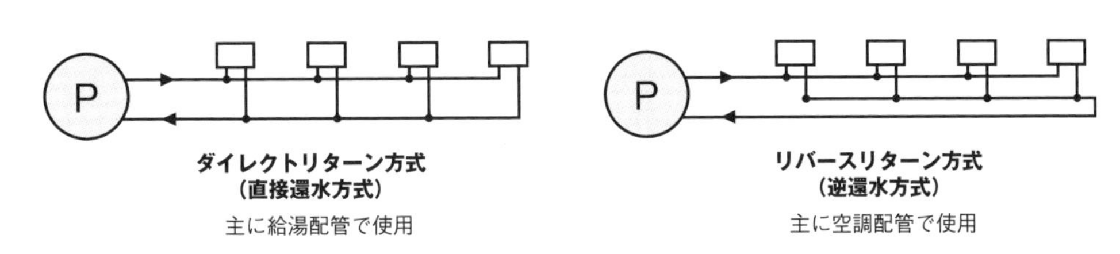

給湯で使われるバルブ

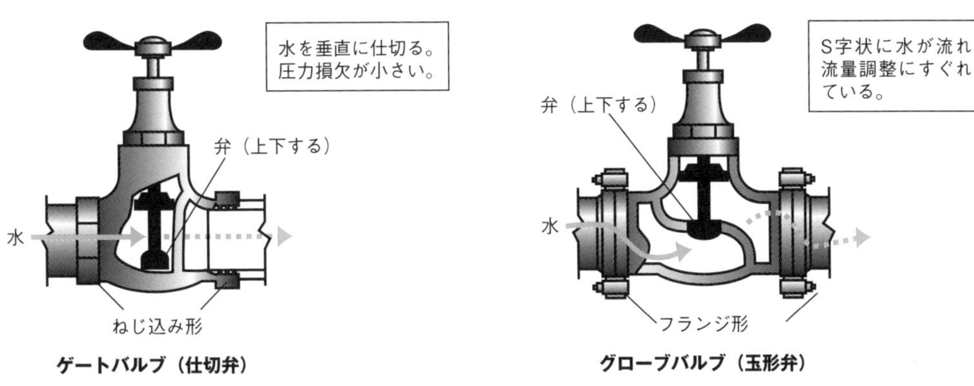

用語解説

リバースリターン方式……ポンプに近い機器を上流とし、順番に遠い機器へ還り管を接続して元に戻す方式。機器ごとに、往き・還り管の全長や配管抵抗を等しくすることで、各機器への流量のバランスが取りやすくなる。ただ、配管延長が長くなるため、配管スペースやコストがかかることが短所。

誰でも暗黙の了解

給水は右、給湯は左に出るようになっています。これをわかっていながら、図面を書いている際、反対向きに洗面器を書いていると、水と湯の配管を間違えて書いてしまうことがあります。大体そういうミスをするときは、現場が忙しくなり、図面をあわてて書いてしまったときに起こります。そして、そのまま図面を職人に渡してしまって、配管の加工が始まり、配管を切って、ねじを切った後にやっと気がつくことが多いです。

施工するときは絶対に間違わないのに、その途中においては、全く気がつかずに配管まで加工してしまうことがよくあります。

多分、自分の目の前に来てやっと、右側と左側の間違いに気が付くのでしょう。その結果、職人は現場から加工場に配管を持ち帰ってつくり直しです。その怒りは、当然、図面を書いたものにいきます。もちろん、間違えたくて間違えているわけではないのですが……

給水が「右にひねる」、給湯が「左にひねる」ということは、究極のユニバーサルデザインであり、設備のことを知らなくても、シャワーを使ったことがあれば誰にでもわかることです。給排水衛生設備は、当たり前のことを当たり前につくって、当たり前に使えることが必要だと感じます。

Part 4

ガス設備

給排水衛生設備は幅が広く、給排水設備だけでなく、燃焼させるための燃料の供給についても学ばなければなりません。ガス供給もそのひとつです。

都市ガス

ガスの種類

ガスの原料は、以前は石炭から取り出していましたが、その後石油系に代わり、現在は天然ガス系に変わってきました。この変遷とともに、ガス1㎥あたりの熱量が上がり、配管管径が小さくなってきました。

ガスの供給は、ガスの精製、貯留、圧送を経て、ガス使用者に届ける都市ガスと、ガスをボンベに詰めて届けるLPガスに分かれています。

都市ガス

都市ガスは地域独占事業です。事業者ごとにガスの種類が熱量、比重、燃焼速度など13種類に分かれていて、地域によって違います。ガスの使用する場所ごとにガス器具を換えなければならないのもこのためです。

都市ガスの供給は、ガス製造所で、組成や熱量を調整し、製造所、精製所からガス使用者までガス管で結ばれ供給されています。製造所から、ガスの流量を調整する中継所で、整圧器(ガバナー)によって圧力を落として供給しています。一般的に、建物でガスを使用する際は低圧の引き込みによります。

低圧ガス供給

建築物で使うガス設備には、暖房用ボイラ、直接暖房器、厨房機器、冷房などがありますが、どれも一般の人が安全に扱えるものでなければいけません。

ガスは、ガス漏れによる事故のリスクを少なくするために、圧力を抑えた低圧ガス配管で供給しています。

ガスは、目に見えず、匂いもない物質です。ガスが漏れていても、匂いがないため、そのまま気がつかずに大事故につながるリスクがあります。そのため、ガスには人工的に匂いをつけて、ガス漏れをしている場合にはすぐに気がつくようにしてあります。また、より安全に扱えるように、安全装置の設置が法律で定められています。

中圧供給方式

大量にガスを使用する地域冷暖房、地域熱供給などをするボイラーなどには、中圧ガスを使用するものがあります。建物単体では使用されなくても、建物郡として使用する場合は、中圧ガスを引き込みます。その際、建物が使うガスについては低圧ガスですので、引き込みは中圧ガス、低圧ガスの2本を引き込みます。

LPガス

LPガスは、一般的に都市ガスが供給されていない地域に対して、ガスを供給する方法です。

ガスに圧力をかけて液化して運び、使用する場所で気化して、使用します。詳しくは64ページで説明します。

都市ガス供給のしくみ

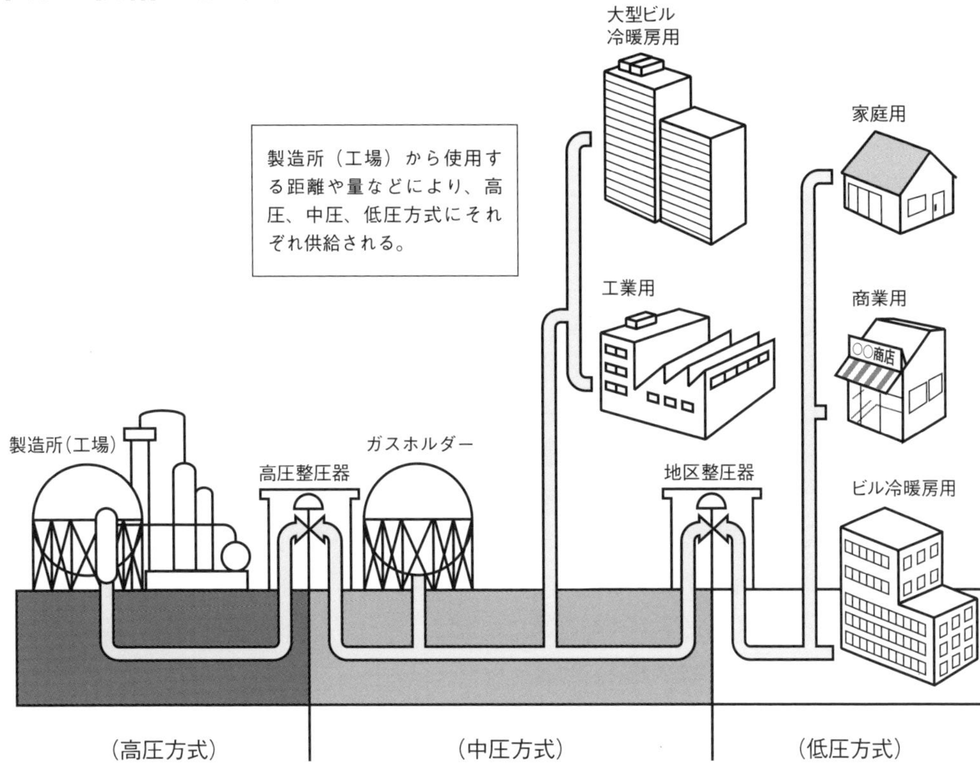

都市ガスの供給方式

供給方式	供給圧力	供給する建物
低圧	0.1MPa（メガパスカル）未満	一般家庭や小規模ビルなど
中圧	0.1MPa以上1.0MPa未満	ビルなど
高圧	1.0MPa以上	発電所や大規模工場など

トラブル事例

保育園の改修工事で、給湯する場所が増えたため、給湯器を1台だけ16号から20号に変更する必要があり、その際は、ガス管、ガスメーターもあわせて変更します。ガスの使用量が少し増えただけで、基本的なところも変更する必要があります。

LPガス

LPガスとは

LPガスは、液化石油ガスといいます。都市ガスとの違いは、都市ガスは、気体のまま配管で供給されるのに対し、LPガスは、圧力をかけた容器内に液体の石油ガスを、減圧装置によって容器内の液体を気体に変換して、配管で供給します。ガスは各供給場所に近い場所に貯蔵されているので、供給設備は、ガスの供給規模や販売方法が都市ガスとは大きく異なります。供給方式は、以下のようにいくつかの方式があります。

LPガスの供給方式

個別供給方式とは、各戸個別に、ガス容器を設置してガスを使用します。消費した分は計量して徴収します。小規模集団供給方式は、ビルや商業施設などの飲食業店舗がいくつかある場合などで、一箇所に設置した数個のガス容器から配管して消費場所に供給する方式です。住宅だと２戸以上10戸以下に供給する場合の方式をいいます。中規模集団供給方式は、住宅で11戸以上69戸以下の規模に供給する方式です。大規模集団供給方式は、住宅で70戸以上の規模に供給する方式です。業務用供給方式は、旅館や飲食店など、大量にガスを使用する場所で、バルク貯槽にLPガスを充填し、配管により各ガス栓に供給する方式のことをいいます。

供給設備

LPガスの供給のための設備および付属設備を供給設備といいます。

貯蔵設備、気化装置、調整器、ガスメーターなどの設備と、この設備の屋根、遮蔽板、障壁などを含みます。供給設備はガスの安全装置と考えられていますので、LPガス設備に関わる「液化ガス保安法」、「高圧ガス保安法」、「ガス事業法」などにより規定されています。

ガスの気化方式

液体から気体に変換し、ガスを供給するLPガスでは気化器が必要です。この気化方式は、自然気化方式と強制気化方式の２種類があり、通常、少量のガス使用量であれば自然気化で十分ですが、消費量が多く、ガス容器が大量に必要な箇所では、強制気化装置を使用します。

容器の本数

容器は、消費するガスの量で決まりますが、多すぎても危険なため、最大ガス消費量以上になるようにします。集団供給方式の場合は、最大ガス消費量の1.1倍以上となるようガスの本数を決めます。

調整器

調整器は、ガスの圧力を調整して、消費するガスに安定した圧力を確保するための装置です。

LPガスの供給方式

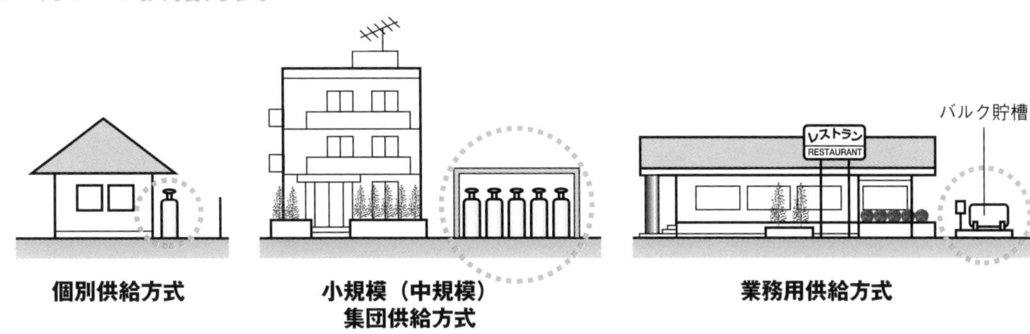

LPガスの供給設備

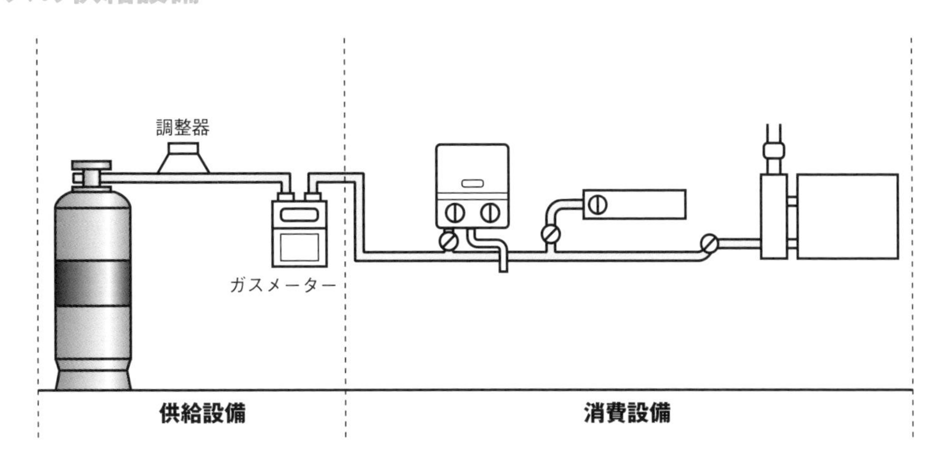

LPガスの種類

名称	プロパン及びプロピレンの合計量の含有率	エタン及びエチレンの合計量の含有率	ブタジエンの含有率
い号液化石油ガス	80%以上	5%以下	0.5%以下
ろ号液化石油ガス	60%以上80%未満	5%以下	0.5%以下
は号液化石油ガス	60%未満	5%以下	0.5%以下

＊液化石油ガス法に基づく規定

トラブル事例

竣工検査のときに、ガスが出ないので困っていたら、竣工前のためガスの安全弁を止めていました。いつもと違うことをするとみんなあわててしまうので、注意しましょう。

ガス配管・ガスメーター

ガス配管

都市ガスは、敷地の前面にある道路からガスを引き込み、ガスメーターを経て、ガス器具まで配管するシステムです。配管の管径は、ガスの種類、使用する場所の高さ、使用する器具の燃焼量、同時使用率などによって決まります。その際、配管径の計算は、ガス事業者との十分な打ち合わせが必要です。また、ガス管は、ガス使用箇所が増加した場合、ガスメーターから配管をやり直すことがあるので、十分に余裕を持って配管系を決めておかなければいけません。

配管材料は、ガス供給業者指定品を使用します。敷地内は、ポリエチレン被覆鋼管、塩化ビニル被覆鋼管、ガスポリエチレン管を、小径ではガス用ステンレス鋼フレキシブル管などを使います。継手は、それぞれ配管に合わせて使います。

配管経路

配管経路は、ガスメーターから他の衛生配管と同じシャフトなど衛生配管郡といっしょに配管する方が、衛生工事としては簡単なのですが、ガスの安全基準を満たす必要があるため、他の設備(電気・エレベーター)と同一場所に配管することはできません。

また、電気室などの高圧電気施設のある部屋、消防法で決められた区画の貫通部分、非難通路で非難の妨げになるようなところでは配管してはいけませんので注意が必要です。

ガスメーター

一般的にコンピューターが内蔵されているマイコンメーターが使用されています。ガスメーターは、ガスの使用量を計測するだけでなく、ガスの使用状況を24時間監視する安全機能がついています。

また、使用量により細分化されており、大きさも違います。使用流量が16㎥/h以下のガスメーターにはマイコンメーターの設置が義務づけられています。

ガスメーターの設置場所

ガスメーターの設置は、ビルやマンションのように使用者が多数の場合は、それぞれ個別に使用する近辺につけます。

設置場所は、検針、メーターの交換、維持管理などに支障のないところに設置しなければいけません。なお、設置に際しては、高温な場所(60℃以下)、水しぶきや蒸気など常に水分のある場所、強い振動がある場所、腐食性のあるガスなどが出る場所、石油類など危険物を貯蔵する場所、変電室など高圧電気設備のある場所、避難経路で避難の妨げになる場所などには設置してはいけません。

また、電気設備と共用のシャフトなどは、換気口を設けたり、防爆処置をするなどして設置する必要があります。

一般に使用されている配管材料の規格

	材料名	適用口径、主な接合方法	備考
直管	JIS G 3452 配管用炭素鋼管（SGP）	主として500A以下　ねじ接合、フランジ接合、溶接、機械的接合で使用	
	JIS G 3454 圧力配管用炭素鋼鋼管（STPG370、STPG410）	主として350A以下　溶接、フランジ接合で使用	
	JIS G 3457 配管用アーク溶接炭素鋼鋼管（STPY400）	主として500A以上　溶接、フランジ接合で使用	
	JIS G 3469 ポリエチレン被覆鋼管	主として500A以上　機械的接合、ねじ接合、フランジ接合、溶接で使用	原管は主としてG3452、3454、3457とする
	塩化ビニル被覆鋼管	主として500A以上　ねじ接合、フランジ接合、溶接で使用	原管は主としてG3452とする
	JIS G 5502 球状黒船鋳鉄品	主として100A以上　機械的接合で使用	
	JIS K 6774 ガス用ポリエチレン管	主として300A以下　融着接合、機械的接合で使用	
	ガス用ステンレス鋼フレキシブル管	主として32A以下　機械的接合で使用	原管は主としてG4305とする
継手	JIS B 2301 ねじ込み式可鍛鋳鉄製管継手	主として150A以下に使用	主要材料は主としてG5705とする
	JIS B 2302 ねじ込み式鋼管製管継手	主として150A以下に使用	主要材料は主としてG3452とする
	JIS B 2311 一般配管用鋼製突合せ溶接式継手	主として500A以下に使用	主要材料は主としてG3452、3457とする
	JIS B 2313 配管用鋼板製突合せ溶接式継手	主として500A以下に使用	主要材料は主としてG3454とする
	JIS G 5502 球状黒船鋳鉄品	主として100A以上　機械的接合で使用	
	JIS G 5705 可鍛鋳鉄品	主として150A以下に使用　ねじ接合で使用	
	塩化ビニル被覆継手	主としてねじ接合で使用	主要材料は主としてG5702とする
	ポリエチレン被覆継手	主として溶接接合で使用	主要材料は主としてG5702とする
	機械的継手	主として100A以下に使用	主要材料は主としてG3452とする
	JIS K 6775 ガス用ポリエチレン管継手	主として300A以下に使用	
	ガス用ステンレス鋼フレキシブル管継手	主として32A以下に使用	主要材料は主としてH3250、G5121などとする

ガスメーターのしくみ

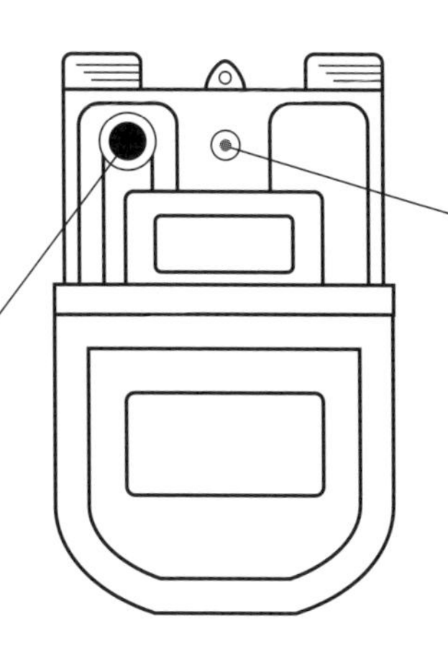

ガスの安全設備①

安全装置

66ページで、ガスの使用流量が16㎥/h以下のガスメーターには、マイコンメーター設置が義務づけられていると記述しましたが、16㎥/h以上の使用流量がある場合は、様々な遮断装置を適切な位置に設置します。

引き込み管ガス遮断装置

引き込み管に設置(敷地境界近傍)します。緊急時に操作してガスの供給を遮断するもので、人が操作します。ボールバルブ、プラグバルブなどが使用されています。

緊急ガス遮断装置

建物への引き込み管の外壁貫通部付近に設置します。緊急時に防災センターなどからの遠隔操作により、建物内へのガスの供給を遮断します。バルブは、炭酸ガス式とバネ式などがあり、ボールバルブ、プラグバルブなどを閉めます。

緊急ガス遮断装置は、都市ガス警報機と連動させて遮断できること、開閉表示が目視で確認でき、手動で開閉操作ができること、停電時に閉動作せず、同時に停電時に閉操作ができること、断線により操作不能にならないように断線監視機能があること、などが求められています。

業務用ガス遮断弁

業務用厨房などに設置します。手動または、都市ガス警報機からの信号でガスの供給を遮断します。ダクト内消火設備と、排気ファンの停止が連動して消火する設備です。

何件ものテナントが入り、業務用厨房が連なる場合、ガスを手動で止めた際に、他のテナント厨房でもガスが止まらないようにするための遮断弁です。

配管材料による安全処置

防食処置　配管材料には、かつては鉄管を使用していましたが、現在は鉄管にポリエチレンなどの覆いをして、腐食しないような処置をしています。継手にも、ポリエチレンなどの覆いをして、接続して配管接続部分の防食処置をしています。

屋外埋設間の不等沈下対策　軟弱地盤に設置する配管は、可撓(かとう)性のあるポリエチレン管を使用して、土中の変化に追従できるような配管をします。また、可撓性のある継手なども、変異に対応できるように用い、変異を吸収しています。

配管の耐震対策　様々な耐震処置を講じて、配管からのガス漏れを防ぎます。基本的には衛生配管と同じです。

建物区分に対応したガス安全設備設置の概要

区分		概要	引込管ガス遮断装置	緊急ガス遮断装置	自動ガス遮断装置(＊1)	ガス漏れ警報設備(＊2)	都市ガス警報器(＊3)
建物区分	特定地下街等	大規模な地下街および準地下街(地下部分のみ)	○	○	−	○	−
	特定地下街等	大規模な地下街等(地下部分のみ)	○	○	−	○	−
	超高層建物	高さ60mを超える建物	○	○	○	−	○
	高層建物	高さ31mを超える建物	○	−	−	−	−
	特定大規模建物	特定業務用途に供されるガスメーターの換算合計Qmaxが180㎥/h以上の建物	○	○	○	−	○
	特定中規模建物	特定業務用途に供されるガスメーターの換算合計Qmaxが30㎥/h以上の建物	○ 内径70㎜以上の引込管に限る	−	−	−	−
	特定公共用建物	特定業務用途(社会的弱者に係る用途)に供されるガスメーターの換算合計Qmaxが30㎥/h以上の建物		−	−	−	−
	工業用建物	工業用途に供されるガスメーターがある建物		−	−	−	−
	一般業務用建物	業務用途に供されるガスメーターがある建物		−	−	−	−
	一般集合住宅	住居用途のみでガス使用者が2以上の建物		−	−	−	−
	一般住宅	住居用途のみでガス使用者が1の建物		−	−	−	−
中圧設備建物		最高使用圧力が中圧の導管でガスを供給する建物	○	○	○	○ (＊4)	○

＊1：自動ガス遮断装置としては、マイコンメーターおよび業務用ガス遮断弁(都市ガス警報機連動)がある。
＊2：ガス漏れ検知器の作動状況を中央監視室などで監視し、建物内に警報を発するシステム
＊3：燃焼機器で超高層建物・特定大規模建物に設置するものは、都市ガス警報機又は自動ガス遮断装置を設置する。
＊4：建物区分が特定地下街等・特定地下室等の場合に限る。

トラブル事例

厨房のガスが出ないといわれ行ってみると、現場で働く調理師が見慣れない物が付いていたのでボタンを押してみたところ、ガスが止まってしまったとのこと。復旧のための操作を説明しておけばよかったと思いました。

ガスの安全設備②

LPガスと都市ガスの大きな違いとして、比重が都市ガスは空気より軽いので、放散すると上部に行きますが、LPガスは放散すると空気より重いため、床上などに停留します。また、ガスの供給圧力は都市ガスより高いため、配管に穴が開いた場合、ガス漏れの量が多いので大変危険です。よって、ガス漏れ警報対策、遮断対策は、都市ガス以上に必要になります。ガス漏れ警報装置などは、床付近に取り付けます。

ガス漏れ警報器の設置

規定では、ガス漏れ警報装置の検知部は、都市ガスの場合、燃焼器具およびガス栓から8m以内で、天井面から30㎝以内の位置に設置します。

LPガスの場合は、燃焼器具およびガス栓から4m以内、床面から30㎝以内に設置することが義務づけられています。

ガス漏れ警報遮断装置

この装置は、ガス漏れを検知したときに警報を出し、ガス漏れ警報機または制御部からの信号で、自動的にガスの供給を停止する装置です。ガス漏れ検知部、制御部、遮断部により構成されています。

耐震自動ガス遮断機

震度５程度の地震に際して、LPガスの供給を自動的に遮断することにより、使用中の燃焼LPガス機器の消火をし、火災の防止、配管の破損による多量のガスの放出を防止するための装置です。

ガス放出防止装置

大規模地震、風水害、雪害に対して、ガスの容器の転倒や供給管、配管の破損によるガス漏れを防止するため、容器バルブの出口に設置する自動遮断機構を備えた装置です。ガス放出防止装置には、過流式と張力式があります。過流式は、管の破損などにより、通常以上のガスが流れた際に自動遮断します。張力式は、容器の揺れ、転倒などによって、つないである鎖が引っ張られたときに自動遮断します。

マイコンメーター

LPガス用マイコンメーターは、都市ガス用のものとほぼ同様です。S、SB、E、EB型などがあり、高圧ガス、保安協会の「液化石油ガス用マイコン型流量検知式自動ガス遮断装置（S、SB、E、EB型など）規格」により定められています。

ガスの安全対策は入念に

ガス設備は、配管も含め、給水や排水と違い大変危険で命に関わるものです。ガス漏れによる中毒やガス爆発、またガスを使用する際には火を使用するため、火災に対する危険対策も必要です。

都市ガス用警報器の設置基準

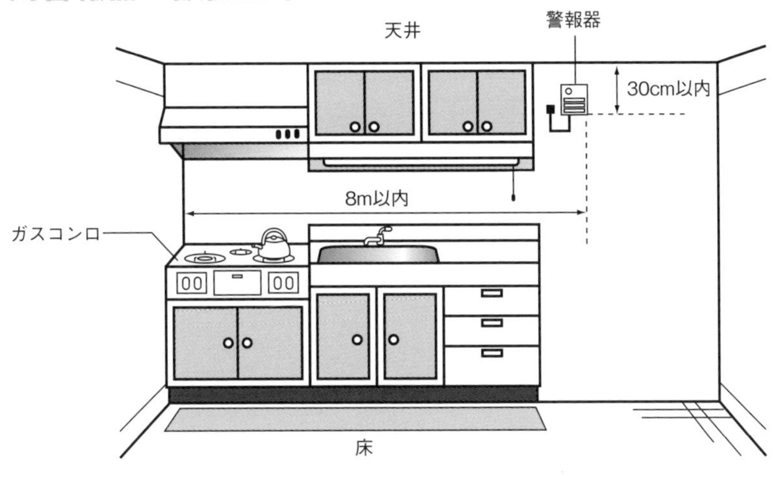

LPガス用警報器の設置基準

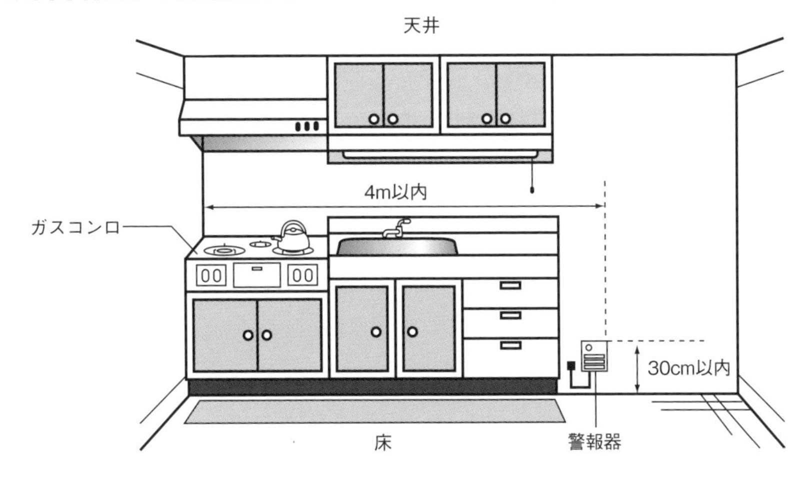

ガス漏れ警報遮断装置のしくみ

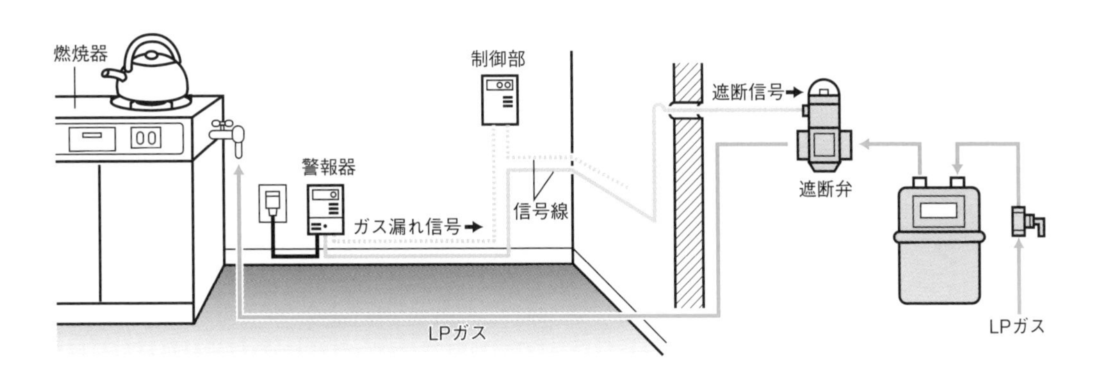

外工事と中の工事とは違うの？

ガスの配管のイメージは、外部工事のほうが印象にあります。衛生工事は、屋内で、ビル建設の最初から仕上がりの最後までありますが、ガス工事は壁の穴、床の穴などは、衛生工事で行うため、ガスの職人が入ってくるのは、天井が張られるちょっと前からになります。ガスの配管は給排水の配管のように何本もないので、他の職種にくらべてすぐに終わってしまいます。保温や塗装がないのもその理由のひとつでしょう。

現場の仕事を始めたころ、衛生工事の職人は、タイルの目地に配管を出すために、１㎜単位の配管をしていたため、必ずスケールを持って寸法を測っていました。一方、ガス工事の職人は、折尺（おりじゃく）といって、20㎝くらいの伸ばしたり縮めたりすることができる物差しを持って寸法を測っていました。職種によって、寸法の測り方がぜんぜん違います。もしかして、給排水衛生設備の職人は、神経質すぎるのではと思いましたが、この仕事は、正確に寸法を出せないと仕事ができません。勾配をつけながら寸法を取る技術は、衛生設備の職人でないとできないでしょう。

Part 5

排水設備

排水は、給水で使った水を流すだけではありません。スムーズに安全に流すために様々な技術があります。このパートでは、それらの技術について解説します。

排水配管

排水は、配管が基本的な要素となります。ここでは、配管の基本的事項を列挙します。

排水配管の最小管径

排水配管の最小管径は、長年使用し、配管内にゴミなどが詰まり、清掃がしづらくなることを考慮して、30㎜としています。30㎜の排水というと、小さな手洗い器、空調のドレイン管などに使用されていますが、改修工事が難しいところや埋設部分においては、最小管径は50㎜が望ましいと考えられています。

排水勾配

排水横引管は、重力流下のため、勾配をつけないと流れませんが、勾配をつけすぎると、排水以外の他の固形物が一緒に流れず、配管の詰まりの原因になります。配水管の勾配は、排水の流速が0.6m/s、1.5 m/sとなるようにするため、サイズにもよりますが、勾配は1/50～1/100とします。

排水横管の管径

器具の末端は、器具によって最小管径が決まります。大便器が75㎜、洗面器が32㎜（40㎜もある）などです。衛生器具が2つ以上ある場合は、排水器具単位表などを使い決定します。

排水は、器具の末端からの口径より細くしてはいけません。必ず排水の下流側が太くなるようにします。

排水立て管

排水立て管は、垂直に立て、各階の横管から排水を流入させます。流入した排水を、一度床下で横引きし、外部の桝に接続して排水します。排水立て管の管径は、器具の排水単位を合算し、排水立て管のサイズに見合う管径を決めます。排水立て管は、1階から最上階まで1つのサイズで立ち上げます。

最下階の排水

最下階の排水横管は、原則として、排水立て管とは結ばず、直接外部の桝と接続するか、もしくは立て管から十分な距離をとって排水横主管に接続します。これは最下階付近では、排水立て管の大きな正圧を受けるために、１階の排水器具から排水が逆流しないようにするためです。

掃除口の設置

配管内は、排水だけでなく、固形物も一緒に流しています。配管内が詰まれば、当然清掃をしなくてはいけません。掃除口は、配管の末端部分、配管の方向変換箇所、配管縦管では最下部またはその近傍などに設置します。掃除口は排水の流れと反対方向、または、直角方向に開口できるように設けます。

排水の配管方式

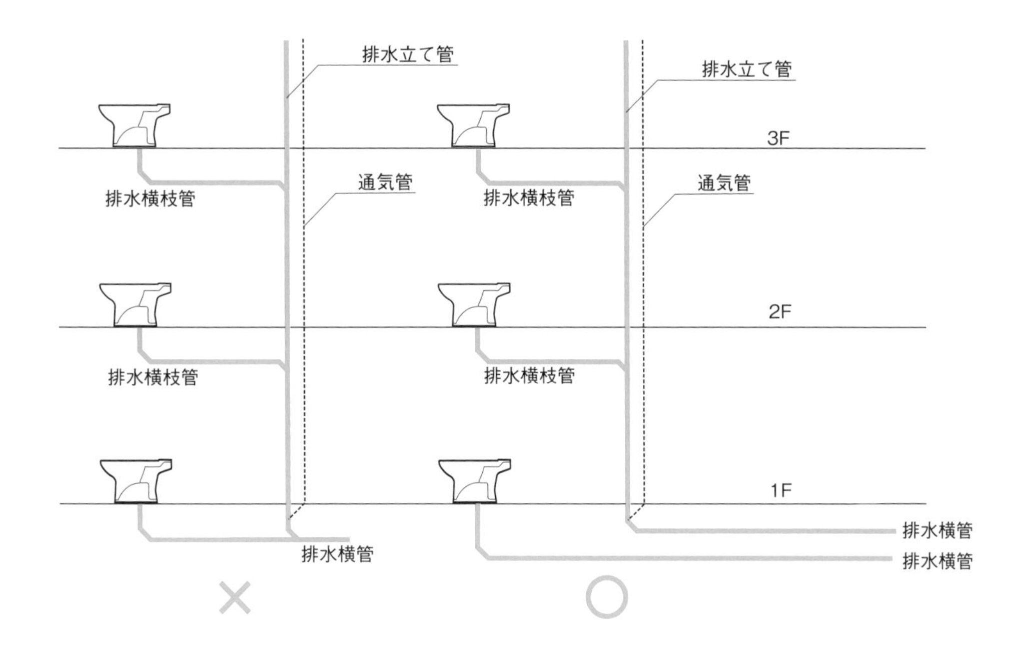

最下階の排水は、立て管とは結ばない。

掃除口の取付け場所の例

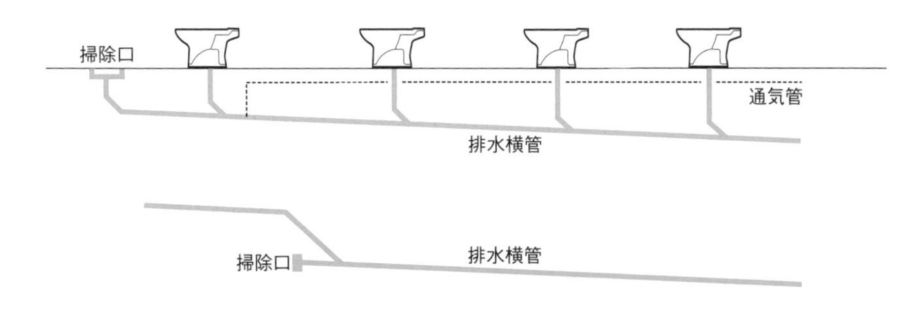

用語解説

排水横枝管……排水立て管に向かって流れる排水管。
排水横主管……建物内の排水を集め、屋外排水設備に流す横引き管。

排水通気管①

排水通気管の役割

排水管と並び、排水には通気管というものがあります。衛生器具にはトラップといって、排水管の中の空気をしゃ断する装置がついていますが、通気管は、このトラップの封水保護と、排水配管内の気圧変動を抑制して、排水の流れをスムーズにするためにあります。

通気方式

各個通気方式　各衛生器具ごとに、個別に通気管を設け、通気横枝管を経て、通気立て管に接続する方式です。通気管の目的であるトラップの封水保護の面からは最良の方法といえます。

アメリカなどでは、この方式が一般的です。

ループ通気方式　複数の器具に対する通気管で、排水横枝管の最上流の器具排水管のすぐ下流から立ち上げて、通気立て管に接続する方式です。

この方式は、排水が流れやすく、排水に支障がないことを実験により確かめた方式で、日本では高層ビルなど一般のほとんどのビルでこの方式が採用されています。

伸頂通気方式　マンションなどのように、排水横枝管が短い場合に用いられる方式です。通気立て管を設けずに、排水立て管を伸ばし通気管に利用します。マンションのほか、集合住宅の厨房、浴室などの排水に使われます。

特殊継手排水方式　この方式は伸頂通気方式の一種で、通気管を使用せずに排水をスムーズに流すために、横枝管からの排水を渦を巻くように流します。伸頂通気方式と同様に、マンションや集合住宅の厨房、浴室などの排水に使われます。

通気管の種類

結合通気管　結合通気管は、高層ビルなどで排水立て管が10層を超える場合、10層程度ごとに排水立て管から分岐して通気立て管に接続する通気管で、排水立て管内の圧力変動を緩和する目的で設けられます。

配管の散り出しは、45度の角度で取り出し、通気立て管に接続する位置は１ｍ以上と決まっています。これは、排水立て管が詰まったときに、通気管が排水管の役目をしてしまわないように、器具から排水があふれ、詰まっていることがわかるようにしています。

逃がし通気管　排水横枝管も、器具の個数が７つ以上あり、横引き管が長い場合においては、逃がし通気管といって通気をとります。

排水通気管の目的

①サイホン作用及び背圧からトラップの封水を保護する。
②排水管内の排水の流れを円滑にする。
③排水管内に新鮮な空気を流通させて、排水管内の換気を行う。

排水通気管の種類

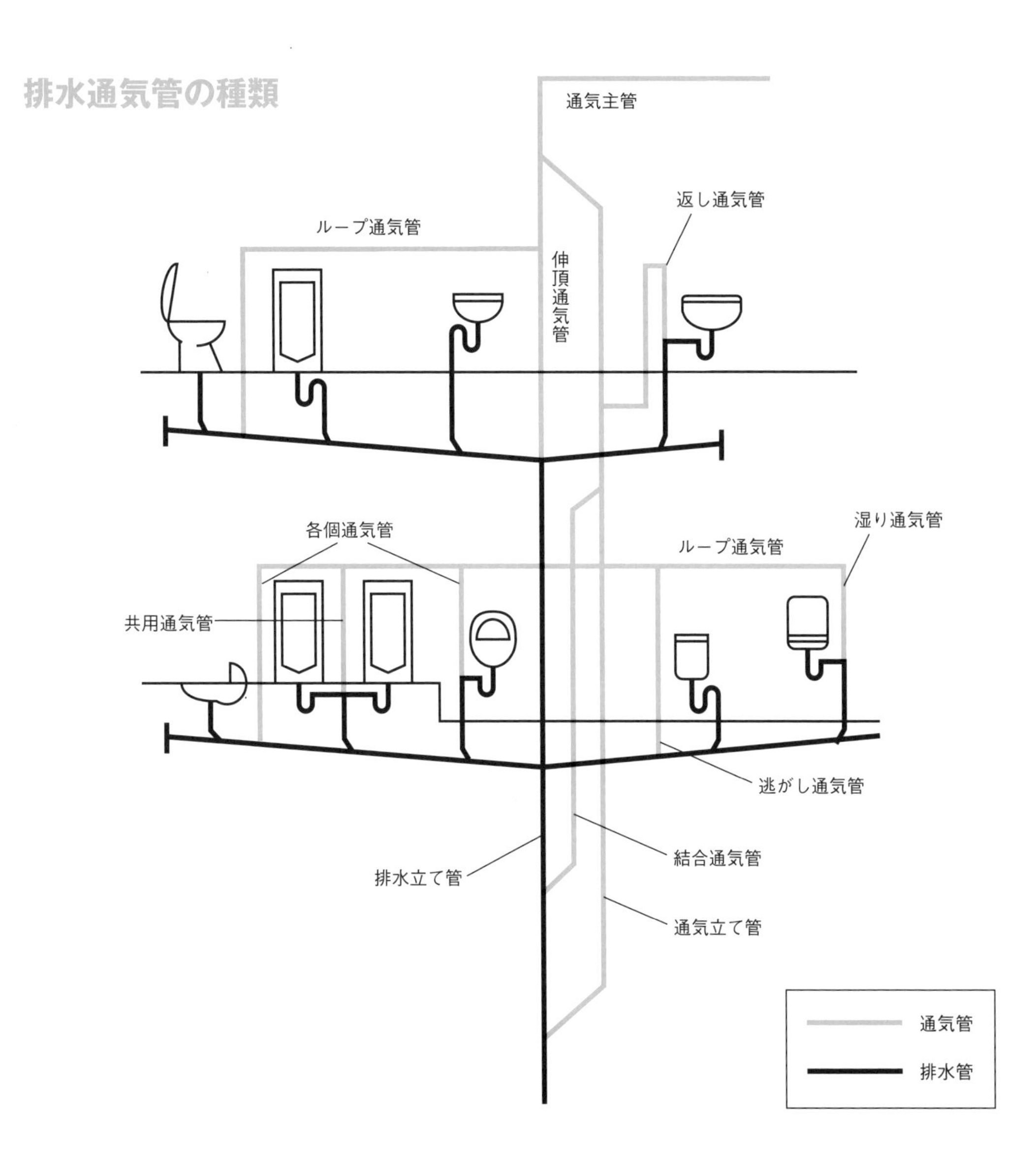

ワンポイント
アドバイス

通気管は、水が流れないため、接合部分をいい加減に接続してしまうと、通気管のある天井内に排水のにおいなどが漏れてしまいます。しっかり接続しましょう。

排水通気管②

通気管の取り出し方法

通気管は、排水管から取り出しますが、排水横枝管の場合は、排水管中心部より真上か、もしくは45度以内で取り出さなくてはなりません。もし、通気管に排水が侵入して満水状態になると、通気管の役目を果たせなくなります。通気立て管の場合も、やはり45度以内で取り出します。

通気管の取り出し位置

通気管の取り出し位置は、排水横管の場合は、排水器具と横管の継手のすぐ下流側に、通気の取り出し継手を設けます。通気立て管の場合は、通気立て管から横管になる継ぎ手のすぐ上流側に、継ぎ手を設けます。

通気管同士の接続

通気管と通気管を接続する場合、排水器具よりも上部で接続しなければいけません。そのため、通気管ごとに、床上に立ち上げなければいけません。排水立て管に接続する通気管も、床から1.2m以上立ち上げて接続します。

もし、床下で排水管が詰まった場合に、通気管を通じて、他の通気管を通して排水してしまい、排水管が詰まっていることがわからずに排水が流れてしまいます。

この配管はアンダー通気管といって、避けるようにしましょう。

通気管の行き場所

通気管は、排水立て管の最頂部より上に立ち上げて、建物の屋上や外壁から通気口を通して大気開放されます。

開口されているため、通気口からのねずみや害虫の侵入、臭気の排出などには注意が必要です。通気口を設置する場所は、窓や扉の近くでなく、屋上など離れた場所に設置するなどの工夫が必要です。なお、通気管の開放位置は、法律によって決められています。

通気弁の使用

通気弁は、伸頂通気管（しんちょうつうきかん）において、直接大気に開放しないですむように、排水管内に負圧が生じたときだけ解放するしくみになっています。屋根や外壁を貫通することなく、屋内に設置できるため、近年、採用されることが多くなってきています。

通気管の管径・配管

通気管の管径は、排水管の管径を算定した後に、通気管の配管系を決めます。

また、通気配管は、管内空気の流通を良くする必要があり、管内に液体が溜まり、空気の流通を妨げるような「鳥居配管」をしないで、排水勾配よりも小さい勾配をつけて、配管をしなければいけません。

通気管の取り出し方法

アンダー通気管の例

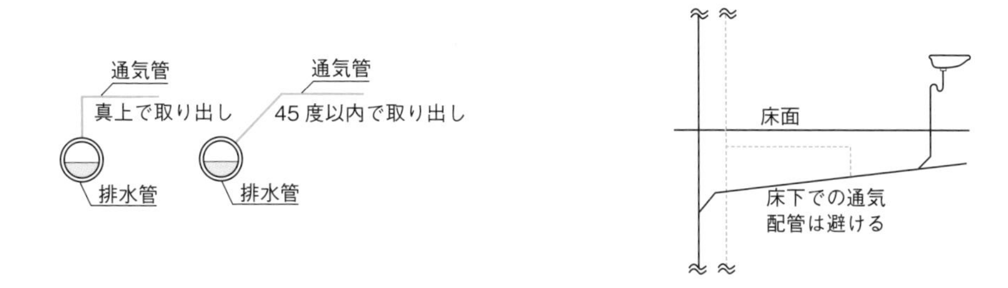

通気管取り出し位置

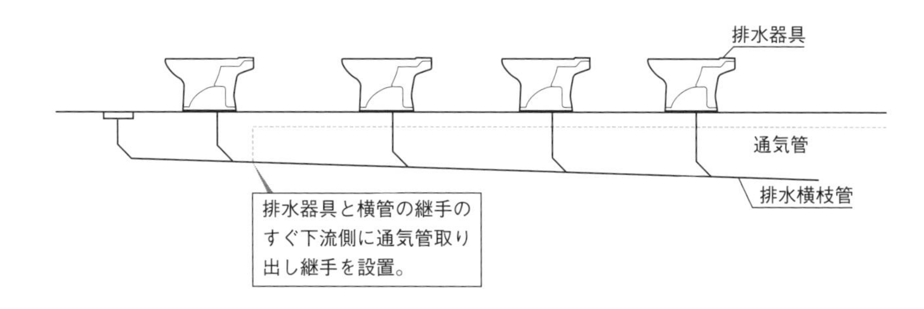

通気弁の作動原理と伸頂通気管の設置例

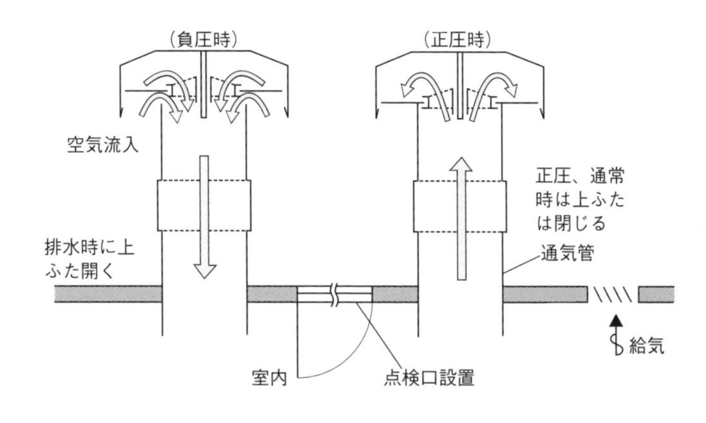

用語解説

鳥居配管……神社の鳥居のように、いったん上がり、再び下がる配管の仕方をいう。この配管をすると、空気たまりができてしまうため、やむを得ず配管する場合は、上部にエアー抜き設備を設置する必要がある。

排水トラップ

トラップの役割

トラップとは、排水管の途中に設け、中にためた水(封水)によって、下水道管からの臭気や害虫の侵入を防ぐための設備です。

トラップの性能

トラップには、以下の機能が求められています。

- 常に下水ガスを完全に遮断し、しかも安定性があること。
- 排水の流れに著しい支障を与えないこと。
- 機能に事故、支障が起きた場合に、比較的容易に発見でき、かつ簡単に修理ができること。
- 構造はなるべく簡単かつ安価であること。
- 材質は耐食性であること。

また、容易に掃除ができるように、封水の深さは50～100㎜と決められています。

トラップの種類

管トラップは、管自体を曲げてつくったトラップです。管トラップにはＰ型とＳ型があり、通常洗面器などについているトラップは、排水の位置が床か壁によって、トラップのつくりが違います。壁から排水するものは、Ｐトラップをつけます。床から排水するものはＳトラップを使います。Ｐトラップにそれぞれ通気を用いると、事故のほとんどない理想の形になります。Ｓトラップは、サイホン現象(P.82で解説)を起こしやすいので、排水が引込まれてしまうことがあります。

封水部分が、ドラムの形状をしているのでドラムトラップといいます。ドラムトラップは、円筒形の容器に水を溜める構造になっており、雑物をトラップに堆積させて、掃除できるようになっています。

床排水に椀のふたをつけて、トラップとしているものを椀(わん)トラップといいます。このトラップは、清掃のときなどトラップを取り外せて便利ですが、トラップをつけ忘れると、そこから臭気などが上がってくることがあります。トラップの機能を知らないものが不用意に扱え、機能を満たさなくなることは基本的には衛生器具として失格ですが、使いやすく便利なので、いまでも多用されています。

２重トラップの禁止

トラップは、器具１個に対して、1個が原則です。同一の排水系に2個以上のトラップを設けることを２重トラップといいます。

2重トラップをすると、トラップ間の空気が密閉状態となり、スムーズに水が流れなくなってしまうため、禁止されています。

トラップのしくみ

トラップの役割

封水により下水道管からの臭気、害虫の侵入を防ぐ。

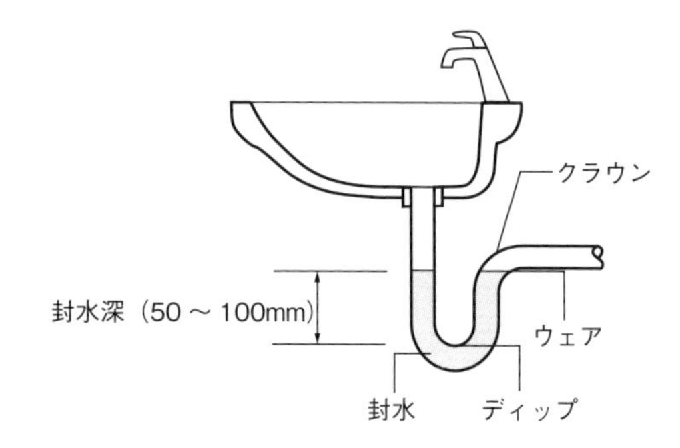

代表的なトラップの種類

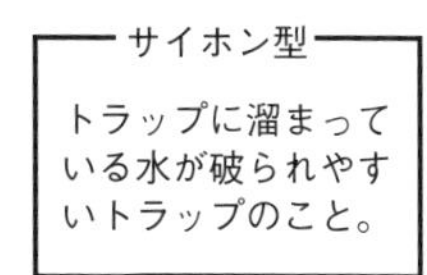

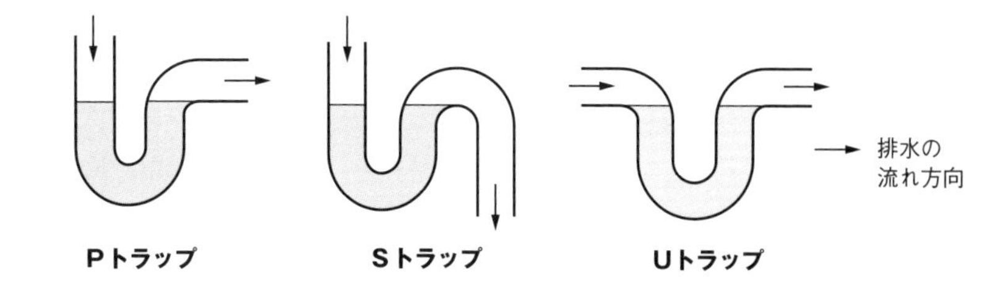

非サイホン型

椀トラップ、ドラムトラップのように封水が破られにくいトラップのこと。

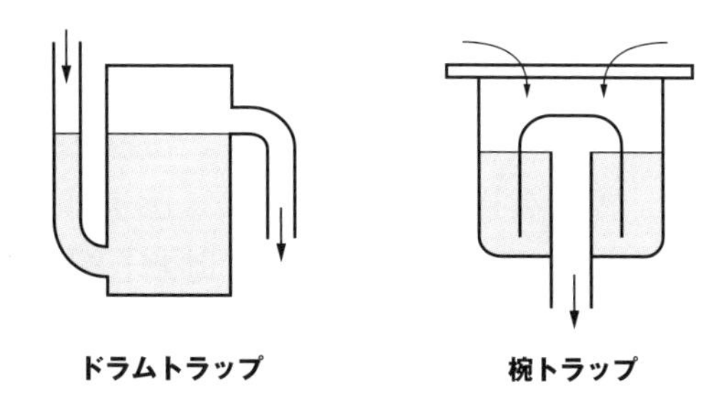

トラブル事例

研究所の配管施工で、流しにトラップがありましたが、ドラムトラップを発注していたため、うっかり２重トラップの配管をしてしまいました。通水試験をすると、流しの中に水が溜まり、全く排水されませんでした。2重トラップにはくれぐれも注意しましょう。

トラップの破封現象

トラップの破封現象とは

トラップの破封現象とは、封水が減少し臭気などが室内に侵入してくる状態をいいます。ここでは、トラップの破封現象の原因について、解説いたします。

トラップの破封現象の原因

自己サイホン作用　排水が満水状態でトラップ内を流れたときに、排水口部分でサイホン作用を起こし、排水管側に流れてしまうことで、洗面器に水をためて流したときに起こる現象です。

誘導サイホン作用　他の器具から排水しているときに、ともに負圧がかかって誘引される現象を誘導サイホン作用といいます。

跳ね出し作用　排水管に大量の排水が流れて、配管内に圧力がかかったときに、器具から排水が跳ね出してくる現象をいいます。

上記３つの作用は、適切な通気管などを配管することにより、ほぼ防げる現象です。

蒸発作用　長期間、器具を使わなかったときに、トラップ内の排水が蒸発してしまう現象です。

毛細管現象作用　トラップ内に糸くずや髪の毛などが付着していて、毛管現象によってトラップ内の排水が失われてしまう現象です。

逆流や汚染を防ぐための構造

間接排水　飲料水や食物、医療関連などを取り扱う機器や装置からの排水は、一般の排水に直接接続すると、その排水管が詰まった場合に、排水が機器・器具・装置に逆流したり、トラップが破封した場合にガス、臭気、害虫が侵入し、衛生的に危険な状態になります。このため、排水口を直接排水管に接続せず、一度大気に開口して、所要の排水口空間に設けます。

また、間接排水管は、配管が長くなると清掃や洗浄がしにくくなり、腐敗物質が付着して、悪臭を発生させることがありますので、できるだけ短くすることが必要です。間接排水管が50㎜を超える場合は、器具・機器・装置の直近にトラップを設けるほうがよいとされています。また、排水位置が高い位置の場合は、排水管を立ち上げておきます。

吐水口空間　給水管と排水管の間に空間を設けます。これは、給水管内に、一度溜めた水を引き込むことがないように、給水栓が水の中につからないようにするためです。

この空間を吐水口空間といい、配管口径により決まりがあります。機械によっては、排水口空間を設けて、間接排水としてもよいことになっています。

破封現象の原因

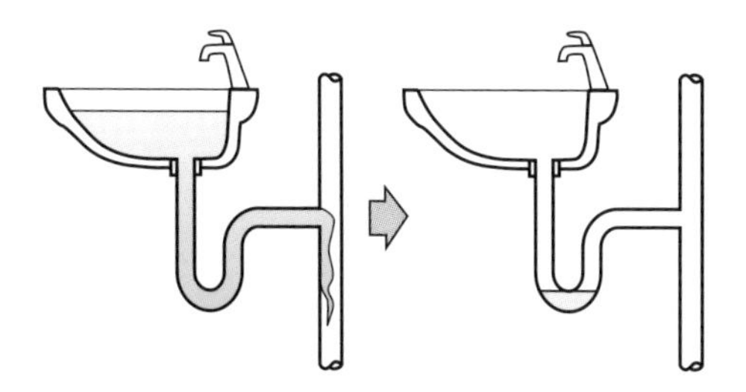

自己サイホン作用

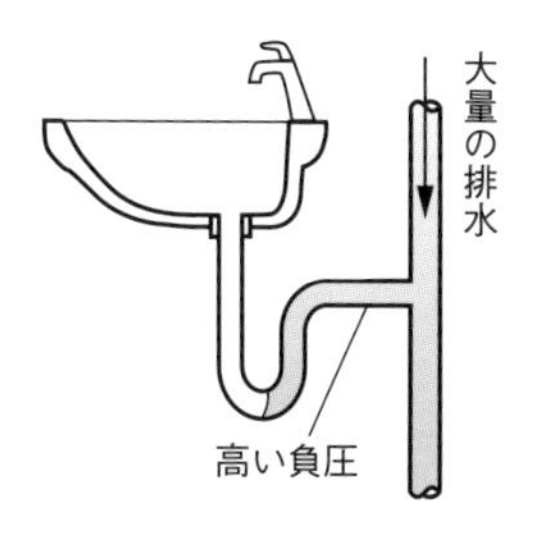

誘導サイホン作用

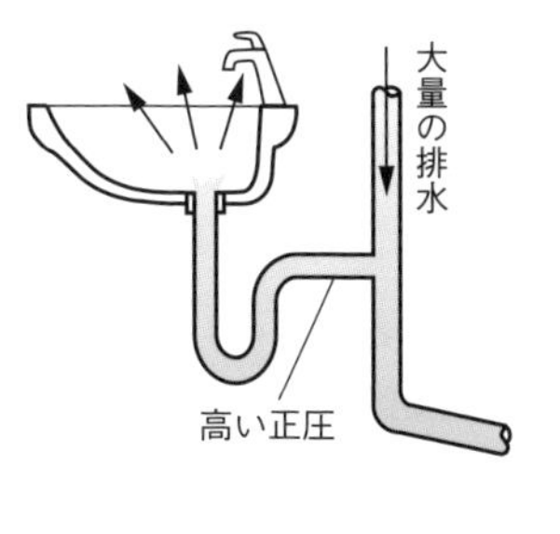

跳ね出し作用

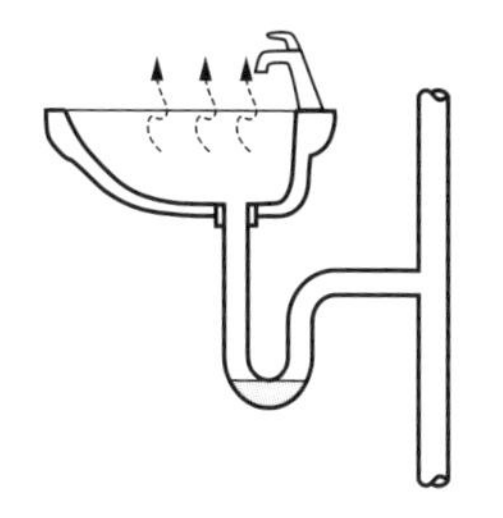

蒸発作用

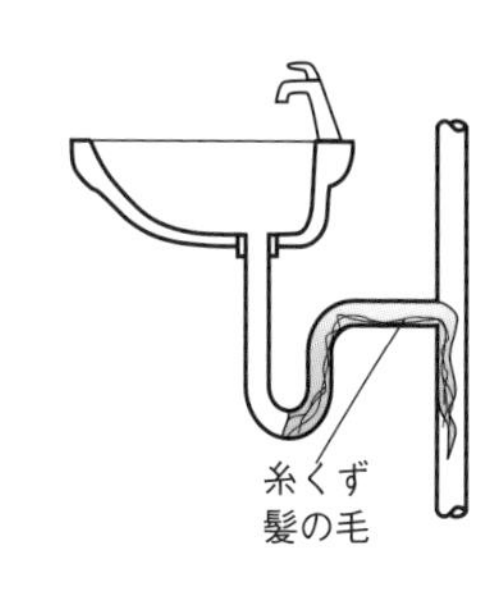

毛細管現象作用

間接排水と吐水口空間

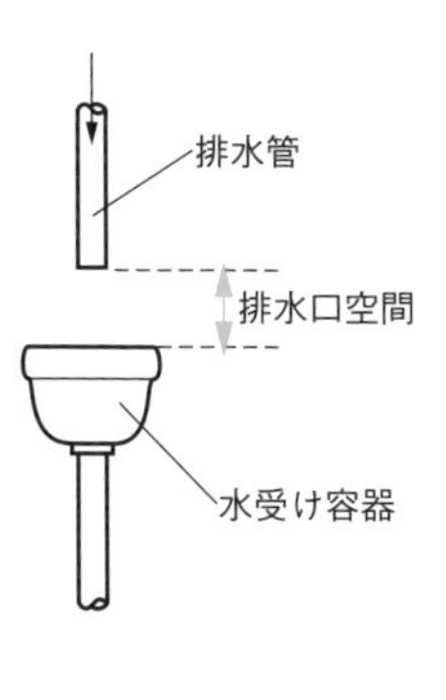

間接排水

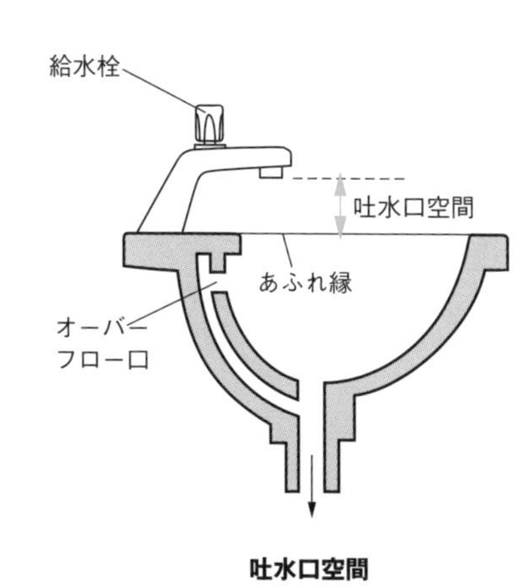

吐水口空間

用語解説

サイホン作用……水が引っ張られて流れていく作用のこと。
毛細管現象作用……毛髪などによって、水が引き込まれる現象のこと。

配管材料

管

排水管の配管は、堅牢で、配管同士や、器具とも接続しやすいものでなくてはなりません。

排水管の管の種類は、鉄を素材にしたもの、塩化ビニールを素材にしたもの、コンクリートまたは陶管を使用したものがあります。屋内では、鉄または塩化ビニールを使います。

鋳鉄管

鋳鉄という、鋳物でできているやわらかい鉄の管です。接続は、管についている接続部分を使い接続します。現在では、接続部分はフランジでゴムの継ぎ輪を締めて接続します。接続に可撓性があり、自重でたわんでしまいますので、横引き管の場合は、配管、継手部分にすべて配管を吊らなければいけません。耐火性、耐久性に優れ、一般に使用されています。

鉄管系(SGP=スチール・ガス・パイプ)

鉄パイプは、ねじ込みをして接続しやすいので、65㎜以下の雑排水配管に一般に使用されています。排水にはドレネジ継手を使用して流れやすくしています。鉄管は、亜鉛めっきをした物、内面にビニールコーティング、エポキシ粉体コーティングなどをしたものなど様々な種類があります。継手は、ドレネジ継手を使いますが、フランジ接続をするタイプの継手もあります。

塩化ビニル系管

塩化ビニル管は、排水用では硬質塩化ビニル管(ＶＵ管・ＶＰ管)が使用されます。一般的には、ＶＵ管が使われますが、ビルなどでは肉厚て耐久性のあるＶＰ管を使用する場合もあります。

接続は接着剤で接続しますので、施工性は良いのですが、配管はやわらかく、可撓性がありますので、横引き間などに使用するときは、配管を吊る方策が必要です。

排水立て管には、火災に弱いため、太いパイプ(100㎜以上)はほとんど使用されません。防火処置のために、ＶＵ管に軽量コンクリートを巻いたパイプなどを使用したり、ビニールパイプに鉄板を巻いたりする場合もあります。

このパイプの継手には、フランジタイプの継手を使用して接続します。

鉛管

器具の接続部分に、ゴム系、ビニル系を使わずに鉛管を使用することがあります。これは、鉛をトーチランプで溶かしながら広げ、曲げて接続しますので、相当の技量が要求されます。現在では、ほとんど使用されていませんが、1990年代までは一般的に使用されていました。

鋳鉄管

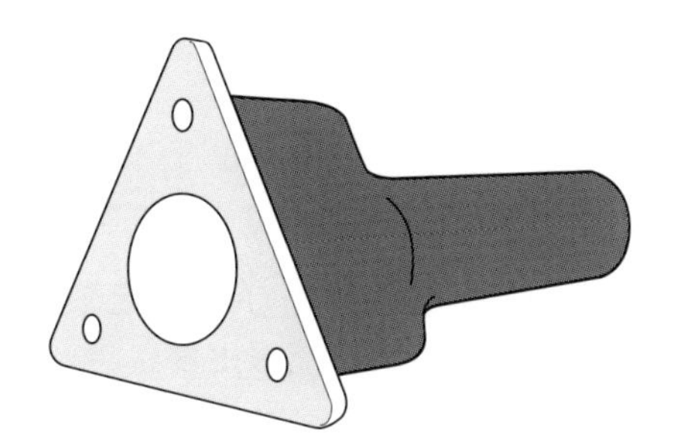

やわらかく、ねじ切ができないため
接続部にフランジが付いているが、
ネジ込以外の継手を使用する。

鉄管

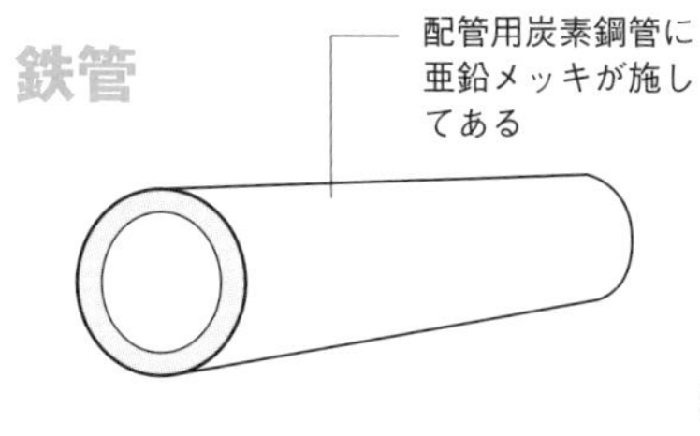

亜鉛メッキ鋼管（白ガス管）

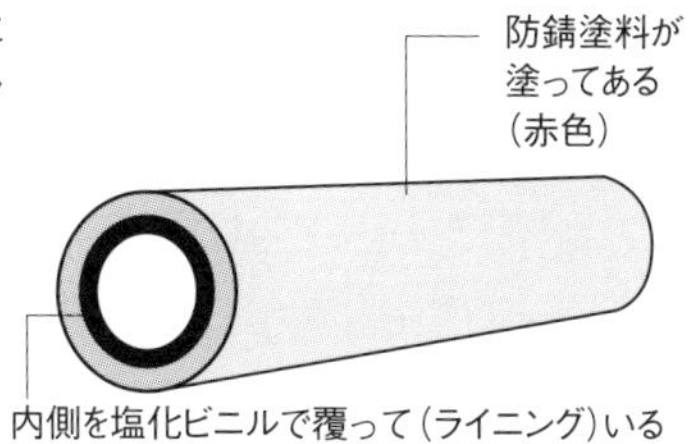

塩化ビニルライニング鋼管ー黒

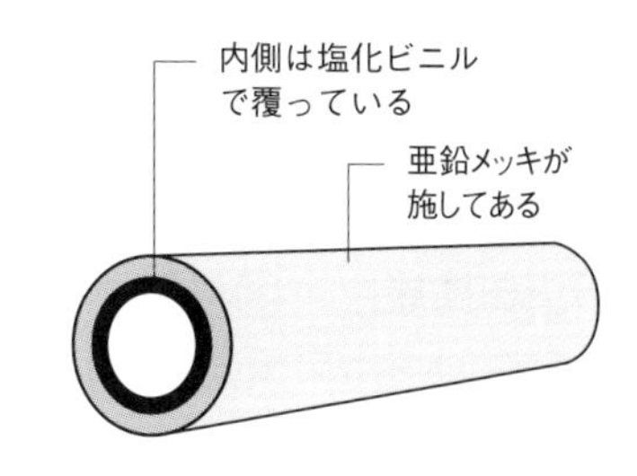

塩化ビニルライニング亜鉛メッキ鋼管ー白

鉛管（排水用鉛管）

鉛管は、曲げ加工がしやすい材料だが、
曲げるときは均一な厚さに曲げる事が
難しく、衛生配管職人の技術が必要である。

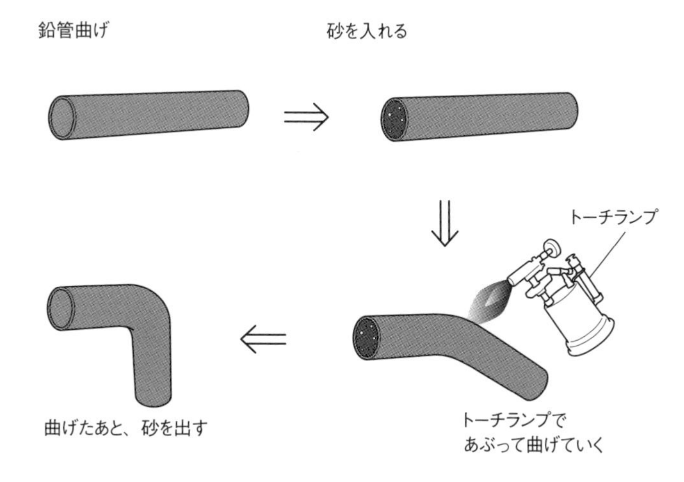

屋内排水管

屋内排水配管のしくみ

屋内排水管は、排水器具から排水されたものを、自然流下で外部にスムーズに流すために、排水横枝管を通り、排水立て管を経由し、排水横主管を通って外部に排出されます。横管は勾配をつけますが、急な勾配だと、排水内の固形物が一緒に流れずに、固形物が堆積して配管を詰まらせるので、一緒に流れるように1/50～1/100程度の緩やかな勾配をつけて流します。

配管の手順

配管は、建物の完成直前にするのではなく、工事の進捗状況に合わせて施工していきます。配管前には、建物の型枠を建てているときから、コンクリートに配管を通す穴をコンクリート打設前につくります(スリーブ)。横引き配管をする予定の場所には型枠の中に入れておきます(インサート)。

また、建物の型枠のできる以前から、建築施工関係だけでなく、他の設備である空調や電気についても打ち合わせを行っておかないと、排水配管は配管できなくなることがあります。

屋内配管は、メイン管と呼ばれる排水横主管、排水立て管からはじめ、メイン管から横枝管を施工していきます。立て管から接続し、横枝管を施工できればいいのですが、工事現場では、建築リフトや仮設柱などがあるため、それらを避けて施工していきます。

横枝管の施工時は、器具の配置は決まっていても、器具の位置までは決まっていませんので、横枝管から器具に接続する継手は、おおよその位置で仮につなげておきます。後に、器具の位置の立ち上げ位置が決定したときに、排水横枝管についている継ぎ手から器具の排水口に向かって施工していきます。

排水は、勾配が付いている配管なので、器具側から施工しても、メイン管から施工しても、勾配が一方向に取れなければなりません。水平な配管の場合、床からの高さや天井からの高さを守って配管すれば施工できますが、排水管は配管する場所によって高さが違うので、どこからでも配管するというわけにはいきません。3次元で合わせることは難しいので、排水管をつなぐ場所には、45度エルボを2つ使って落差を設けてつなげるのが一般的です。こうすることによって、2箇所から配管をつなげて施工することができます。45度エルボを2つ使用しないで、Y継手と45度エルボを組み合わせて、Y継手の上流側を、掃除口として使用する配管の方法もあります。

また、直角に曲がる排水管は、90度エルボではなく、45度のエルボを2つ使用して90度にするのが一般的です。これは、排水用のエルボは、90度+1度1分の角度で広がっているからです。

配水管配管例（45 度エルボ 2 つ使用）

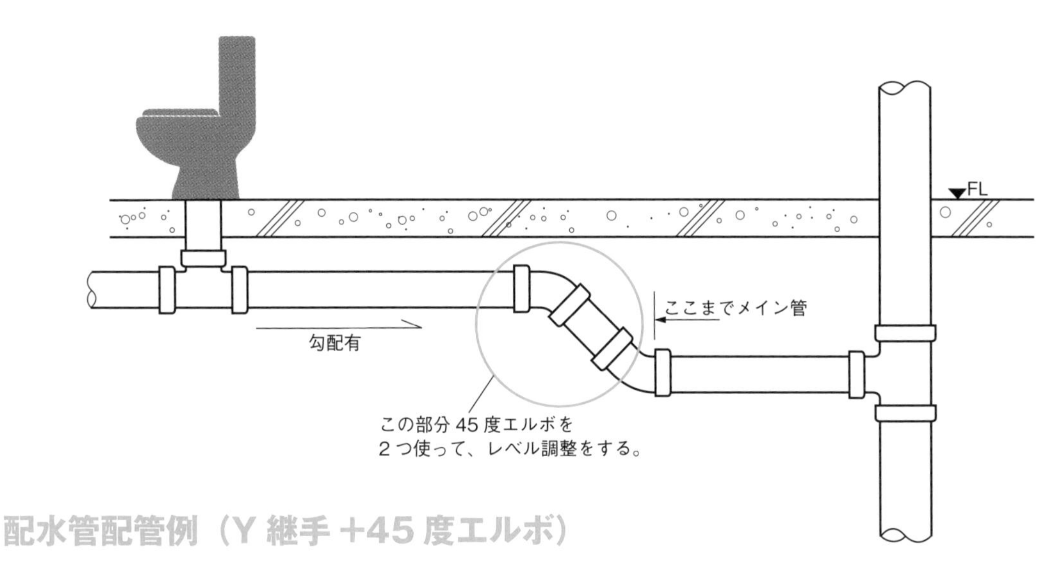

配水管配管例（Y 継手 +45 度エルボ）

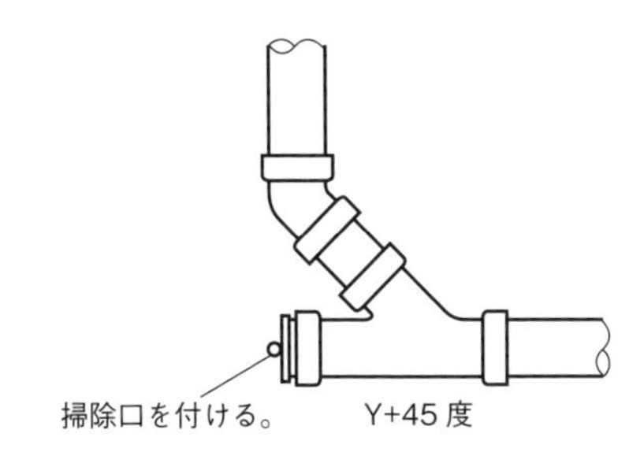

配水管配管例（直角にする場合）

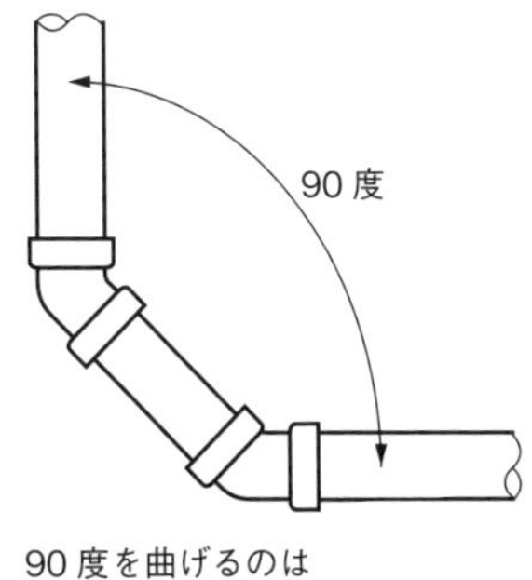

90 度を曲げるのは
45 度 +45 度エルボを使う。

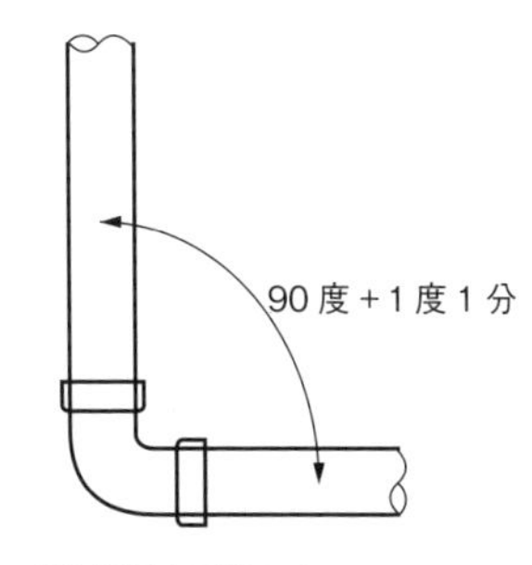

90 度以上で長いと、
広がっていく。

用語解説

リセス……リセスとは、排水用継手が管との段差がなく、スムーズに流れるようにつくってあることをいう。

衛生器具との接続

衛生器具の配管接続

衛生器具への配管接続は、衛生陶器の排水配管径で配管します。衛生器具の施工時期は、建築関連の工事がすべて終わりに近い時期に器具をつけて、配管を接続します。手洗い器、洗面器などの衛生陶器は、金物を陶器につけて、ねじで挟み込んでつける方法がほとんどです。洋風大便器は、床に排水配管からフランジを取り付けて大便器を乗せ、ねじで止めて取り付けます。小便器もフランジで排水管を止めて排水位置に合わせて取り付けます。衛生器具付けは、排水だけではなく、給水部分もありますが、後の施工のところで詳しく述べます。

ユニット便所の接続

ユニット便所とは、便器をひとつずつではなく、数個並べる配管ユニットです。配管ユニットは、床上配管が基本ですので、排水立て管についても床上取り出しです。床上でユニット配管と接続します。排水立て管の取り出し位置が合わないと施工ができませんので、排水立て管を施工するときにレベルを合わせる必要があり、より注意が必要です。

配管ユニットには、排水管、給水管、洗浄水管がついていますので、接続してから便器ひとつひとつを設置していきます。

ユニットバスの接続

ユニットバスは、階上タイプといって、床上に浴室パンを設けるものと、1階設置タイプといって、浴室パンが床下に設けるものがあります。どちらも排水はパンの下の部分で結ぶ方式で、ユニットバスの形式と排水位置、配管巻径を確認してから配管接続する必要があります。

厨房機器や流しの排水接続

厨房器具や流しの排水は、立ち上げた配管と器具の排水位置がぴったりとあわせることが難しいため、排水器具を施工するときは、排水器具の排水位置より、45度エルボを2つぶんつなげた寸法以上離して立ち上げます。こうすることで、排水機器との接続に配管でつなげることができるようになります。

建築物は、建物の位置と仕上げの位置がぴったり同じということがありませんので、衛生設備の場合、建物の位置、仕上げの位置のどちらにも合わせられるような配管が必要です。

その他の排水接続

排水金物も配管と接続します。防水している所は、防水用の排水目皿をつけて、防水工事が終わってから排水金物を取りつけます。排水金物を取りつける際は、建築工事との絡みが多く、十分打ち合わせして施工しなければいけません。

配管ユニット

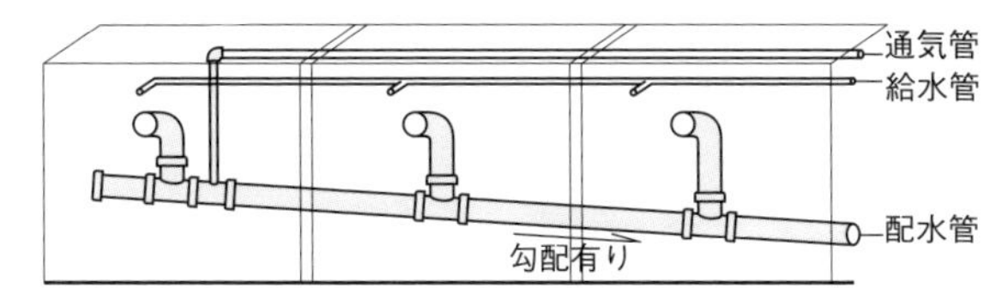

大便器の配管ユニットにおいて、排水管は、場所ごとに配管のレベルが違い、勾配がとってあるため、この例の場合、配管ユニットを3連分つくって、後に便器を取り付ける。

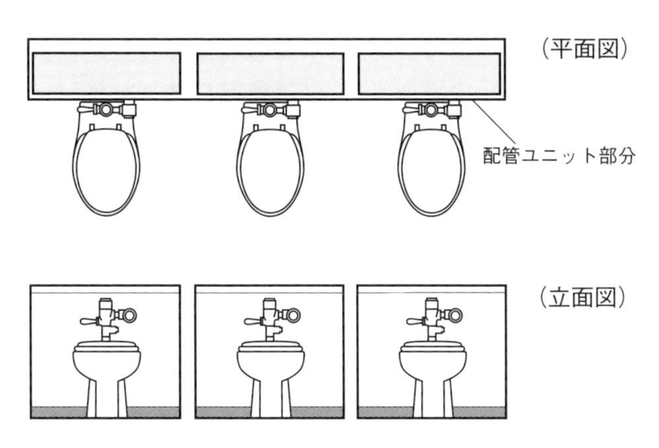

流しの排水接続

厨房機器や流しを配管と接続する場合は、はじめから排水位置を合わせるのではなく、接続の際に45度エルボを2つつなげて調整する。

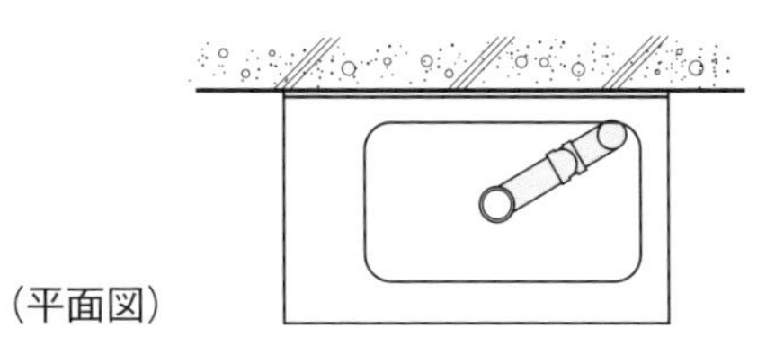

はじめから排水機器と同じ位置で配管の位置を決めておくと、少しでもずれた場合に接続できなくなる。

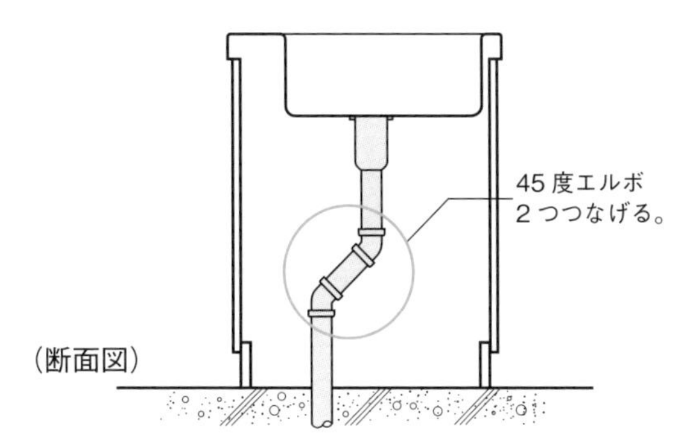

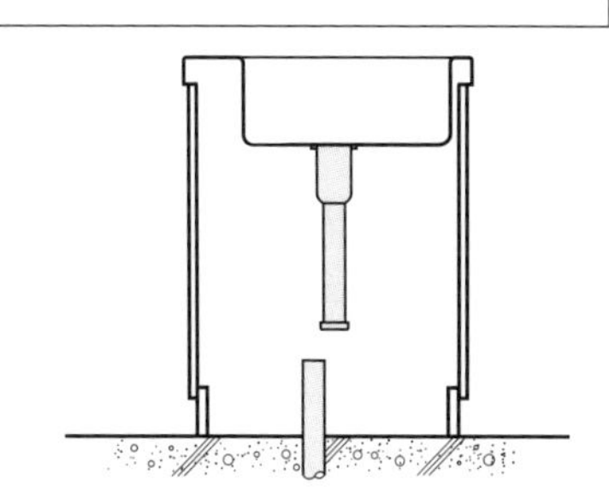

排水槽・排水

排水槽の種類

排水槽には、汚水槽、雑排水槽、湧水槽、雨排水槽のほか、化学排水や放射性排水、伝染病棟排水など特別な排水を貯留する特殊排水槽があります。

排水槽の構造

排水槽には以下のように、法律による規定があります。

①臭気が漏れないこと

②内部の保守点検のために、直径60㎝以上の円が内接することができる大きさのマンホールを設ける。マンホールは、清掃時の換気のため、2個以上設けることが望ましい。また、マンホールは防臭構造とする。

③排水槽の底には吸い込みピット(釜場)を設ける。

④排水槽の底の勾配は釜場に向かって1/15以上1/10以下とする。また、一部階段状にするなど、安全に保守点検ができるようにする。

⑤通気管を設け直接外気に開放する。

また、建築物衛生法においては、半年に一度の定期清掃の実施が義務づけられています。排水槽、特に汚水槽や雑排水槽は、建築物の地下の最下階の下部に、地中梁と底盤に囲まれた部分につくられます。その際、防水を施し、漏れがないようにコンクリートで囲みます。

排水ポンプ

排水槽の中には、水中ポンプが入っています。このポンプには、汚水用とその他の排水用ポンプがあります。汚水用は、固形物が巻きついてもポンプが止まらない構造(カッター付)になっています。

排水槽ポンプが2台交互運転になっている建物があります、排水が大量に流れてきたときなど異常時において、同時に2台運転できるようにしているため、ポンプからの配管は、2台同時に運転しても良い配管径にするか、2本独立して配管し、排水槽から排水があふれないようにしています。また、排水槽の中に排水が入っているときに、ポンプが故障した際はポンプを引き上げなければなりません。その場合、配管からポンプをはずして引き上げることが困難ですので、ポンプを引き上げるための脱着装置つきのポンプをつけている場合があります。

防臭マンホール

防臭マンホールは、マンホールのふたの外周部にトラップがつけてあり、防臭している構造のため、トラップの水封が乾いて切れてしまうことがあります。そのため、汚水槽のマンホールなどは、2重防臭マンホールといって、マンホールの外周部にパッキンをつけて、ねじで圧着して密閉して防臭をしているものもあります。

排水槽の種類と用途

排水の種類	下水道に放流	溜置搬出
汚水槽	○	
雑排水槽	○	
湧水槽	○	
雨排水槽	○	
化学排水槽		○
放射線排水槽		○
伝染病排水槽		○

防臭マンホールのしくみ

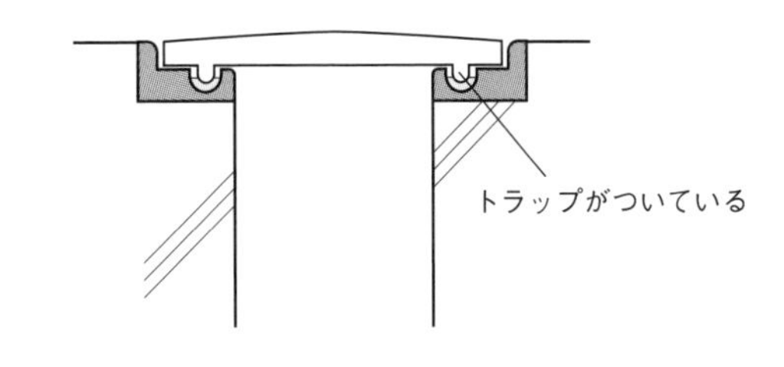

排水槽のしくみ

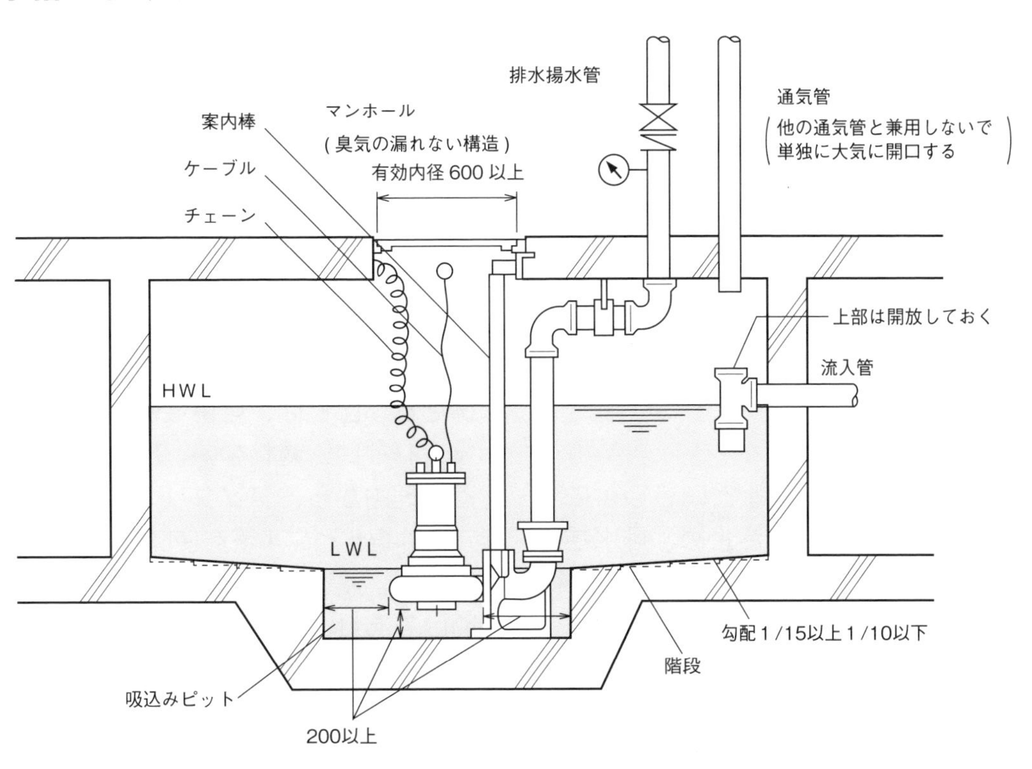

トラブル事例

湧水槽に防臭マンホールをつけなかったときは、においが漏れてきました。溜まった水は腐ります。そのため、ピットのマンホールは、基本的に防臭マンホールをつけて、トラップの水が切れないようにしたほうが良いでしょう。

屋外排水・配管

屋外排水設備

屋外排水設備は、屋外の排水桝、雨水桝、屋外に設ける排水管から公共桝にいたるまでの設備をいいます。排水は公共下水道の分流式と同様に、敷地内は分流式として排水配管します。

桝

建物から外に出て、外部の配管と接続する部分を桝といいます。桝は、配管の方向を変える場所、合流する場所に設置します。また、配管が長く30m以上になる場合は、30mに1箇所以上設置が必要です。桝は、敷地内に余裕があれば、適正な大きさでつくります。大きさは、排水量より排水の深さによって決まるのが通常です。

桝の種類

溜め桝　溜め桝は、雨水といっしょに流れてくる泥や砂を塞き止め、排水だけを流す役割をもった桝です。主に、雨水の流入するところに使います。

インバート桝　インバート桝は、流れやすく停留させないため、桝の底部を配管の断面に沿った形につくった桝です。

トラップ桝　トラップ桝は、雨排水から、合流式の下水管に流す前に、トラップをつけて雨水を汚水管に流す前につける桝です。

ドロップ桝　敷地内の高低差が大きく、落差のある場所では流れをスムーズにするために桝を設けます。この桝のことをドロップ桝といいます。

浸透桝　雨水などの大量に流れる排水を、すべて直接下水に流すのではなく、土中に雨排水を浸透させるための桝です。大量の雨が一度に降ったときに、下水があふれないように調整するために取り付けます。地域により指導があり、建物をつくる前に事前協議をして、雨水の浸透量などを決めて、浸透桝を配置します。

桝の配管

建物と桝を結ぶ配管は、屋内配管と同じ材質を使うことが多いのですが、桝と桝を結ぶ配管は、可撓性があり、土に侵食されない、漏れない、施工性が良いなどの理由から、コンクリートヒューム管または塩化ビニル管を使います。

また、浸透管といって、パイプに穴が開けてあり、雨排水を浸透させながら流すパイプもあります。配管の接続には、塩化ビニル管または接着剤を使用します。

ヒューム管、塩化ビニル管とコンクリートの桝の接続には、防水型の無収縮モルタルを使用して接続します。

桝の種類

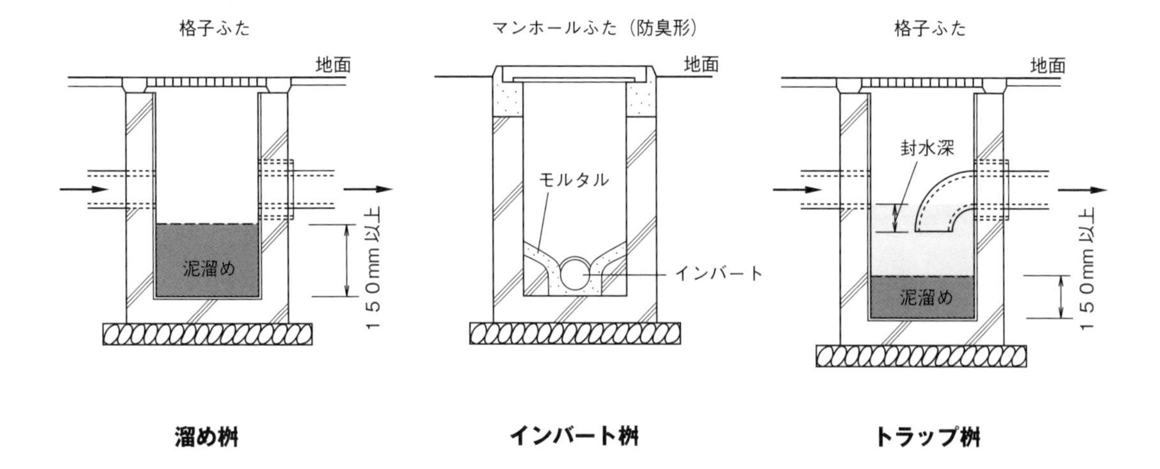

溜め桝　　インバート桝　　トラップ桝

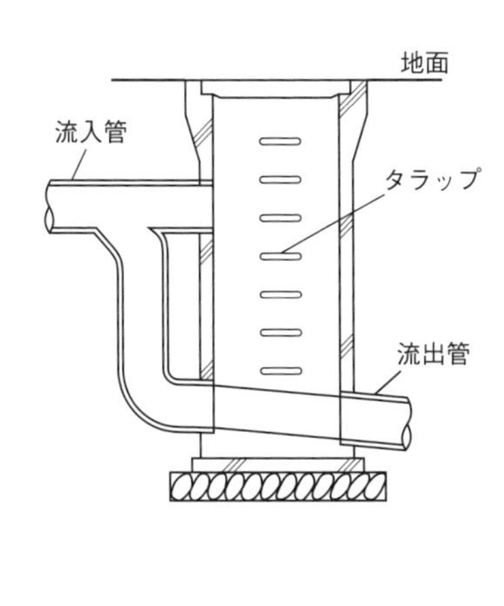

ドロップ桝

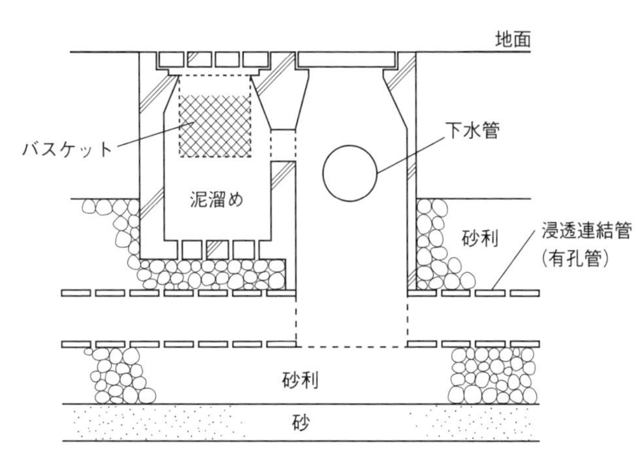

浸透桝

用語解説

ヒューム管……鉄筋コンクリートを用いた管で、一般的に導水管として用いられる。特徴としては、かなり大きな内・外圧に耐えられ、大量生産ができるため、経済的に有利であることなどが挙げられる。

雨水排水

雨排水管

雨水排水は、屋上、バルコニー、敷地内の雨排水です。雨排水管は、屋上、屋根からの雨水を集めて、雨樋から立て管を通じて排水されるルーフドレインと、敷地内の雨排水を集水して流すものがあります。ルーフドレインの配管は、雨排水専用として他の配管と兼用してはいけません。同様にバルコニーの排水(洗濯機など)と雨排水、空調機のドレイン管も兼用してはいけません。

また、敷地内の雨排水においても、基本的に駐車場の排水、洗車用の排水を流してはいけません。

ルーフドレイン金物

ルーフドレインは、屋根に勾配がある場合は雨樋などで受けますが、建物が平らな屋根(陸屋根：ただし、1/50程度の勾配はつけてある)には、勾配の底に、ルーフドレイン金物の防水皿に配管を取り付けたものを、コンクリートに埋めて防水をします。防水後、シンダーコンクリートで、側溝などをつくり、仕上げ部分にも勾配をつけます。シンダーコンクリートには浸透性が多少ありますが、防水皿には、配管につながる小さな穴が開いていて、そこから排水できるようになっていて、防水の上の水はすべて流すようになっています。

雨排水と排水管の接続

雨排水は、ルーフドレインから外部の雨水桝に流して配管します。雨水桝の一番下流側で、トラップ桝をつけて排水管に接続します。

雨排水の水量

雨排水管の計算に用いる降雨量は、一般的にその地域の最大降水量(1時間当たり)を採用します。ルーフドレインの管径については、最大降雨時の10分から15分値で決めます。雨排水は、一時的な豪雨でも、十分に処理できる容量が必要です。

また、ルーフドレインは、雨の降り始めにゴミなどが詰まることがありますので、ビルなどではルーフドレインの最低管径を100㎜として設計します。

敷地内の雨水排水は、ルーフドレインと同様に計算しますが、敷地内の庭など土のある浸透性のある場所では、流出係数を勘案して決めます。雨排水は、地域によっては、降雨時の下水道の負荷を低減させるために、敷地内に浸透桝、浸透配管を設け、土中に雨排水を浸透させるように指導している所もあります。

雨水は、屋根ばかりでなく、地下に設けたドライエリアにも降りますので、ドライエリアの排水は、湧水として湧水槽に貯留されます。そのため、湧水槽の容量、排出するポンプの能力などの選定にも注意が必要です。

雨水排水のしくみ

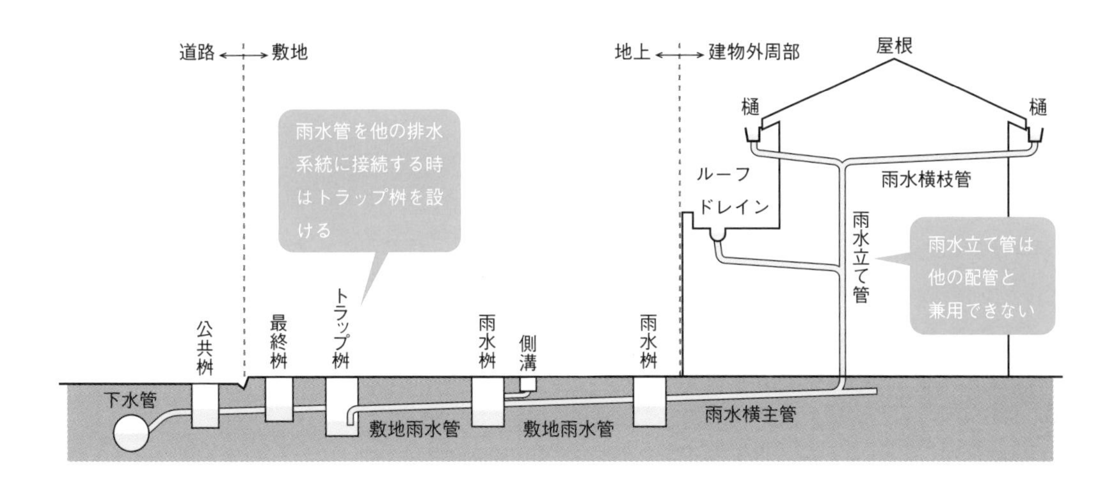

ルーフドレインの設置（陸屋根の場合）

ドライエリアの排水のしくみ

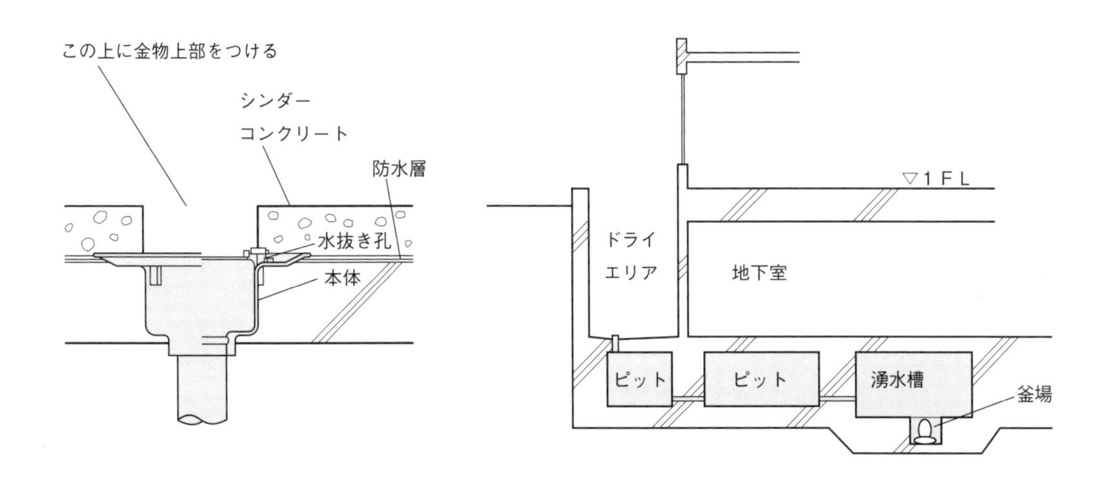

用語解説

陸屋根……屋根の形状のひとつで、傾斜のない屋根のこと。
ドライエリア……採光・防湿・通風の確保・閉塞感などの解消・避難経路の確保など、地下室の環境をよくするために、地下室を持つ建物の外壁を囲むように掘り下げられた空間のこと。

悩む配管径

設備の現場は、新入社員や、初めて現場に入った人たちにとっては、冷たく感じることがあるかもしれません。
たとえば、配管サイズは、呼び径でいうとインチサイズで答えます。配管サイズでも75と80は同径です。鋳鉄管、塩化ビニール管は75といいますし、鋼管は80といっています。現場でしか用いることのない言葉が多いうえ、細かい材料が多いのも衛生工事の特徴でしょう。
以前は、電話で材料を発注していましたので、資材を扱う業者の人は、何でも知っていないと勤まりませんでした。こちらが、配管材料で間違ったものを注文すると、「どれとどれをつなげるんだ？」「そのつなぎ方はないだろう」など、厳しくも丁寧に教えてくれたものです。それは、ひとつの材料がなかったために、作業が止まってしまうからです。現場や職人だけでなく、様々な人が現場をスムーズに進めるように考えてくれています。
現場に入ったころは、冷たく感じたものですが、現場を知るようになると、現場は人と人とのつながりがあり、共同作業で仕事を進めないとできないことがわかってきます。そのことをわかるためには、当然、最低限の技量や言葉を知っておく必要があります。

Part 6

衛生器具設備

給排水衛生設備の中で、普段から私たちが身近に接するものは衛生器具です。このパートでは、衛生器具の機能と種類を紹介します。

衛生器具の素材と据付

衛生器具の素材と据付

衛生器具の水受け・排水器具は、見た目が美しく、清掃しやすく、衛生的なものが求められます。製作・取付けが容易な上に、配管類に確実に接続ができ、汚染防止策が施してあるものが相応しく、そのほとんどは陶器製です。

陶器は、透水性、吸湿性、腐食性がなく、耐久性に富む素材です。反面、弾力性がなく破損しやすく、焼き物のため、でき上がりの寸法がまちまちになるなどの欠点を持っていますが、この欠点を補いながらも多用されています。

水栓器具の材料は、金属製がほとんどで青銅、黄銅などです。加工しやすく、丈夫で、腐食がほとんどなく、めっきを施して、表面が美しく衛生的などの条件が整っている材料でできています。

大便器の種類

大便器は、大きく分けて和式と洋式がありますが、現在では洗浄水量で区分されるようになり、従来の洗浄方式区分は廃止されました。洗浄水量8.5ℓのⅠ形、洗浄水量6.5ℓ以下のⅡ形に分類されます。一方で旧来の区分で製造された製品も残存しているのが現状です。

洋式便器には便座が取り付き、陶器が直接肌に触れないよう工夫されています。前丸便座と、前割れ便座の2種類があり、住宅などでは前丸便座、公共では前割れ便座が使用され、最近の便座にはヒーターが組み込まれ、より快適に座れるようになっています。

和風大便器

和風大便器は器具に直接肌が触れないこともあって公共施設などでは、未だに根強い需要があります。詰まりを清掃できる掃除口つきの割れる心配のないステンレス製の大便器などが多く使われています。

便器の据付

和風大便器は、床上だけでの据付ができず、床下まで影響します。和風大便器を設置する場合には、建築工事と調整しなければならず、設計時点からの対応が必要です。

洋風大便器の据付は、床に配管を立ち上げ、床と同レベルにフランジを据え付け、そこに器具の排水位置を合わせて設置しますので、和風便器にくらべ施工は簡単です。

ユニット便所

高層のオフィスビルなどでは、プレハブ化した配管ユニットを据え付けて、便器を設置することが多く、施工自体もシステム化され、厄介な給・排水管の取り付けが省力化され、竣工後の配管事故も減少し、維持管理や日常的な清掃作業も楽になっています。

大便器の種類（旧来の区分による形式）

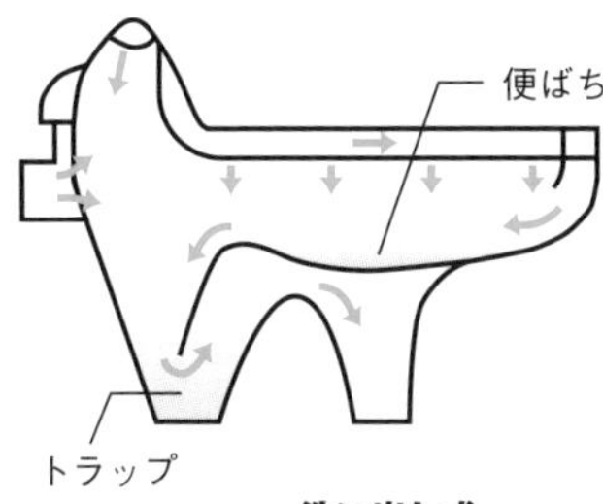

洗い出し式
排出物を便ばちに溜めて、洗浄時の水勢によって、トラップ側に運び器外に排出する。

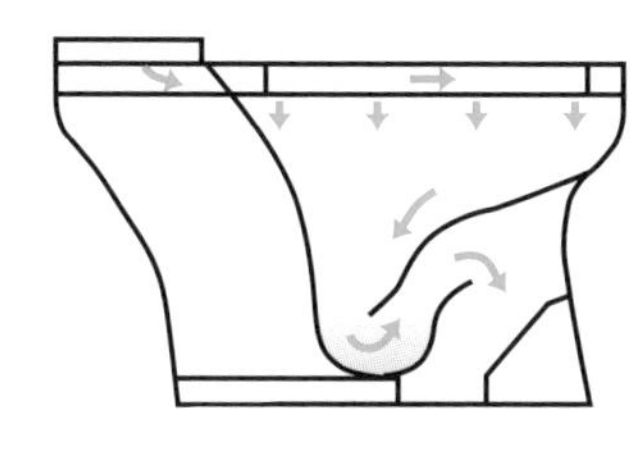

洗い落し式
洗浄時に便器トラップ部の留水面が上昇して、その落差によって、排出物を器外に排出する。

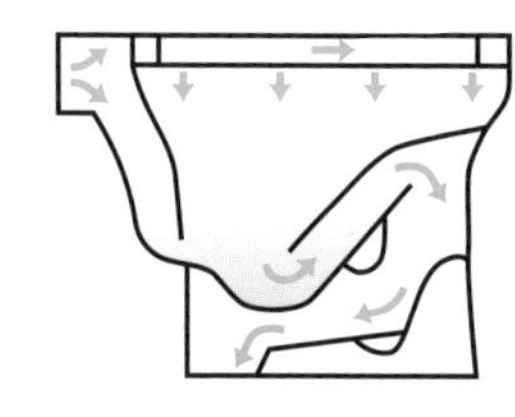

サイホン式
排水路を屈曲させて、洗浄のとき、排水路内を満水させ、サイホン作用を起こすことで排出物を吸引して、器外に排出する。

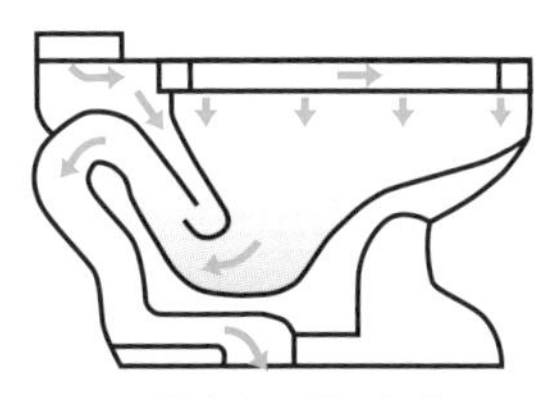

サイホンゼット式
ゼット穴（噴出穴）により強制的に満水にして、サイホン作用を起こしやすくしたもの。サイホン作用は強く、排出能力も強力。

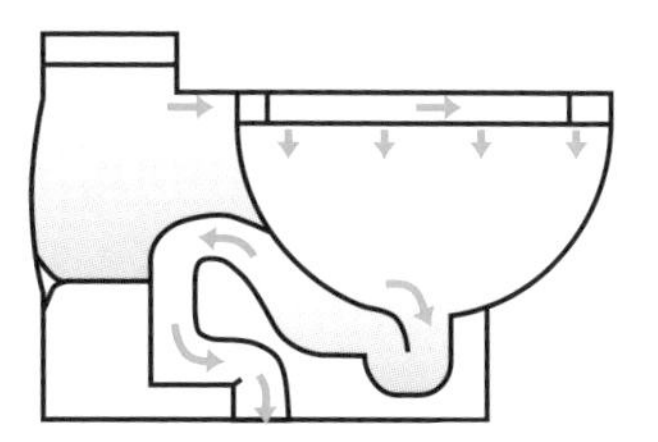

サイホンボルテックス式
サイホン作用に渦巻作用を加えて、より強力な吸引・排出能力をもたせたもの。

便座の種類

前丸便座

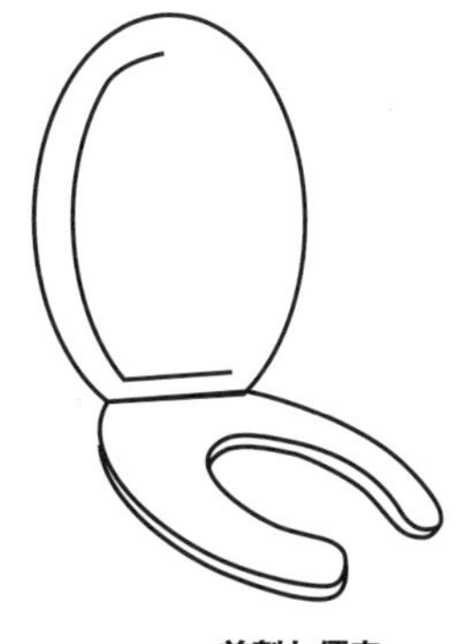

前割れ便座

ワンポイントアドバイス

最近の便器の進歩は目覚ましく、節水は無論、排水するときの音が小さくなっています。人感センサーによる自動開閉式の蓋であったり、温度や強さが調節可能なシャワー洗浄であったり、公の建物でもシャワートイレが一般化しつつあり衛生観念の高さを感じます。

小便器、洗面・手洗器

小便器の種類

小便器は、壁掛け型、ストール型(床置型)に大別できます。2個以上並べる場合には、仕切り板も必要になります。壁掛け型は、事務所などの大人だけが使用する便所ではいいのですが、背の低い子供も使うような公園他の公共施設ではストール型を使用するのが一般的です。

洗浄方式

洗浄方式は、洗い落し式がほとんどです。単体で設置する場合は、フラッシュバルブ、自動フラッシュバルブを使用して洗浄しますが、2連以上小便器が並ぶ場合、個別に洗浄弁をつける方式とハイタンク、自動バルブを用いて洗浄する方式があります。ハイタンクを使用して、自動サイホン作用によって、常時水を使っていると、夜間人が使用しなくても小便器は、洗浄されている状態になるため、人感センサーを利用した自動バルブを使用する方式が多くなってきました。

小便器は、一度の洗浄で4ℓ程度の水量を使いますが、人の使わない夜間には洗浄することはありません。

小便器の設置

壁掛け型小便器は、壁に出した排水配管にフランジをつけて、小便器の排水溝と接合して取り付けます。ストール小便器は床から配管を立ち上げて、床と同レベルになるようにフランジを取り付け、その上から小便器を設置します。

壁掛け型小便器はトラップがついていますが、ストール型にはトラップがついているタイプとついていないタイプとがあり、ついていないものは床下でトラップを取り付けます。

洗面器・手洗器の種類

洗面器は、陶器単体のそで付洗面器、バック付洗面器、カウンターに取り付くはめ込み型、化粧台と一体となっている洗面化粧台など多種多様です。手洗い器も、小型の洗面器のようなものから、手洗のみの専用壁据付型など多種あります。両者ともに、水栓は1個(水のみ)、2個(水湯)、湯水混合水栓などを、状況に合わせ取り付けます。

洗面器設置高さ

洗面器の高さは、通常床から72㎝の位置に取り付けます。屈んで顔を洗ったときに手から、肘に水が垂れない高さになっています。

洗面器・手洗い器の設置

壁掛けタイプは、壁にバックハンガーと言われる引っ掛け金具を取り付け、そこに洗面陶器を引っ掛けて設置します。給水·給湯配管は、壁や床から給水給湯管を取り出し、止水弁を通して水栓金物に接続します。

小便器の種類

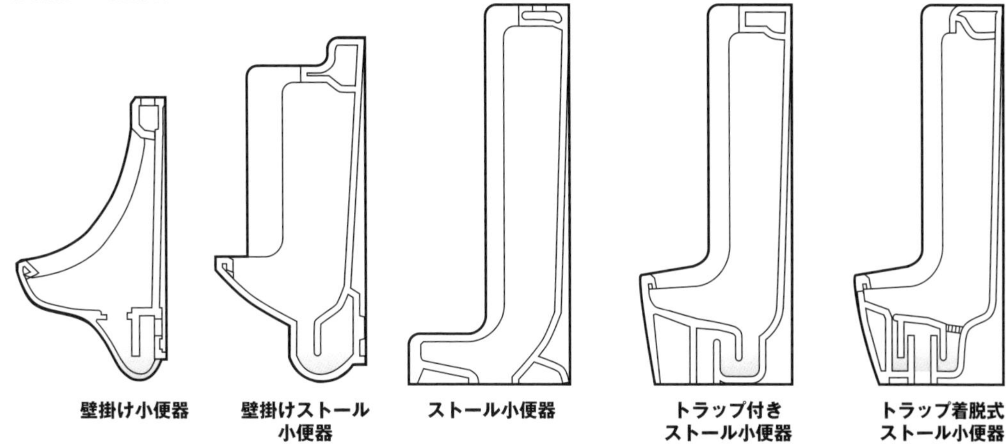

洗面器の種類

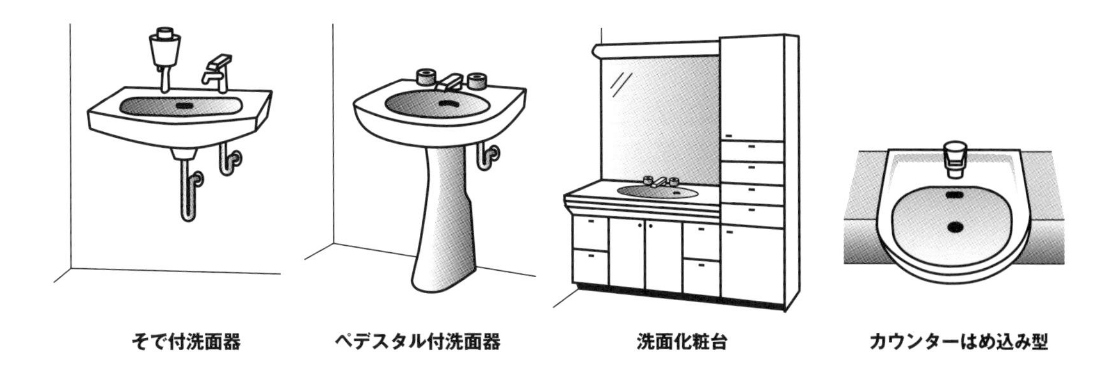

洗面器の取り付け例

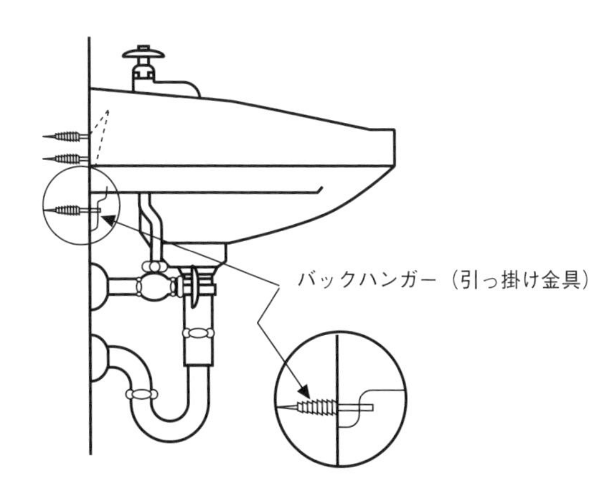

ワンポイントアドバイス

小便器、手洗い器、洗面器の種類は多種多様で、製作メーカーもデザイン力を競っています。機種の選択は建主や設計者側の仕事ですが、外国製品の指定がある場合には、日本の規格外の製品も多く、据え付けができない場合もあり、注意が必要です。

その他の衛生器具

その他の衛生器具

流し、洗髪器、ビデ、水飲み器、調理用流し、洗濯流し、実験流し、掃除用流しなどがあります。

衛生器具の設置

流しには、水と洗浄されるものが同時に入りますので、その重さに耐えるように設置しなければなりません。そのため、設置する壁などの下地に、補強材が必要なこともあります。

浴槽

浴槽は、ユニットバスが普及し、浴槽単体は少なくなりつつありますが、今でも使われており、据え置き式が主流です。

浴槽の素材

浴槽に陶器が使われることはなく、ホーロー浴槽(鉄に特殊なガラスを焼き付けたもの)、人造大理石、ステンレス浴槽、FRP浴槽、木製浴槽、プラスチックなど様々な素材の浴槽があります。

人が裸で入りますので、人肌に優しく、清掃しやすく、耐久性も必要です。入浴文化は日本特有のものであり、単なる衛生設備の枠をこえていますので、素材、材質選びには注意が必要です。

身障者用衛生器具

身障者にとっても、健常者と同様に気持ちよく衛生陶器を使用できるように、高さや、大きさ、洗浄させるためのバルブ操作など使い勝手を考慮してつくられています。障害者は障害の部位・程度によって様々で、それぞれの障害に対応すべく計画されてはいますが、完全とはいいがたいものがあります。

一般的には身障者用補助器具を使って対応することになります。車椅子使用者が大便器を使用する際には手すり等を使って、通常便器に誘導することで使用できるよう配慮するもので、建築計画上の問題として解決します。

身障者用衛生器具の取り付け

身障者用衛生器具は、手すり等の器具で、体を支えるため、堅牢に取り付ける必要があります。手すりなどは床から支えるものの方がいいのですが、清掃のことも考えると、壁から取り付けることもあります。また、洗面器なども、洗面器で体を支えてしまうことも考えられますので、壁の下地に補強をいれ、無理な使用にも耐えるよう配慮が必要です。

洗面器・手洗い器の調整

洗面器・手洗い器は水道蛇口、吐水口からの水の勢いや水量を調整し、気持ちよく使えるようにします。水栓の下に止水栓を設け、水が洗面器からはねないように水量を調整します。

浴槽の種類

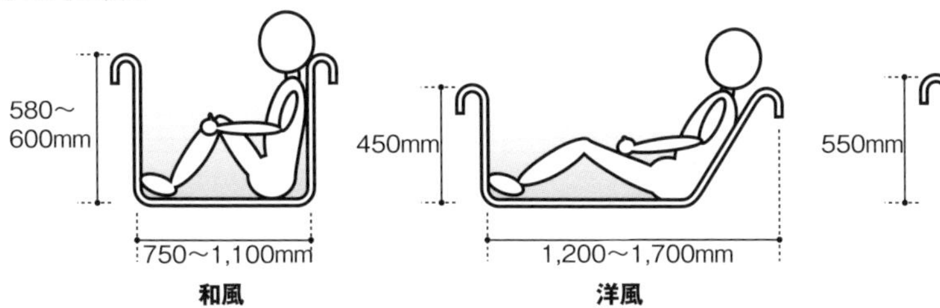

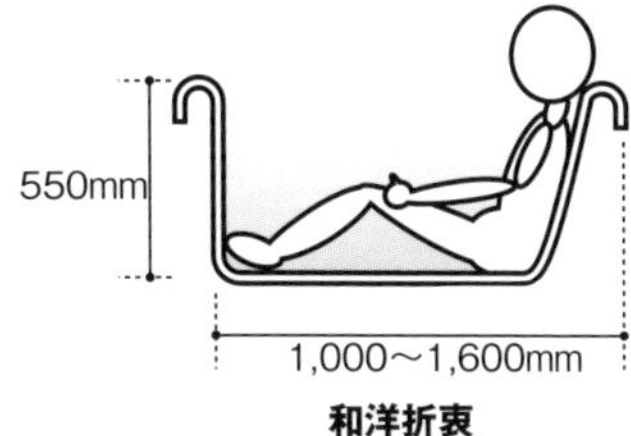

設置方法

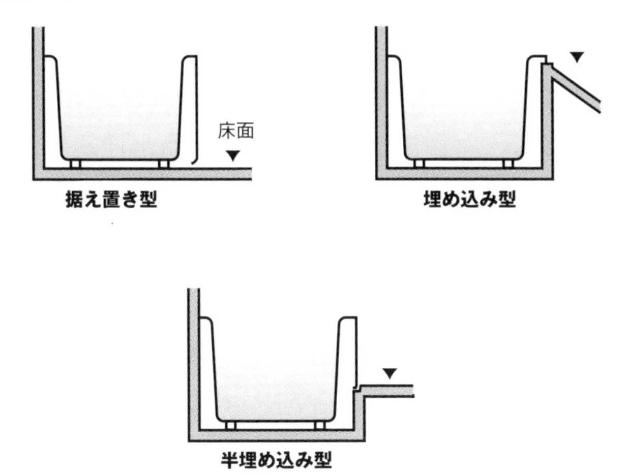

浴槽の主な材質と特徴

材質	特徴
ホーロー	耐久性が高く、汚れにくい。重量があり、丈夫だが、表面が傷つくとさびる恐れがあるので、注意が必要。
人造大理石	保温性、耐久性が高い。肌触りの良さや高級感もあり、掃除もしやすく人気がある。
ステンレス	汚れにくく、保温性、耐久性にも優れる。
FRP	柔らかく温かみがある樹脂素材で、保温性、防水性に優れる。肌触りもよく、色味も豊富。

身障者用衛生器具の取り付け例

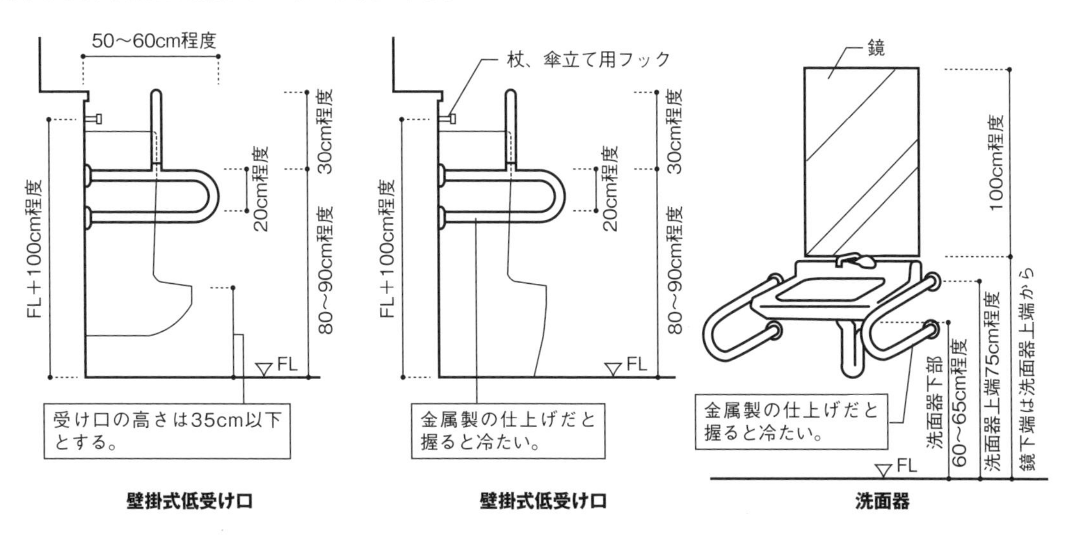

ワンポイントアドバイス

基本的に、水を使う場所にある機器は全て衛生器具設備で、それぞれの器具、機器の特徴や使われ方を理解した上での施工が大切です。子供、高齢者、身障者などそれぞれが必要とする衛生器具をそれぞれが支障なく使えるように設置し、調整する必要があります。

給水栓の種類

水栓類

吐水口としての水栓には、立水栓、自在水栓など単独で使用できるものから、シャワー水栓など衛生器具に取り付けて使う水栓類など様々なものがあります。その他、大便器、小便器の洗浄弁も水栓の部類に入ります。

単独で使用する水栓

立水栓、自在水栓などは、単独で使用できます。手で開閉し、左に回すと開きます。ハンドルが上に付いているもの、横に付いているものなどがあります。自在水栓は、いろいろな長さがあり胴長タイプなどと呼ばれているものもあります。末端にホースなどをつける専用のカップリング水栓など、使用用途により様々な水栓があります。給水栓は水道直結にする場合は規定の水圧に耐えるものでなければならず、直結する水栓は日本水道協会のシールが貼ってあります。

シャワー類

シャワーは十分な水圧無くしては機能しませんので注意が必要です。シャワー水栓は、胴の部分がホースであり長いため、逆流しないようになっています。シャワーは、湯と混合して使うのが一般的であり、最適温度で出湯したいため混合水栓を使用することが多いのですが、混合水栓でも湯の温度が変化しますので、サーモスタット付きの水栓を使用し、一定した給湯温度が保たれるようにしたものも使われます。

衛生器具に付いている水栓器具

衛生器具に付いている水栓器具は、その用途によって各種あります。不特定多数の人が使う公共施設での手洗い器は、無駄の排除と衛生上の観点からプッシュ水栓や自動水栓などが使われています。プッシュ水栓は、押すたびに一定量の水が出て、しばらくすると止まるしくみになっています。

大便器・小便器の洗浄弁

大便器・小便器の洗浄弁はフラッシュバルブといわれています。ハンドルや押しボタンを押して、瞬時に大量の水を流し、サイホン式の大便器ではサイホン現象を起こさせて流します。トラップが破られるので、その後トラップに水が溜まるように少量の水が流れるような構造にしてあります。ピストンバルブ式とダイヤフラム式があります。洗浄弁にはバキュームブレーカーが付属しています。

小便器用洗浄弁は、ピストンバルブ式のフラッシュバルブです。

ボールタップ

ロータンク内の浮きを使ってバルブの開閉を行います。

各水栓の名称

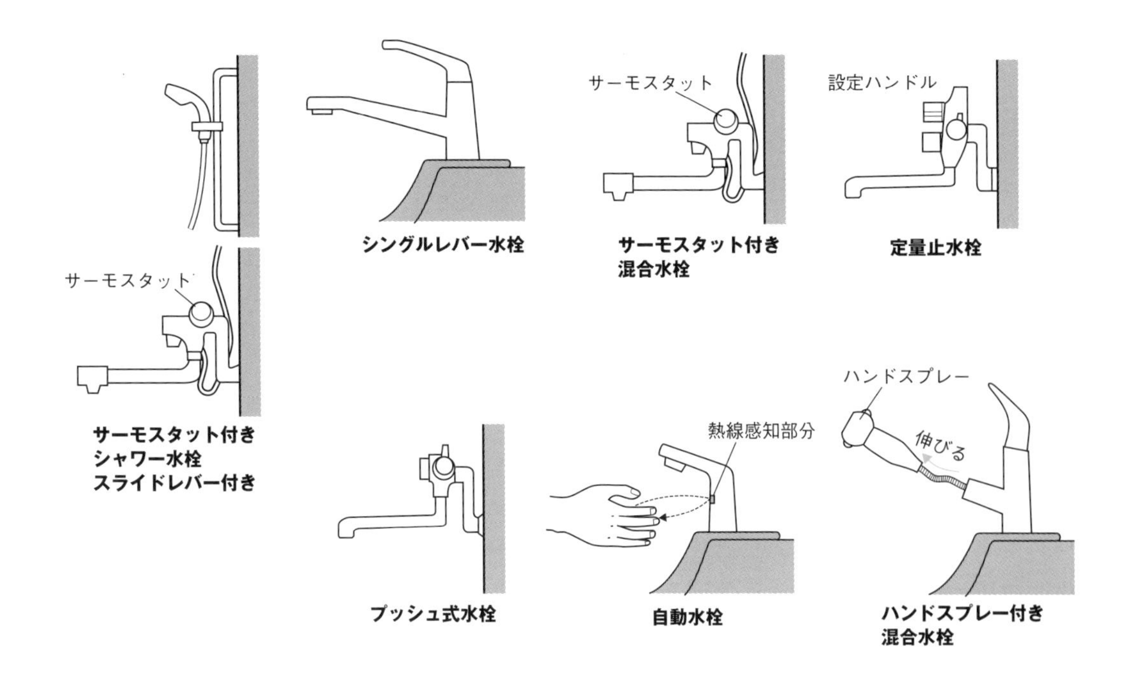

ロータンクのしくみと部品の名称

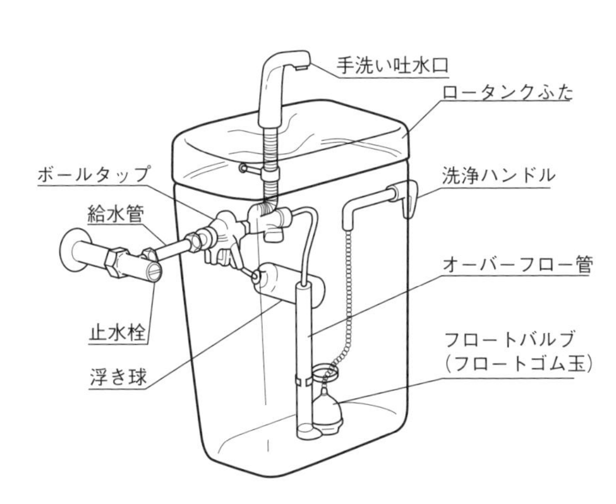

ボールタップ
浮き球が下がれば給水し、浮き球が上がれば水を止める。

オーバーフロー管
ボールタップが故障した際、タンク外へ水があふれるのを防ぐため、この管から便器へ水を流す。

フロートバルブ
フロートバルブの開閉によって、タンク内の水を便器に流したり、止めたりする。フロートバルブには、レバーハンドルと連動する鎖がついている。

止水栓
水道の水はここを通り、タンク内へ給水される。止水栓はこの水を止めたり、調整したりする。

ワンポイントアドバイス

水栓、要は蛇口のことですが、バルブ機能を持つ人の手に優しい器具で開閉が楽にできるようになったものです。人目に触れないところで、人の手によらない蛇口もあり、代表的な物が大便器のフラッシュバルブであり、タンク内のボールタップです。

衛生器具の付属品

その他の金物

衛生器具ではその他の金物類も含めてワンセットとなっています。水石鹸入れ、ペーパーホルダー、器具と配管の間のフランジなどもその他の金物になります。

便器用フランジ

便器と排水管の接続部品にフランジが使われます。床から立ち上がっている排水管に支障なく便器から排水させるためのコネクターです。

排水器具トラップ

洗面器・手洗い器は器具の下で排水管と結びますが、そこにトラップをつけます。床から立ち上がった配管はSトラップ、壁から取り出す配管はPトラップを使用します。

便座

洋風大便器には便座を使います。便座は、木製、プラスチック製などありますが、最近はプラスチック製が一般的です。便座に暖房機能をつけた暖房便座、温水によって肛門部を洗う機能をつけた温水洗浄便座などがあります。どちらも、電気を使用するので、便所内にコンセント設備が必要になります。

アクセサリー

洗面室・浴室・トイレなどに置かれる衛生器具のアクセサリーとして、タオルかけ・化粧キャビネット・鏡・化粧棚・水石鹸入れ・握り棒・紙巻器・紙タオル箱なども含まれています。デザインだけでなく、機能を重視して、安全性があるもの、耐久性のあるものが使われます。

鏡の取り付け

鏡の取り付け工事では、鏡の高さに注意が必要です。通常、上端の高さでその位置が決まりますが、鏡のサイズに合わせ、壁タイルの目地との整合を図りながら、適切な位置を決めます。衛生器具との関係において、使い勝手のいい位置に設置します。

紙巻器の取り付け

紙巻器は、便座に座って、手の届く範囲の使い勝手のいい場所に設置しますが、設置場所が低すぎるとトイレットペーパーが床に付きますので注意が必要です。

水石鹸入れの取り付け

水石鹸入れは、石鹸出口の真下が洗面器や手洗い器の水受け部分になるように取り付けます。あまり高い位置に取り付けると、石鹸を補給するときに、入れづらくなりますので、入れやすい高さにします。壁などにタイルが貼ってあるときは、タイルの目地を考慮の上、適切な位置を決めます。

小便器のフランジ取り付け例

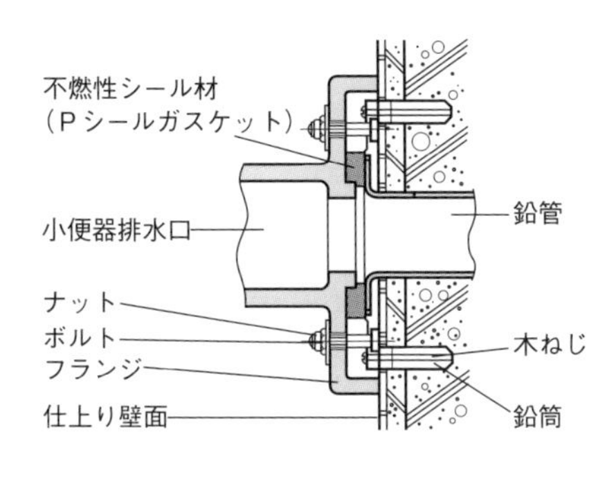

大便器のフランジ取り付け例

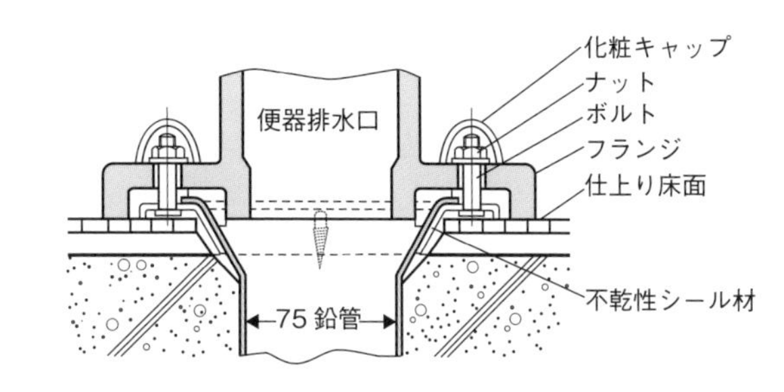

器具の設置高さの検討

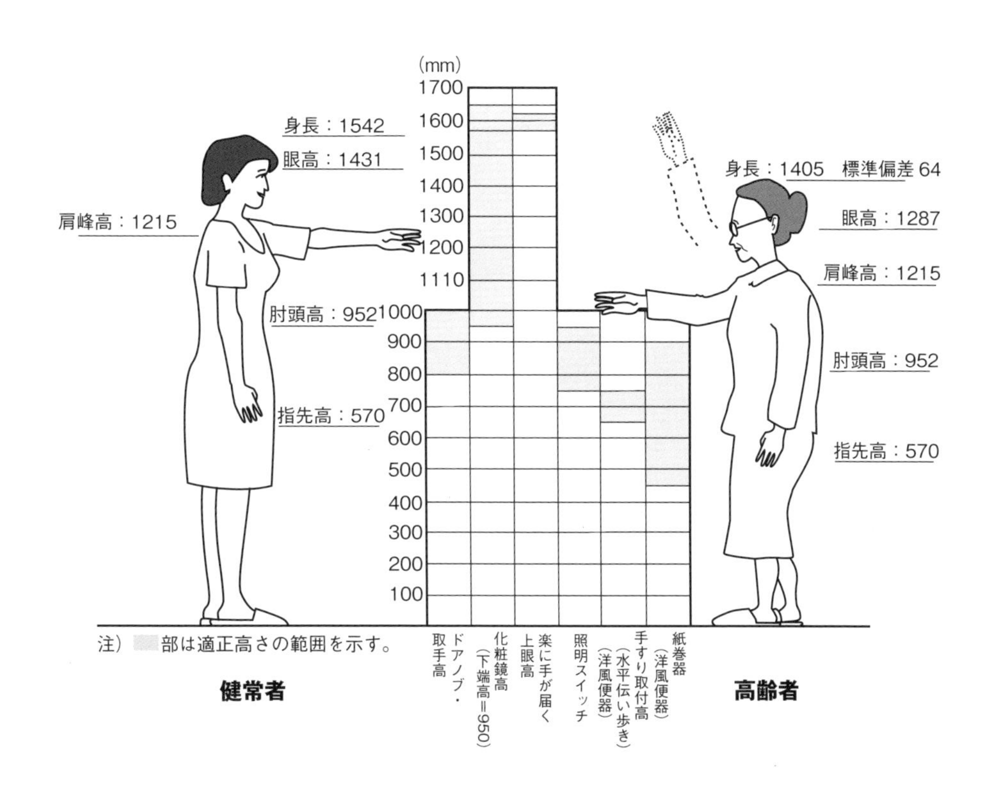

ワンポイントアドバイス

給排水衛生工事に含まれるのが不思議に感じるような付属の器具ですが、衛生器具メーカーが器具とともに現場に搬入する物ですので、必然的に当該工事の範疇に含まれます。取り付け自体に難しいことはありませんが、意匠的な意味合いからも注意深く取り付けます。

グリーストラップ・ガソリントラップ

グリーストラップ、ガソリントラップ

グリーストラップやガソリントラップなどは、衛生器具と衛生機器の中間に位置するものですが、通常衛生機器に入れています。本書の流れとして、衛生器具設備として扱います。

グリーストラップとその構造

グリーストラップは、厨房などの油分を含む排水から、油分を取り除くためのトラップです。油分は排水管の詰まりの原因のひとつであり、取り除いた後に排水する必要があります。

厨房内に設置される厨房機器の流しなどはグリーストラップが付いていないのが普通で、厨房内の排水は全て一箇所でまとめて油分を取り除くために別途にグリーストラップを設置します。

油分のある排水は、グリーストラップ内で油分を凝固させ、排水管内に油分が流れないようにして、排水管の詰まりを防止するモノです。

一般的なグリーストラップの構造は、内部が3槽に仕切られ、厨房排水はまず網かごで固形物(調理クズなど)が除かれます。次の槽で、水と油の比重の違いを利用した自然分離浮上方式で排水中の油脂分が分離されて浮上します。分離後の水が最終槽を経て排水管に送られます。最終槽でも油脂分が浮上することがありますが、適正に管理されていれば水だけが排水管に送られます。

グリーストラップの機能を維持するには常日頃の清掃が基本で、かごに溜まった固形物の掃除、中間槽に浮上した油脂分の除去は欠かせません。網カゴの掃除と浮上油脂の除去は毎日、槽内沈殿物の掃除は1週間に1回は行うこととされています。

厨房使用終了時にグリーストラップ内に、氷を入れてより冷却し、グリースを固まらせ、取り除くような工夫もあります。

ガソリントラップとその構造

ガソリントラップは、自動車の修理工場、給油所、駐車場、洗車場などから出る排水中の泥砂と揮発性油分を取り除くトラップで、ガソリントラップ槽の上部に浮かんだ揮発性油分を回収します。ガソリンなど揮発性のあるものを排水管に流し、引火・爆発などの事故がないようにするのがガソリントラップの一義的な目的です。

基本的にはグリーストラップと同じ油水分離槽です。砂や砂利を含んだ排水を網カゴで受け、水と油の比重の違いを利用した自然分離浮上方式を基本としたものが一般的です。ガソリン、その他の油分を含む排水の油分を取り除き、水だけを排水するものです。油分は、揮発性がありますので内部を機密状態にし、通気管を設けなければいけません。

グリーストラップのしくみ

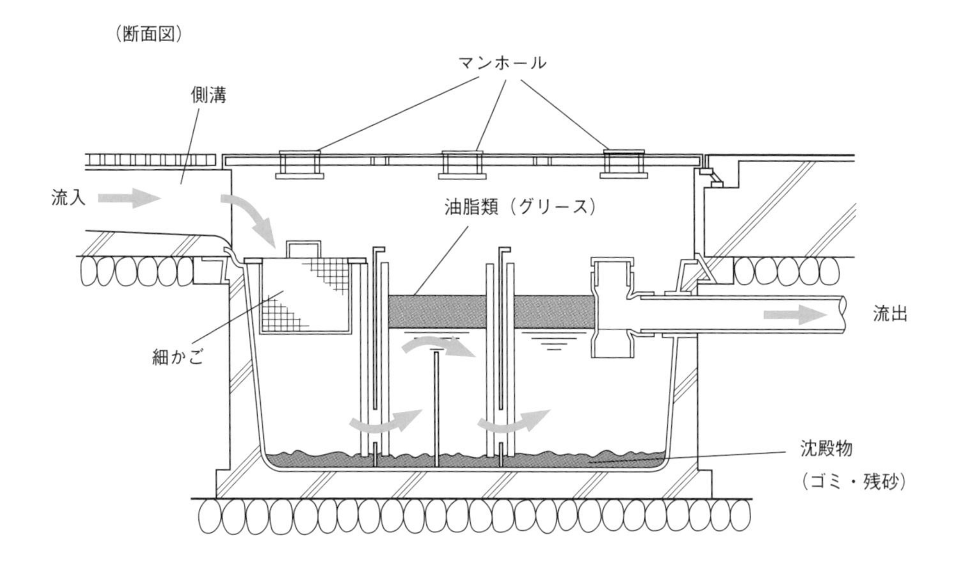

ガソリントラップのしくみ

（断面図）

流入

通気

油脂類
（グリース）

網かご

流出

掃除口

ワンポイントアドバイス

トラップとは日本語の「封水」の意味です。配管の一部を曲げることによって意図的に水溜まりをつくり、水は通すが空気は通さないようにする工夫です。空気の通過があると下水からの悪臭が上がって来て部屋に臭いが充満します。これを防止するものです。

ユニットバス

ユニットバス

ユニットバスは、換気や電気設備とともに、給水、給湯、排水を接続することで浴室として機能する製品で、バス・ユニットとして工場生産されます。

ユニットバスの構造

住宅などに設置する場合には、床との関係において1階設置タイプと階上タイプに分かれています。建築工事との整合が求められ、注意が必要です。

ユニットバスは、防水に配慮したつくりになっており、床や浴槽は完璧に近い防水仕様となっており、その上に壁、天井を組み立ててつくります。給水、給湯、排水はユニットの床下で接続されます。

ユニットバスの普及

ユニットバスは東京オリンピックの際、限られた工期の中でのホテル建設時に考案されたものです。

比較的安価で、漏水事故がなく設置も簡便なこともあり、ユニットバスの普及は目覚ましいものがあります。今や、ホテル、集合住宅などの浴室はほとんどがユニットバスです。

木造住宅の場合は、適切な換気ダクトの設置があれば、住宅内のどの場所にも計画が可能であり、防水性の高い樹脂の壁で自由にシャワーが使え、清掃が楽で、多用されています。

入浴は日本人にとっては単なる衛生設備ではなく、まさに文化でありますが、現在市販されている工業製品としてのユニットバスは、日本人の生活に根ざした配慮があり、広く一般に受け入れられています。

ホテル用

ホテル用のユニットバスは、バスとトイレが一体になったものも多く使われています。ビジネスホテルと呼ばれる客室には、3点ユニットと呼ばれる、浴槽、手洗い、大便器が一緒になったものが使われています。設備配管をする上でも、簡便な工事で短期間に施工が可能です。

一般的構造は床スラブの上にユニットを置きますので、ユニットに入るときは、150~200mm程度の床が上がる不便はあるのですが、安価な工事費の中で、安全確実な水場を提供しています。

トイレユニット、シャワーユニット

ユニットバスと同じように、シャワー室、トイレのブースをユニット化したものがあります。通常だと器具を取り付けるときには、給排水管の位置を出して、配管をしておく必要がありますが、ユニットの場合には、据え置くだけですので、配管工事の手間もかなり省略でき、工期の短縮と工事費の軽減に繋がります。

特に仮設工事での工事期間中の衛生設備として、有効に使われています。

ユニットバスのしくみ

ユニットバス

床・壁・天床・浴槽・ドアなど各部を工場であらかじめつくり、現場に搬入して組み立てる浴室。在来工法の浴室にくらべて施工のしやすさ、防水性、メンテナンス性、工期短縮のメリットがある。

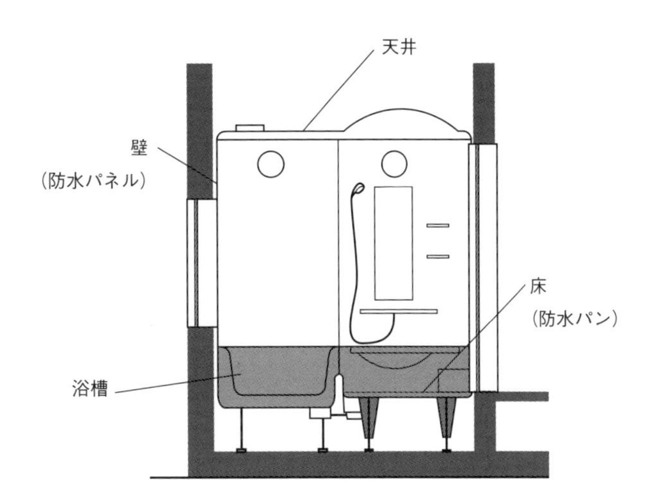

3点ユニットの例

3点ユニット

浴槽、手洗い、大便器がセットになったものを3点ユニットという。ホテルや集合住宅などで使われている。

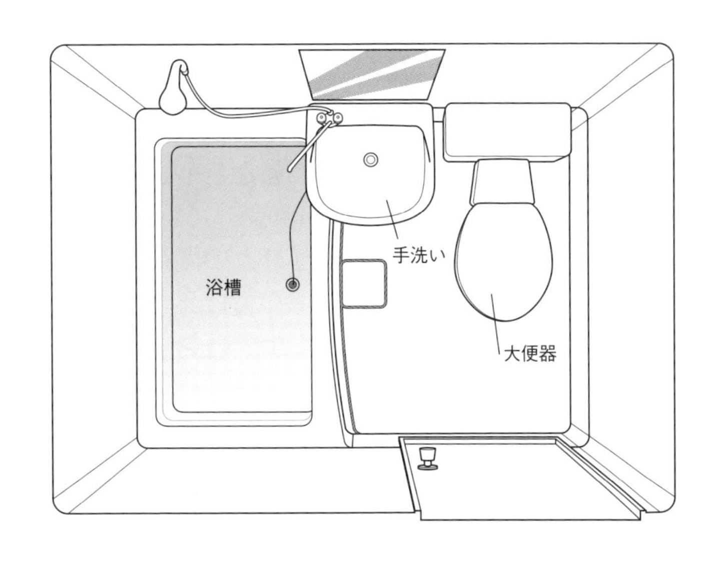

トラブル事例

今やなくてはならない建築設備としてのユニットバス。プレハブ化率の高い工業製品で安価です。防水性が高く、安心、安全、メンテナンスが楽な上、工期が短縮でき、使い勝手上も掃除が楽で衛生的です。普及のメリットは大きく、今後は建築工事との整合がカギになってくるでしょう。

部品・製品チェックの大切さ

衛生陶器と金物はセットで現場に届きます。そのセットを、到着したときにすべてチェックをしておかないと、いろいろな問題が起こることがあります。部品が細かいため、ひとつでも欠けると仕事が終わりません。

器具付けをしているときは、ほかの器具付けをしていることも多いので、細かい部品がひとつでも足らないと、汎用品が多いために他の陶器から、部品を持っていってしまって、最後には器具が付かなくなります。部品が欠品しているときや、部品が間違って入ってきているときも、悲惨な目にあいます。

若いとき、ある現場で、便器がひとつ間違えて入ってきたことがありました。そのときはすぐに取り付ける予定でしたので、現場から倉庫まで取りに行きました。電車で行きましたので、持ってくるときも、当然便器を持って電車に乗ってきました。まわりの目も気になり、恥ずかしい思いをしたことを覚えています。それ以来、現場に入ってきたものは、必ずチェックするようになりました。

Part
7

設計図・施工図

給排水衛生設備は、建物を計画するときから、最適な設備をするために設計図をつくります。このパートでは、設計図の見方について解説します。

給排水衛生設備に必要な図面

設計図とは

設計図は、建物をつくる際、注文主(施主)と施工者の契約書のひとつで、お互い齟齬がないように、コミュニケーションツールとして使用します。

設計図には施主の意思が示されていますので、意思を十分反映して、施工しなければなりません。

給排水衛生設備の設計図は、建築設計の前段階の設計企画から施主の意向(建築、電気、空調)について打ち合わせをし、関係各所と協議(水道・下水の状態、ガスの引き込み位置など)のうえ、予算と合わせて設計図を作成します。

給排水衛生設備の設計図には、技術的に検討された部分も盛り込まれています(各種水槽の容量、配管管径など)。よって、設計図を作成するにあたっては、各種計算が必要で計算書も作成します。

給排水衛生設備設計図

給排水衛生設備設計図は、図面リスト、案内図、特記仕様書、機器表、器具表、系統図、各階平面図、機械室詳細図、各水槽周り詳細図、貯湯槽、ボイラ・ポンプ周りなどの各機械関係の設備詳細図、機器の詳細図、便所の詳細図、厨房、その他給排水設備のある箇所の詳細図を作成します。

現場実施施工図

設計図は、施主・施工者のお互いの共通の理解を得るための道具です。設計図に描かれたことは契約書と同様のため、描かれていることは施工しなければいけませんし、設計図に描かれていない余分なことはしてはいけません。もし、設計図に描かれていたことで、後に問題があるような場合を見つけたときは、契約に基づき、改善をするように設計を変更します。この際は、施主の了解の下で変更します。設計図といえど、人間のつくるものなのでミスは付き物です。それらのミスをなくすために、施工者には設計図を読み取る技術も必要です。

施工では、設計図を基に、現場実施設計図をつくります。現場実施設計図は、合理的な施工手順、竣工後不具合がないような施工や維持管理の要素を加味した、より現実に近い設計図です。この設計図が施主、設計事務所の了解を得ることができた後施工に入ります。

現在は、現場実施施工図の代わりに、施工計画書、施工要領書などで行う場合もありますが、給排水衛生設備の場合、排水管などは、勾配がつくなど自然の力で流すところがあるため、建築意匠との整合性、施工に入る前に解決しておかなければいけません。その意味でも、施工実施設計図をつくり問題を解決させていくことが重要です。

給排水衛生設備作成のプロセス

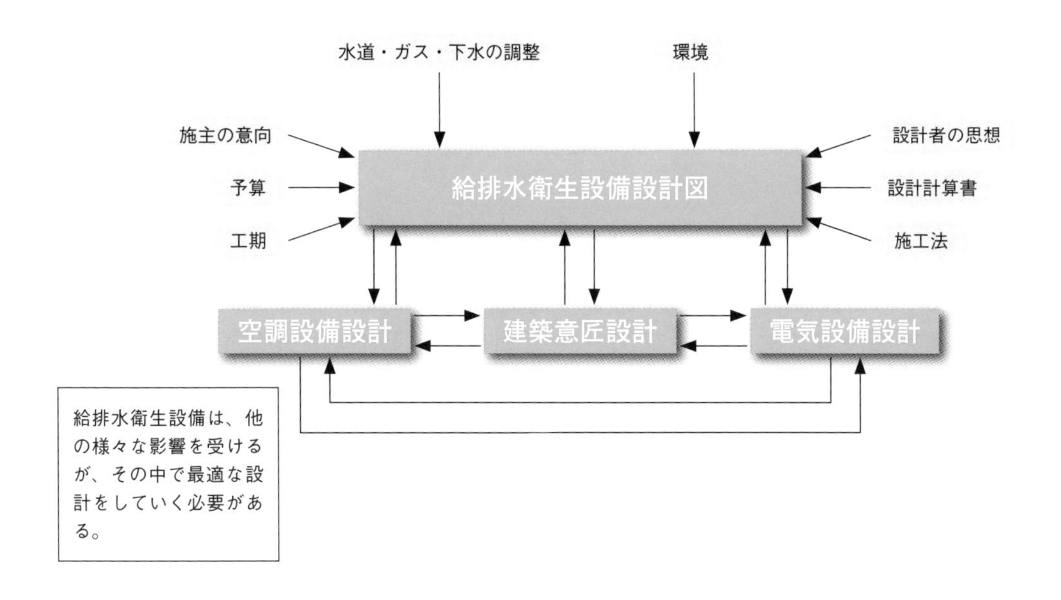

給排水衛生設備は、他の様々な影響を受けるが、その中で最適な設計をしていく必要がある。

設計図・施工図の流れ

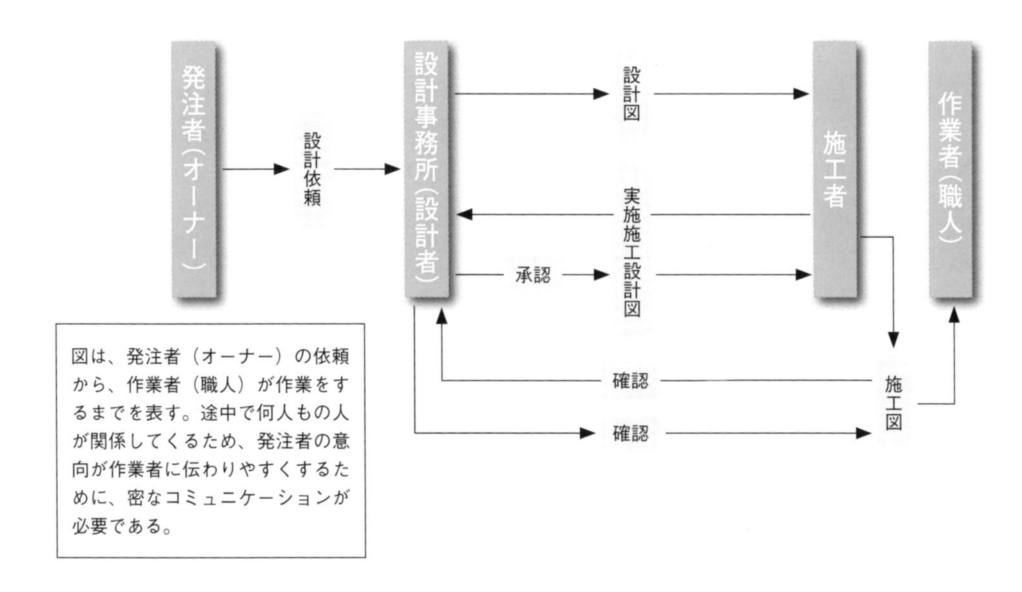

図は、発注者（オーナー）の依頼から、作業者（職人）が作業をするまでを表す。途中で何人もの人が関係してくるため、発注者の意向が作業者に伝わりやすくするために、密なコミュニケーションが必要である。

ワンポイントアドバイス

発注者が、変更工事を指示してしまうと、工事関係者や作業など、様々な方面に影響が出ることはもちろん、工期にも当然支障が出てしまいます。

設計図書

設計図書とは

設計図書には、平面図だけではなく、契約上の約束事を満たすための様々な図面があります。

3次元の立体の建物を2次元でしか表現することができない紙の上に、すべてを縮尺したもので描いているわけですから、当然、相当数の図面枚数が必要になります。

図面リスト

図面リストは、目次と同じようなもので、図面番号、工事名称、図面の縮尺がリスト上に記入されています。

工事名称は、すべての図面に同じ工事名称が記入されなければいけません。

図面番号は、図面の枚数を表していて、図面が抜けることがないように、必要な図面枚数を、図面番号と照合して確認する必要があります。

改修工事などでは、図面番号が順番どおりでなく、番号が抜けている場合もありますし、また、図面枚数と図面番号の最終番号が合わないときもありますので注意が必要です。

図面の縮尺

建築に関わる電気、空調、給排水衛生設備などの図はすべて縮尺図です。

機械などの図面は、原寸大や2倍などに拡大した図面もありますが、建築関係の図面はすべて縮尺になります。

縮尺は、1/100、1/200が多く、詳細図でも1/50、1/20程度の縮尺となります(住宅は1/50、1/100)。よって、建築に関わる図面上に、直接物差しをあてて測っても、縮尺されているため正しい寸法ではありません。図面には必ず寸法が記入されているか、別の図面に詳細図が描かれているので、こちらを頼りに図面を読み取ります。

設計図上のトラブル

設計図を描くうえで、よくあるミスとして、たとえば手書きの図面で、1/200程度のものを描いていて、片方から順番に寸法を追いかけて描いていると、でき上がった図面は、縮尺よりも大きくなっていることがあります。

また、配管が建築図面の壁からはみ出してしまったり、壁の中に入ってしまったりすることがあります。これは、縮尺図だと、線にスケールで寸法を当てるため、線の太さで少しずつ誤差が生じてしまうからです。

上記でも書きましたが、寸法は、あくまで書き込み寸法が基本です。図面にスケールを当てて測るのではなく、必ず書いてある寸法を頼りにしましょう。

図面リストの例

図面番号	図面名称 （建築・意匠）	縮　尺	図面番号	図面名称 （機械設備）	縮　尺	図面番号	図面名称 （電気設備）	縮　尺
A－00	図面リスト	――	M－01	特記仕様書・凡例・機器表	――	E－01	特記仕様書・凡例・機器表	――
A－01	工事概要・配置図	1/400	M－02	衛生図	1/50	E－02	分電盤図・姿図	――
A－02	平面図・工事概要	1/100	M－03	空調換気図	1/50	E－03	電灯コンセント改修図	1/50
A－03	病後児保育室(改修後)平面詳細図・展開図	1/50	M－04	衛生図(撤去図)	1/50	E－04	弱電図	1/100
A－04	病後児保育室(改修前)平面詳細図・展開図	1/50	M－05	空調換気（撤去図）	1/50	E－05	撤去図	1/100
A－05	2才児(東)保育室平面詳細図・展開図	1/50						
A－06	天井改修部分伏図	1/100						
A－07	児童手洗用流し･下足箱詳細図	1/20						
A－08	鋼製建具表（サッシ改修工事）	1/50						
A－09	木製建具表	1/50						
A－10	テラススロープ改修工事詳細図	1/10･1/100						
A－11	フェンス､門扉改修工事配置図	1/200						
A－12	フェンス､門扉改修工事詳細図図	1/5･1/20						

工事件名		NO A－00
図面名称	図面リスト	
設計年月	平成 21 年　月	
部長	課長	係長	係員

3次元から2次元へのイメージ

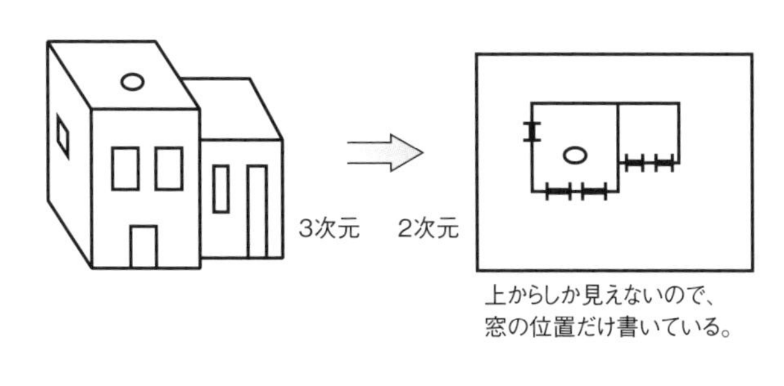

3次元のものを、2次元にしているので、どこかで、横に切って書いている。

縮尺による図面表現の違い

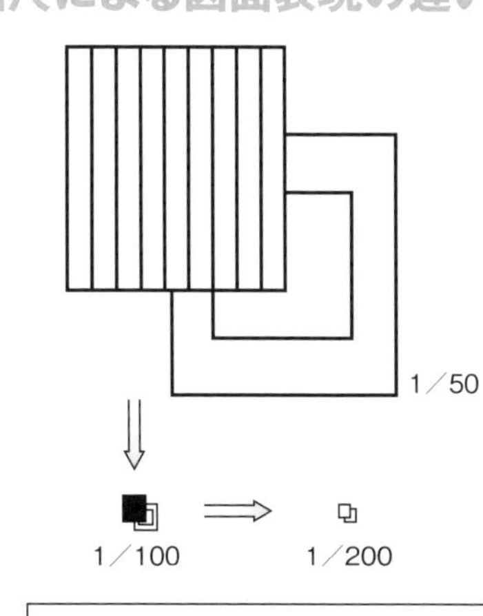

縮尺を小さくすると表現しきれなくなる。

トラブル事例

1/30と1/40の図面の縮尺を間違えて打ち合わせをしてしまい、機械室の配置をすると、機械の隙間があきすぎてしまいました。その後、縮尺を間違えていたことに気が付き修正したことがあります。

配管記号

図面のシンボル

設備図は、配管などはすべて線で書くため、いろいろな線があると、何の配管なのかがわからなくなってしまいます。そのため、給水、給湯、ガス、排水などの配管は、配管ごとに記号が付けてあり、その記号は何の配管を意味するのかがわかるようになっています。この配管の記号のことを「シンボル」といいます。

シンボルが付いてある場所は、配管が曲がったところの近くや、配管から取り出したところなど、図面の見やすいところに付けます。

一目で、この配管はどの種類のものなのかわかるように書いてある図面がいい図面といわれます。特に配管の交差がある場合などわかりづらくなるので、注意して書き入れます。

器具のシンボル

陶器などは、1/200以下になると、陶器の形で図面を書いてしまうと、小さすぎて真っ黒になってしまい、何が書いてあるかわからなくなってしまいます。そのため、楕円や△印をつけて衛生陶器を表すことがあります。

給水栓などの水栓などもシンボルとして書きます。よって、シンボルの表す意味を理解していないと、どんなものが付いているかがわからなくなってしまいます。

バルブ

バルブのシンボルは、縦につくか横に着くかでシンボルが変わります。これは、バルブの軸の長さが検討できるように、シンボルが変わっているためです。

平面で上下関係を表す

平面で上下関係を表すには、設計図では特に書きませんが、施工図だと、縦の関係、特に階をまたがらない上下関係にはシンボルを用います。

また、配管の末端に、ひげのようなものを付けていますが、これは、継手を表しています。

上下のシンボルは、なかなか理解しづらいのですが、リアルに上下関係を見ると理解できます。

階をまたがり、上下関係を表すときは、下に行く配管は下の方に、上に行く配管は上の方に、上下する部分から60度で斜めの線を引き、線の先に流れる方向の印をつけます。一般には、配管を上下するところから斜め60度で書いてしまうと、平面図の配管と錯綜してしまい、何が書いてあるかわからなくなりますので、平面上配管がないところの外まで、薄く引き出し線を引いて書きます。

配管のシンボル例

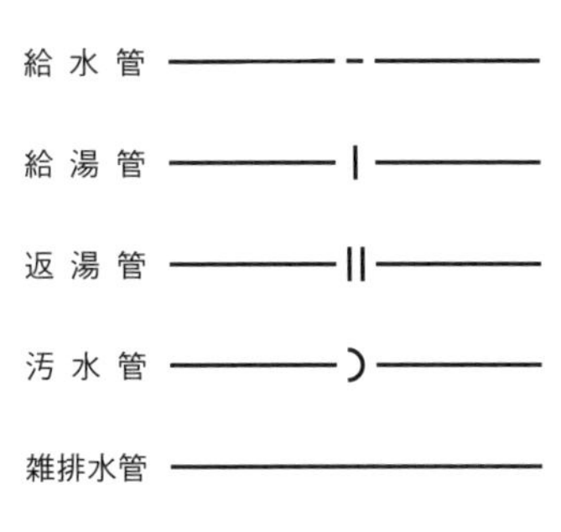

配管の図示方法例

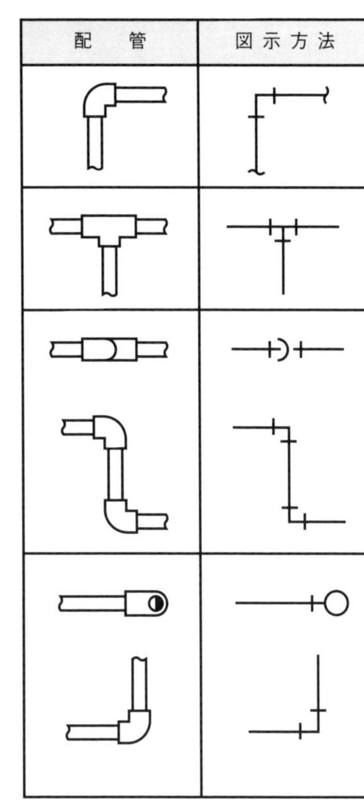

	配　管	図示方法
上下階に貫通		60°
下階に貫通		60°
上階から貫通		60°

器具のシンボル例

トラブル事例

新人のころ、自分の書いた施工図を持って現場にチェックに行くと、全くチェックができませんでした。どこから図っていいのかわからないし、配管径が書いていないなど、職人にとても説明できるレベルの図面じゃないとわかり、書き直したことがありました。

設計図書の読み方①

案内図

案内図は、施工場所の確認、敷地周りの状況などを判断します。この図によって、同じ仕様、同じ設計図でも、施工の見積もりが変わります。施工場所までの機器や器具の搬入経路、敷地による様々な制約(施工時間・騒音など)などを踏まえ、施工方法などが検討できる図面です。

特記仕様書

特記仕様書は、標準仕様書とは異なる事項が記された書類で、施工場所、工期、工事の概要、仕様が記入されています。

工事の仕様は、給排水衛生設備工事の場合、国土交通省設備工事標準仕様書、空気調和衛生工学会標準仕様書に基づいて工事をします。

その他、設計事務所各社、地方公共団体などで標準仕様書を出しているところもあります。

特記仕様書は、設計図書の図面において、最優先される図面です。共通仕様書には書いていない特別な仕様、現場の状況にあった仕様や配管材料なども記入します。また、特別な事柄、特別な施工法を取るときにも記入します。図面では表すことができない設計の思想、特殊な公示方法などをこの図面で盛り込みます。

特記仕様書の思想

特記仕様書の内容は、設計者の思い入れが入ってきます。工事のグレードや考え方などの施主の意向を、設計者の言葉に代えて表現しています。

設計図作成の順番として、関係機関に対する図面を先につくります。すなわち、事前協議用の図面、建築確認申請用の図面をつくります。

建築確認申請のために提出する図面は、建築物に対し、設備の関わりのみを描いてある図なので、施主の思想などは特に反映していません。建築する建物が、すでにある他の建物に対して影響がある部分のチェックや、建物の安全に対する図と考えられていて、施主に対する図ではありません。

その後、建築確認が出た後に、施主の意向が反映される図面を作成していきます。順番は、平面図、配置図の順に書いていきます。途中、使用の内容が固まったところで特記仕様書を書きます。

しかし、一人で設計をしている場合はそれでいいのですが、チームで設計図を作成する場合は、共通の設計思想がなければバラバラの設計図になってしまいます。そのため、先に特記仕様書を作成して、チーム内の意思疎通を図ります。

特記仕様書の例

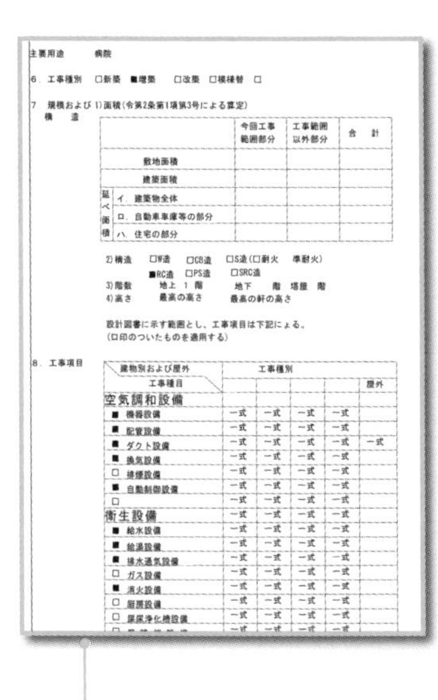

主要用途　　病院

6．工事種別　□新築　■増築　□改築　□模様替　□

7．規模および構造　1）面積（令第2条第1項第3号による算定）

		今回工事範囲部分	工事範囲以外部分	合　計
敷地面積				
建築面積				
延べ面積	イ．建築物全体			
	ロ．自動車車庫等の部分			
	ハ．住宅の部分			

2）構造　□W造　□CB造　□S造（□耐火　準耐火）
■RC造　□PS造　□SRC造
3）階数　地上 1 階　地下　階　塔屋　階
4）高さ　最高の高さ　最高の軒の高さ

設計図書に示す範囲とし、工事項目は下記による。
（□印のついたものを適用する）

8．工事項目

建物別および屋外 / 工事種目	工事種別				屋外
空気調和設備					
■ 機器設備	一式	一式	一式	一式	
■ 配管設備	一式	一式	一式	一式	
■ ダクト設備	一式	一式	一式	一式	一式
■ 換気設備	一式	一式	一式	一式	
□ 排煙設備	一式	一式	一式	一式	
■ 自動制御設備	一式	一式	一式	一式	
□	一式	一式	一式	一式	
衛生設備	一式	一式	一式	一式	
■ 給水設備	一式	一式	一式	一式	
■ 給湯設備	一式	一式	一式	一式	
■ 排水通気設備	一式	一式	一式	一式	
□ ガス設備	一式	一式	一式	一式	
■ 消火設備	一式	一式	一式	一式	
□ 厨房設備	一式	一式	一式	一式	
□ 尿尿浄化槽設備	一式	一式	一式	一式	

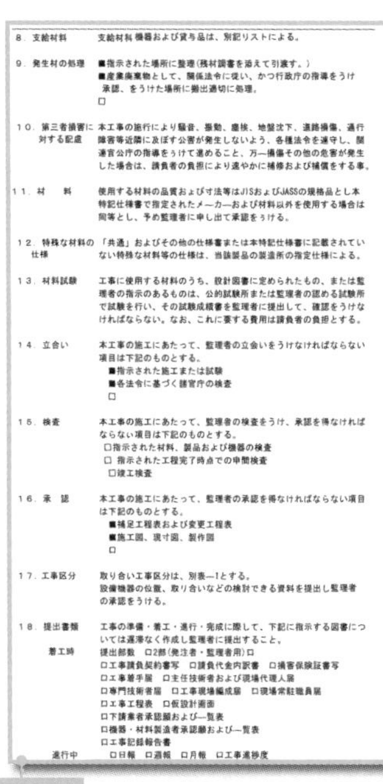

8．支給材料　支給材料 機器および貸与品は、別記リストによる。

9．発生材の処理　■指示された場所に整理（残材調書を添えて引渡す。）
■産業廃棄物として、関係法令に従い、かつ行政庁の指導をうけ承認、をうけた場所に搬出適切に処理。
□

10．第三者損害に対する配慮　本工事の施行により騒音、振動、塵埃、地盤沈下、道路損傷、通行障害等近隣に及ぼす公害が発生しないよう、各種法令を遵守し、関連官公庁の指導をうけて進めること、万一損傷その他の危害が発生した場合は、請負者の負担により速やかに補修および補償をする事。

11．材　料　使用する材料の品質および寸法等はJISおよびJASSの規格品とし本特記仕様書で指定されたメーカーおよび材料以外を使用する場合は同等とし、予め監理者に申し出て承認をうける。

12．特殊な材料の仕様　「共通」およびその他の仕様書または本特記仕様書に記載されていない特殊な材料等の仕様は、当該製品の製造所の指定仕様による。

13．材料試験　工事に使用する材料のうち、設計図書に定められたもの、または監理者の指示のあるものは、公的試験所または監理者の認める試験所で試験を行い、その試験成績書を監理者に提出して、確認をうけなければならない。なお、これに要する費用は請負者の負担とする。

14．立会い　本工事の施工にあたって、監理者の立会いをうけなければならない項目は下記のものとする。
■指示された施工または試験
■各法令に基づく諸官庁の検査
□

15．検査　本工事の施工にあたって、監理者の検査をうけ、承認を得なければならない項目は下記のものとする。
□指示された材料、製品および機器の検査
□ 指示された工程完了時点での中間検査
□竣工検査

16．承　認　本工事の施工にあたって、監理者の承認を得なければならない項目は下記のものとする。
■補足工程表および変更工程表
■施工図、現寸図、製作図
□

17．工事区分　取り合い工事区分は、別表―1とする。
設備機器の位置、取り合いなどの検討できる資料を提出し監理者の承認をうける。

18．提出書類　工事の準備・着工・進行・完成に際して、下記に指示する図書については遅滞なく作成し監理者に提出すること。
着工時　提出部数　□2部（発注者・監理者用）□
□工事請負契約書写　□請負代金内訳書　□損害保険証書写
□工事着手届　□主任技術者および現場代理人届
□専門技術者届　□工事現場編成届　□現場常駐職員届
□工事工程表　□仮設計画面
□下請業者承認願および一覧表
□機器・材料製造者承認願および一覧表
□工事記録報告書
進行中　□日報　□週報　□月報　□工事進捗度

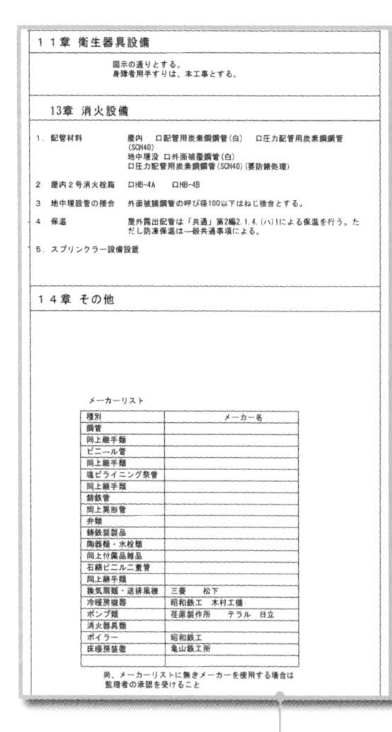

11章 衛生器具設備

図示の通りとする。
身障者用手すりは、本工事とする。

13章 消火設備

1．配管材料　屋内　□配管用炭素鋼鋼管（白）　□圧力配管用炭素鋼鋼管（SCH40）
地中埋没　□外面被覆鋼管（白）
□圧力配管用炭素鋼鋼管（SCH40）（要防錆処理）

2　屋内2号消火栓箱　□HB-4A　□HB-4B

3　地中埋設管の接合　外面被膜鋼管の呼び径100以下はねじ接合とする。

4　保温　屋外露出配管は「共通」第2編2.1.4.（ハ）1による保温を行う。ただし防凍保温は一般共通事項による。

5．スプリンクラー設備設置

14章 その他

メーカーリスト

種別	メーカー名
鋼管	
同上継手類	
ビニール管	
同上継手類	
塩ビライニング鋼管	
同上継手類	
鋳鉄管	
同上異形管	
弁類	
鋳鉄製製品	
陶器類・水栓類	
同上付属品雑品	
石綿ビニル二重管	
同上継手類	
換気扇類・送排風機	三菱　松下
冷暖房機器	昭和鉄工　木村工機
ポンプ類	荏原製作所　テラル　日立
消火器具類	
ボイラー	昭和鉄工
床暖房装置	亀山鉄工所

尚、メーカーリストに無きメーカーを使用する場合は監理者の承認を受けること

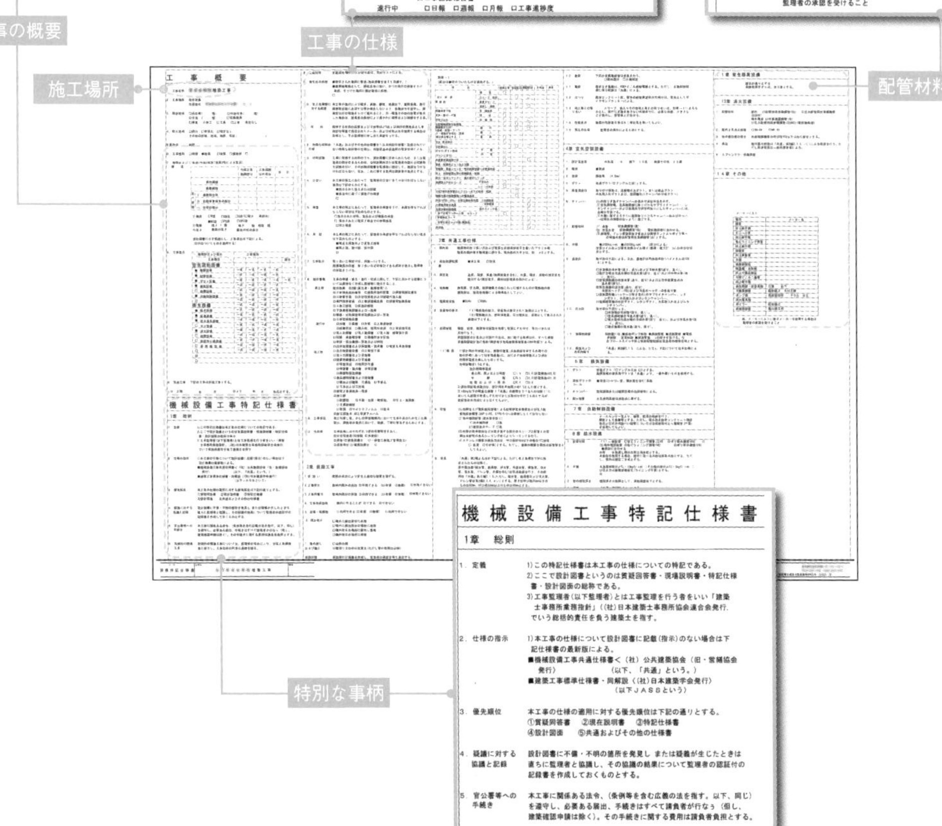

機械設備工事特記仕様書

1章　総則

1．定義　1）この特記仕様書は本工事の仕様についての特記である。
2）ここで設計図書というのは質疑回答書・現場説明書・特記仕様書・設計図面の総称である。
3）工事監理者（以下監理者）とは工事監理を行う者をいい「建築士事務所業務指針」（（社）日本建築士事務所協会連合会発行、でいう総括的責任を負う建築士を指す。

2．仕様の指示　1）本工事の仕様について設計図書に記載（指示）のない場合は下記仕様書の最新版による。
■機械設備工事共通仕様書く（社）公共建築協会（旧・営繕協会発行）（以下、「共通」という。）
■建築工事標準仕様書・同解説（（社）日本建築学会発行）（以下ＪＡＳＳという）

3．優先順位　本工事の仕様の適用に対する優先順位は下記の通りとする。
①質疑回答書　②現在説明書　③特記仕様書
④設計図面　⑤共通およびその他の仕様書

4．疑議に対する協議と記録　設計図書に不備・不明の箇所を発見し または疑義が生じたときは直ちに監理者と協議し、その協議の結果について監理者の認証付の記録書を作成しておくものとする。

5．官公署等への手続き　本工事に関係ある法令、（条例等を含む広義の法を指す。以下、同じ）を遵守し、必要ある届出、手続きはすべて請負者が行なう（但し、建築確認申請は除く）。その手続きに関する費用は請負者負担とする。

6．別契約の関連工事　別契約の関連工事については、監理者の指示により、当該工事関係者と協力し、工事全体の円滑な進捗を図る。

トラブル事例

現場の案内図がメールで送られてきて、それを頼りに現場へ行ってみても目的地になかなか辿り着かないことがあります。忙しいからといって、地図をよく確かめないと、現場に着くのが遅れ、結果的に作業が遅れてしまうこともありますので注意しましょう。

設計図書の読み方②

機器表

機器表には、建物に使う機器の種類、記号、仕様、熱源、動力、設置場所、設置台数、設置方法などを記します。

機器表で、給排水衛生設備の熱源容量(ガス、石油など)、電気の容量、水道の使用容量などがわかります。機器表には、熱源機器、水槽類、ポンプ類など、大きな機器から順番に書いていきます。また、機器表でつけられた記号は、他の図面にも反映されます。

機器の仕様は、容量、形式、機器に出入りする配管管径、出力、入力エネルギーの種類、入力エネルギー量、出力効率などです。その機器に対して据付けるための基礎の大きさや形式、その他に防護処置方法(防護金網など)も記入します。

備考欄には、特定メーカーの指定なども入ることがあります。

器具表

給排水衛生設備の器具表は、建物の衛生器具すべてを記入します。住宅でも、衛生陶器、水栓などをあわせると10種類以上の器具が使われていますが、ビルなどの建築物では、30種類以上の器具が使われています。大便器ひとつをとっても、洋風、和風、身障者、フラッシュバルブ式、ロータンク式など様々なものが使われているので、それぞれの機種を記入しなければいけません。また、衛生器具が使われている部屋名など、使われている場所も記入されます。

器具表に書かれているものは、衛生器具、衛生器具の品番、器具の取付け金物の種類、取り付ける際の接続金物など、衛生器具の取り付けに関する物品が書いてあります。水栓類は、種類(胴長、縦型など)、水栓口径、品番などが書いてあります。

また、仕様が決まっている水栓器具や、汎用品の陶器などJISで定められている品番については、JIS記号で書きますが、メーカーごとに決まっている品番については、品番とメーカー名を記入してあります。大きなものは、ユニットバス、ユニット便所なども記入します。

配置図

配置図は、敷地内のどの位置に建物が建ててあるかを示す図面です。給排水衛生設備の図面には、外部の排水桝、配管が描いてあり、建物内から出る排水から敷地外の公共下水の接続まで、また、給水、ガスの敷地外からの接続位置から建物内までの配管経路、その他、外部にある水栓などの設備が平面的に描かれています。

敷地に、落差のある場合には、詳細見積りができるように深さも記入しなければいけません。

機器表の例

機器番号
機器名称（大きい機器より順番に記入）
備考（特定メーカーの指定など）

H-1	暖房用温水ヒーター	鋳鉄製　真空式　A重油焚きヒーター 定格出力　1,047KW(900,000Kcal/h)　流量60,000L/h 伝熱面積　12.87m²・燃料消費量　A重油　100.1L/h オイルプレヒーター　1.00KW　バーナーモーター　1.5	CVM-8003（昭和鉄工） 同等品	外部ボイラー室
H-2	給湯用温水ヒーター	鋳鉄製　真空式　A重油焚きヒーター 定格出力　349KW(300,000Kcal/h)　流量20,000L/h) 伝熱面積　5.26m²・燃料消費量　A重油　37.5L/h オイルプレヒーター　0.25KW　バーナーモーター　0.75KW	CVM-3003（昭和鉄工） 同等品	外部ボイラー室
ST-1	温水貯湯槽	ステンレス(SUS444) 製　貯湯容量2,500 L 所要循環量　108l/min1,200d×1591L×2946H	WT-40SV（昭和鉄工） 同等品	外部ボイラー室
OT	オイルタンク	貯油量　60,000 l　3400¢×6000 エポキシ樹脂保護コーティング	（亀山鉄工所） 同等品	外部
EXT-1	膨張タンク	密閉式		外部ボイラー室
EXT-2	膨張タンク	密閉式		外部ボイラー室
P-1	温水循環ポンプ	ラインポンプ 80¢×1000L×15m×３相3.7KW	80LPD53.7A（エバラ） 同等品	外部ボイラー室
P-2	給湯循環ポンプ	ラインポンプ 50¢×320L×15m×３相2.2KW	50LPD52.2A（エバラ） 同等品	外部ボイラー室
PC-1	天井埋込エアハンドリングユニット	加熱能力　35.0KW　風量　3340CMH　水量　48L/min ３相　1.5KW	CR3-50E2Z10（木村工機） 同等品	１階天井内
PC-2	天井埋込エアハンドリングユニット	加熱能力　25.0KW　風量　2525CMH　水量　31L/min ３相　1.5KW	CR3-40E2Z10（木村工機） 同等品	２，３階天井内
FC-1	天井露出型ファンコンベクター	加熱能力　2.10KW　風量　4.0CMM　水量　2.6L/min 単相　37W	CS-11N2（昭和鉄工） 同等品	各部屋
FC-2	天井露出型ファンコンベクター	加熱能力　3.3KW　風量　5.5CMM　水量　4.7L/min 単相　38W	CS-21N2（昭和鉄工） 同等品	各部屋

仕様（容量・形式など）
設置場所

器具表の例

器具名は建物で使用している衛生器具すべてを記入する。

器具名	場所／仕様	1階 男子 便所	男子 身障者用便所	男子 洗面所	男子 職員便所	男子 汚物処理室	男子 掃除用具	女子 便所	女子 身障者用便所	女子 洗面所	女子 洗濯室	隔離室	診察室
洋風大便器	C48　TV750LR　TC252N　金物一式 紙巻き器その他付属品一式	6			1			7					
洋風大便器	C48AS　TV750LR　TC271N　金物一式 紙巻き器その他付属品一式		1						1				
洋風大便器	C770BH　S770B　TS770SNF　金物一式 紙巻き器その他付属品一式												
小便器	U308H　ヒーター付　T60PF　T62-16　金物一式	4											
手洗い器	L812　TL812-1P　その他金物一式				1								
洗面器	L221　TL2FFPX　その他金物一式 シングルレバーハンドル							1					
身障者用洗面器	L103CFG　TL105AGQ　その他金物一式 シングルレバーハンドル		1						1				
掃除流し	SK22A　金物一式						1	1					
汚物流し	SK33　TV150NSN　T130AR13　その他金物一式					1							
洗濯機パン	PW640　TW245X1X　その他金物一式			4							2		
便器パン	PT200　押しボタンフラッシュバルブ 押しボタン２カ所　T130AR13											6	
化粧鏡	TS119ASR3	3						3					
混合水洗	TMJ40ARX　手洗い用混合水栓	3		7		1		2		7			1

設置場所は、部屋名など細かく記入する。

トラブル事例

以前、機器表に建物に入らないくらい大きなものが指定してあることがありました。このときは、2台の機械をひとつにまとめて書いたとのことですが、機器表に必ず台数分記入しなければいけません。

設計図書の読み方③

系統図

系統図は、衛生配管の入り口から出口までを断面的に描いた図面で、主に建物の縦関係における上下のつながりを示します。通常、1枚の図面に描きますが、大きな物件だと、給水・給湯系統と排水系統に分けて書くことがあります。

系統図（給水・給湯系統）

給水系統ですと、給水立て管は、元が太く、末端に行くに従って細くなります。各階、配管の太さが変わったところで配管の太さを記入します。シャフトの入っている配管は、元からシャフトまでの横引管と、シャフト内の配管、シャフトから横引管に行く手前のバルブまでを、または、横引管にいくところまでを描きます。

系統図で表したいことは、配管の縦関係と立て管の口径および長さなので、横引き管など末端に近い便所などに入る配管は基本的には記入しません。図の縮尺は記入しないので、寸法は測れませんが、建物の階数の確認や各階の配管の展開がわかります。

系統図（排水系統）

排水系統は、排水横枝管から排水立て管に入る場所から、採集桝、公共下水道桝までの縦管系統が書いてあります。

排水系統は通気管も含みますので、通気管の高さ関係や位置もわかるようになっています。排水管では、最上階の配管はすべてが通気管になるのが普通です。

排水立て管の管径は、下から上まで同じ太さですので、最下階のところと最上部のところに配管管径を記入します。

なお、給水管と排水管を同じひとつの図面で描くときは、配管管径は、給水立て管に従って記入します。

系統図の示すもの

系統図からは建物の縦関係がわかるということは前述しましたが、その他、地盤面からの建物の高さ、階と階の間の高さ、床から天井の高さ、天井内の高さもわかります。

これらの情報を基に、給排水衛生設備の系統図からシャフトの本数や、立て管がシャフト内か、シャフト外か、または露出配管かがわかります。加えて、立て管の貫通箇所や個数などもわかります。また、建物内のバルブの仕切り方から給排水衛生設備のゾーニング、設計の思想なども読み取れます。

系統図には縮尺は表示しませんが、通常、1/100、1/200の縮尺で書かれることが多く、立て管の配管管径が変わらない基準階を抜いて書くこともあります。

系統図の基本は、横のスケールは見やすく、縦の関係は寸法を追えるように描くことが基本的な考え方です。

系統図の例

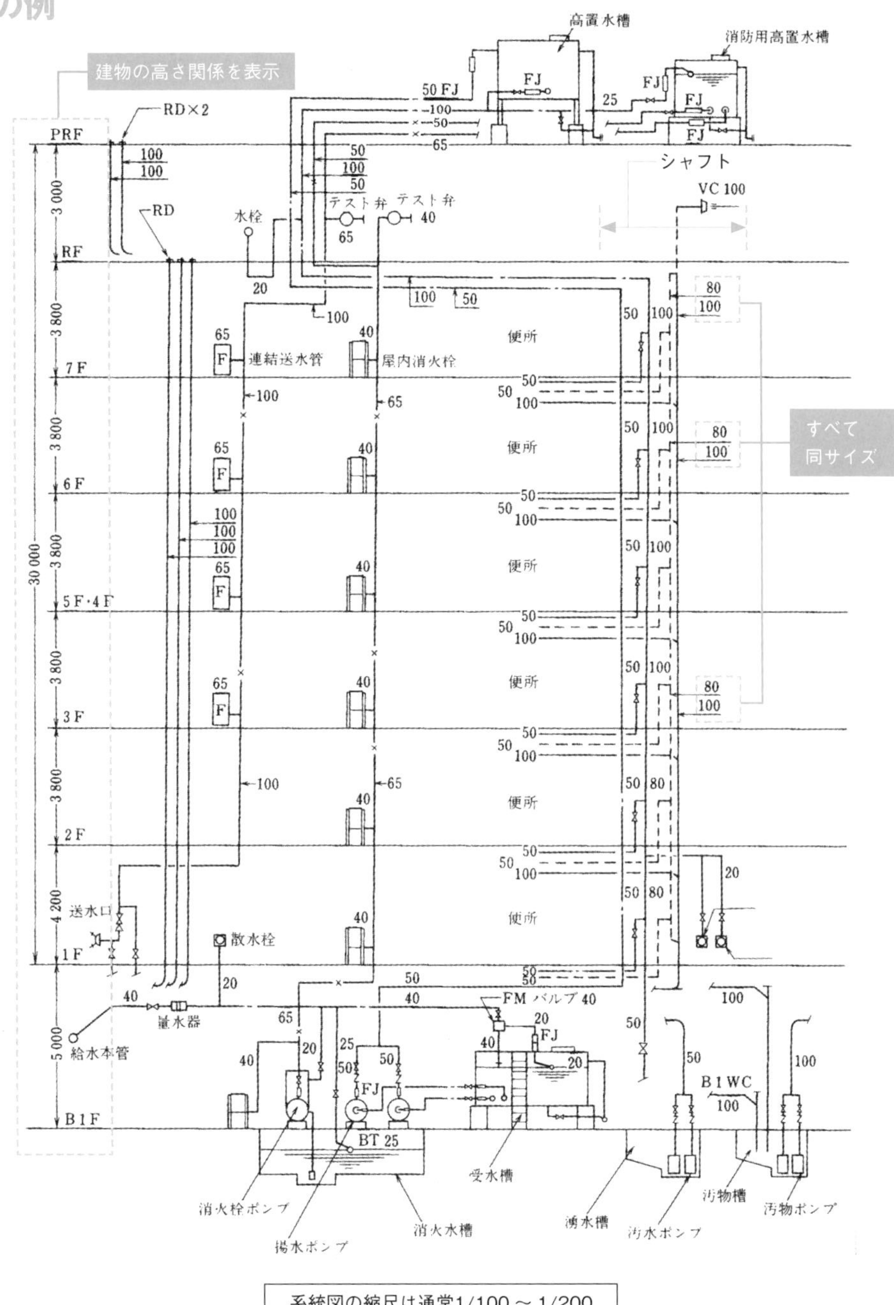

系統図の縮尺は通常1/100 ～ 1/200

トラブル事例

系統図は、建物にあわせてバランスよく書いていけばいいのですが、屋上と地下の機械室周りは、ボリュームが多く、だんだん基準階の幅が小さくなってきます。そこに、給水、給湯、雑排水、汚水、通気の横線が入り、バルブを記入すると、階の幅全部にまたがって書いてある系統図ができてしまいます。

設計図書の読み方④

各階平面図

給排水衛生設備の平面図は、その階の下の天井内の配管を書いてある「見下げ図」になっています。

最初に、通り心(とおりしん)といって、基準の線が縦、横一点鎖線で引かれます。設備図の場合は、この通り心を濃く、建築関連の柱や間仕切りを薄く書き、設備の部分においては、機器、器具、配管などを濃く書きます。

配管は、給水、給湯、排水などの線に記号をつけて描いていきます。この記号は、系統図、詳細図などすべての図面に対して共通です。

すべての機器や排水桝から器具まで、どの場所に配管するかが示されます。また、すべての配管径が同じ線で示され、配管径が記入されます。

実際に上から見ると重なって見ることができない配管も、平面図では、何本も並べて描くことができます。

一方で、同じ線の太さで描いてあっても、反対に20㎜の線と500㎜の線が何本も平行に描いてあっても、実際には、同じ間隔、同じ高さで配管しているわけではないので、高さの違いはわかりません。

また、平面図では、立て管は、60度の角度で描きます。

見下げ図・見上げ図

建築平面図は、各階の間仕切りが描いてあり、図面に書かれている階にいれば、図面のとおりに間仕切りや建具があります。

建築の場合、床から人の目の高さの辺り(1.2m程度)までで切って書きます。衛生設備図は、通常、配管は床下になりますので、床下の間仕切り、梁なども点線で記入します。

配管は、「見下げ図」で、平面図に書かれた階の床下を見れば、その下の階の配管がわかります。

一方、天井の図面や空調の図面、電気の照明器具の図面は、目の高さよりも上にあるので、「見上げ図」となります。

給排水・衛生設備図の基本は、見下げ図なのに対して、空調・電気設備の設備図は見上げ図が基本です。仮に、ビル管理で不具合が生じた場合に、その階の給排水衛生設備図を持っていって調べてみても、配管がないことがあるので注意が必要です。

設備においても、電気・空調は1つの階で処理できますが、衛生設備の場合は、2つの階にまたがるので、配管図を書くときは、頭の中で立体的に考えないと、図面を描くことができません。

見下げ図と見上げ図

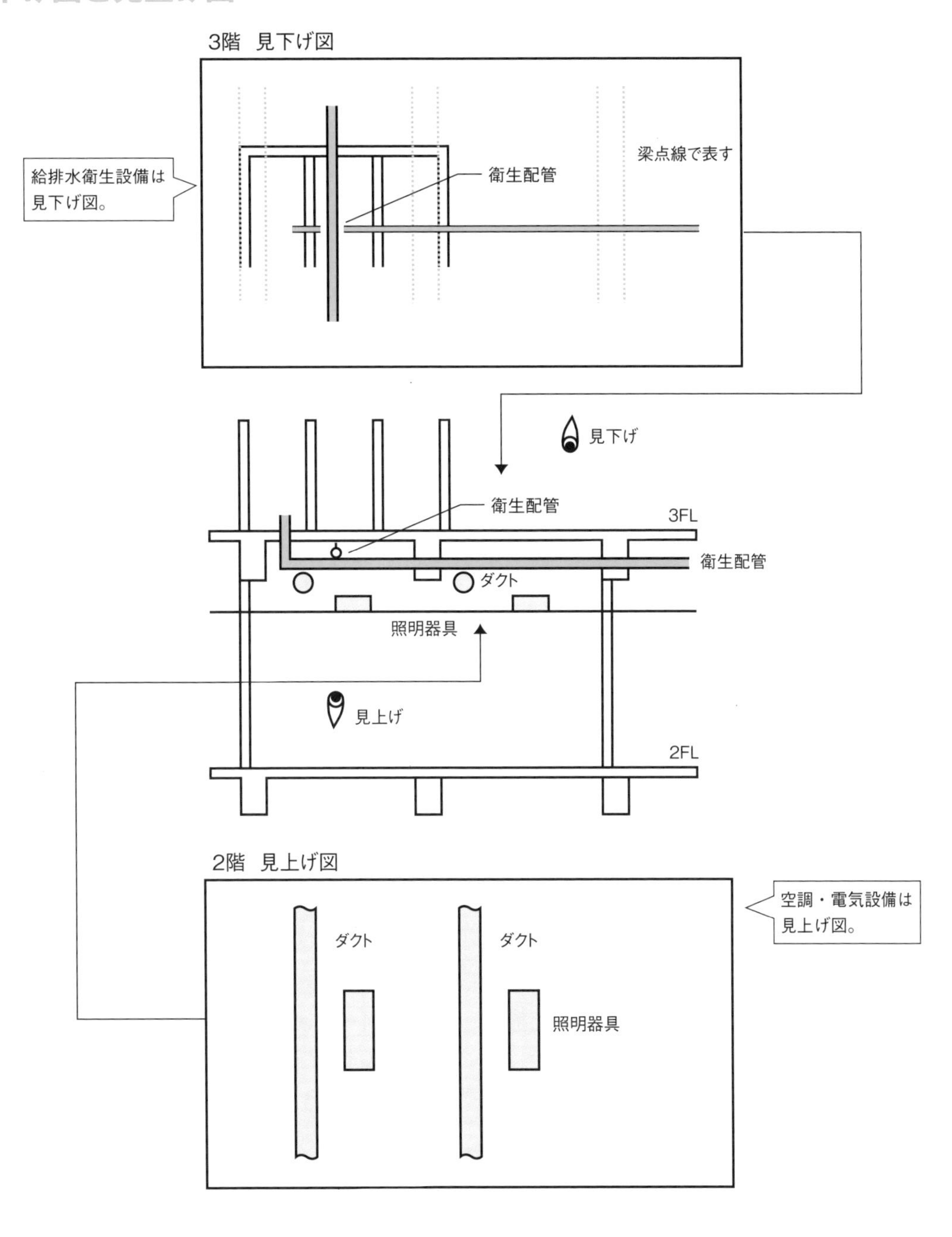

トラブル事例

衛生設備図を描いていると、下の階の間仕切りと上の階の間仕切りの区別が付かなくなるときがあります。特に、通気管は天井配管になることがあるので、現場で間違いに気がついたことがあります。

設計図書の読み方⑤

詳細図

設計図で描かれる詳細図は、機械室、便所、厨房、水槽周りなど、配管が平面図では、何重にも重なってしまって表現しきれない図面を描きます。

機械室・水槽周り詳細図

衛生設備配管は、建物内ではほとんど人の目に触れずに、シャフト内や天井内に入っています。

衛生設備の配管を表で見ることができるのは、機械室や水槽周りです。衛生設備設計者が、配管をアピールできるのは機械室ですし、高置水槽周りは外部に露出され、目に触れますので、より力を入れて配管図を描いてあることもあります。

詳細図には、様々な配管があるため、クロスコネクションを起こさないように注意を促すための配管図や、配管の指示の方法などまでを細かく書き入れ、防振、耐震の方法なども書き入れます。

また、機械、機器などが部屋の中に納まり、配管ができるためのスペースを確保できるかを検討するための図面でもあります。

便所詳細図

便所詳細図は、便所内、外の器具の位置や配置、器具と器具の間の配管方法などが書かれています。器具と器具の間の配管では、管径が変わるため、配管の分岐のところは、配管管径を記入しますが、1/50の図面であっても、文字の量は相当なボリュームになります。便所内の床下、床上、天井内に入る配管すべてが描いてありますので、床上、天井内の配管は横にどこにある配管かを記入します。

厨房配管図

厨房内は、厨房器具から給水、排水、ガスなどの配管接続が必要な器具がほとんどです。

配管がしやすいように、厨房機器が並んでいるわけではなく、厨房内で働きやすいように配置してあるため、厨房機器は厨房の中心にあることがあります。厨房内に配管をするためには、厨房床下に配管できるスペースが必要です。通常、厨房内は、床が上がっているか、もしくは躯体が下がっていて、防水してあり、100㎜～150㎜のシンダーコンクリートを打設し、そこに排水側溝をつくり、厨房器具から側溝まで配管します。給水、給湯、ガス管は、シンダーの中に配管をしてコンクリートで埋めますので、配管経路を短く、分岐の少ない配管をコンクリート内で、配管の接続箇所で配管の漏れ事故などがないように、注意をして描きます。便所と同様に、天井内、床上配管は配管の横に括弧して、天井内、床上配管と書き入れます。

便所詳細図の例

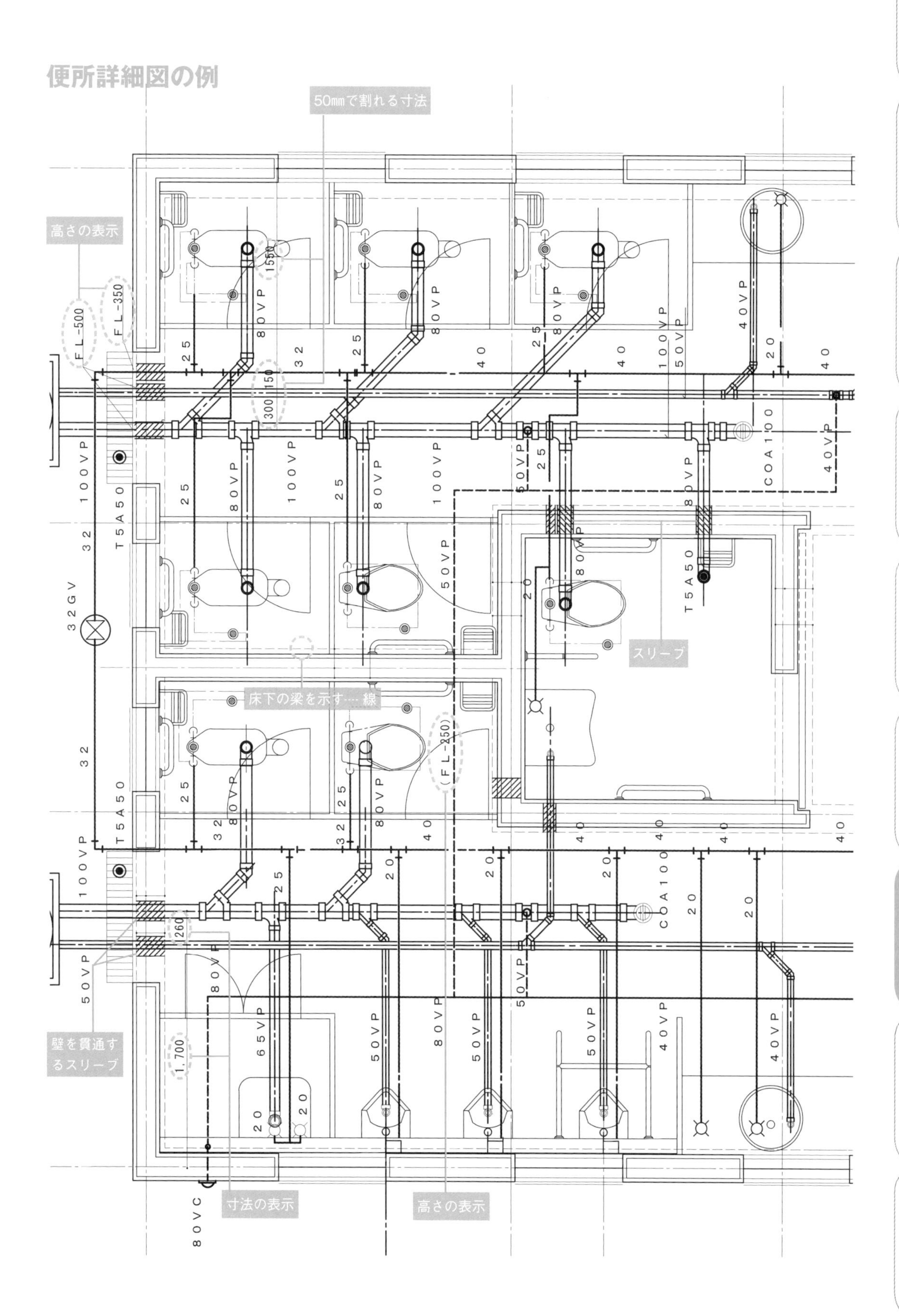

施工図・竣工図の読み方

施工図

施工者(施工管理者)と、施工する作業員や職人が図面通りに施工できるように書くのが施工図です。基本的に、施工図1枚で施工場所が理解でき、建築の躯体からの寸法、他の設備からの離隔、配管の施工方法や位置などがわかります。

施工図は、施工者が書きます。施工図を作成するにあたり、図面は衛生設計図だけでなく、建築、電気、空調など、他の職種の設計図や建築躯体図が必要です。

施工図は、施工者が作業員や職人に対する図面ですが、施主や現場監理者に対しても了解を得て、施主から現場の職人まで共通の理解を得ることができる図面です。

施工図には、現場の進行具合により、いろいろな図面があります。たとえば、型枠をつくっている時期に、配管図を渡しても何もわかりません。その際には、スリーブ図(配管を吊るす部分や配管を通す貫通穴の位置などを記した図面)を渡します。

配管前の準備段階においても、設備の施工が始まると同時に施工図が必要になります。現場管理をする施工管理者は、現場が始まる前から設計図を検討し、実施現場設計図を作成し、施工方法を検討し、配管経路を決め、施工図面を作成して施工します。

この施工図に基づき、現場作業員や職人が現場をつくっていきます。現場の施工が終わると、施工図でチェックをするので、チェックのしやすい図面も施工図には要求されます。

寸法を現場で計算して出すような図面は間違いの元になりますので、計算しなくていい寸法を的確に書くのも、施工図を書く技量のひとつになります。

竣工図

竣工図は、建物の工事が完成した後、施工中に発生した設計変更などを図面上でも修正する図面で、施工者が作成します。

基本的に竣工図は、設計図を訂正したものを竣工図とすることが多いのですが、設計図と施工が大幅に違うところがある場合は、竣工図は設計図とは別に新たに書かなければなりません。

ただ、注意したいのは、竣工図はあくまで契約に基づいた図面であり、現地と設計仕様があってさえいればいい図面です。したがって、必ずしも竣工図と現地の位置があっているわけではありません。

たとえば、上から見てみると、配管が重なっていても、平面図である竣工図には、横に並べて書くために、実際の現地とは違うところが出てきます。

便所施工図の例

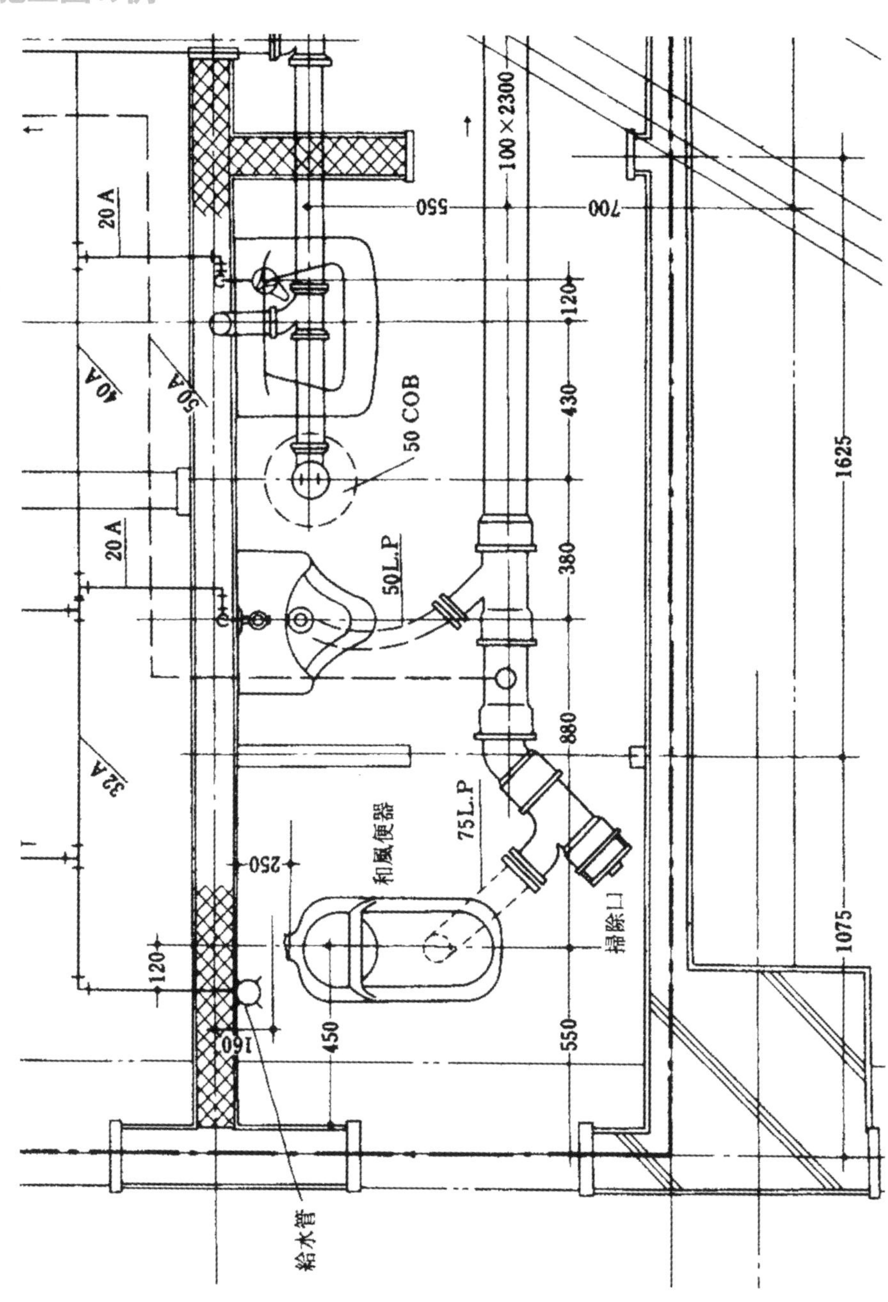

施工図は設計図よりも、寸法、上下関係、配管位置など、施工に必要な情報がくわしく書いてある。言い換えれば設計図だけでは施工をすることができず、設計図で不十分なところを補った図面である。

管理図の読み方

管理図とは

建物が竣工すれば、建物の維持管理をしていかなければいけません。

ここからは、ビル管理の部分なので、ビル管理がしやすいような図面に、設計図や施工図など、設計事務所や施工会社が作成した図面を書き換えていきます。

基本的には設計図や竣工図のままですが、機器の位置や、配管の位置が一致しないところも出てくるので、現場に合わせた整合性を持たせ、書き換える作業が必要になります。

ビル管理の目的は、一次対応といって、建物の中で不具合が生じた際、建物の使用者が設備を使うことができなくなった際の応急処置をして、的確な業者に依頼する仕事です。

応急処置をするにも、給水などは最小の範囲で、水を止めるにはどこのバルブを止めればいいか、また、バルブを止めて影響のある場所には、使用者に告知をしなければならず、どの範囲で水が止まっているかを把握しなければならないため、管理図が必要になります。

管理図は、現場と一致した配管が書いていなければ何の役にも立ちませんので、現場と照合しながら作成していきます。施工図があれば、管理図に施工図のある場所、施工図面の番号などを書き入れます。

管理図の作成

配管は、種別(給水、給湯など)ごとに配管図の上に色分けして記入します。配管の位置が違うところは、鉛筆で訂正して、もともとの設計の思想がわかるようにします。

また、配管の管種が記入され、特定施工業者が指定されている場合もあるため、特記仕様書も管理には必要になります。

施工区分といって、建築・電気・設備・空調の区分で、誰でも、この工事がどこの施工でやるのかわかる部分はありますが、施工してもいい部分はどこか、設備にまつわる電気工事(たとえば、水槽の電極設置など)はどこの施工でするのか、しきりを決めてあるのも、特記仕様書に書いてある重要な部分です。

施工区分表には、施工した業者が記してあるため、建物で不具合で起きたときに、どこの業者を呼べばいいかすぐにわかります。

現状では、給水管が、空調工事である空調機器につながっていたりしますが、配管のどこかで、衛生工事と空調工事の仕切りがあります。

図面においては、衛生工事の給水管が途中で切れてしまいますので、空調工事の仕事とわかるようにする必要があります。その場合、給水管の先を点線で書いて、「以降空調工事」と書いておきます。

管理図の例

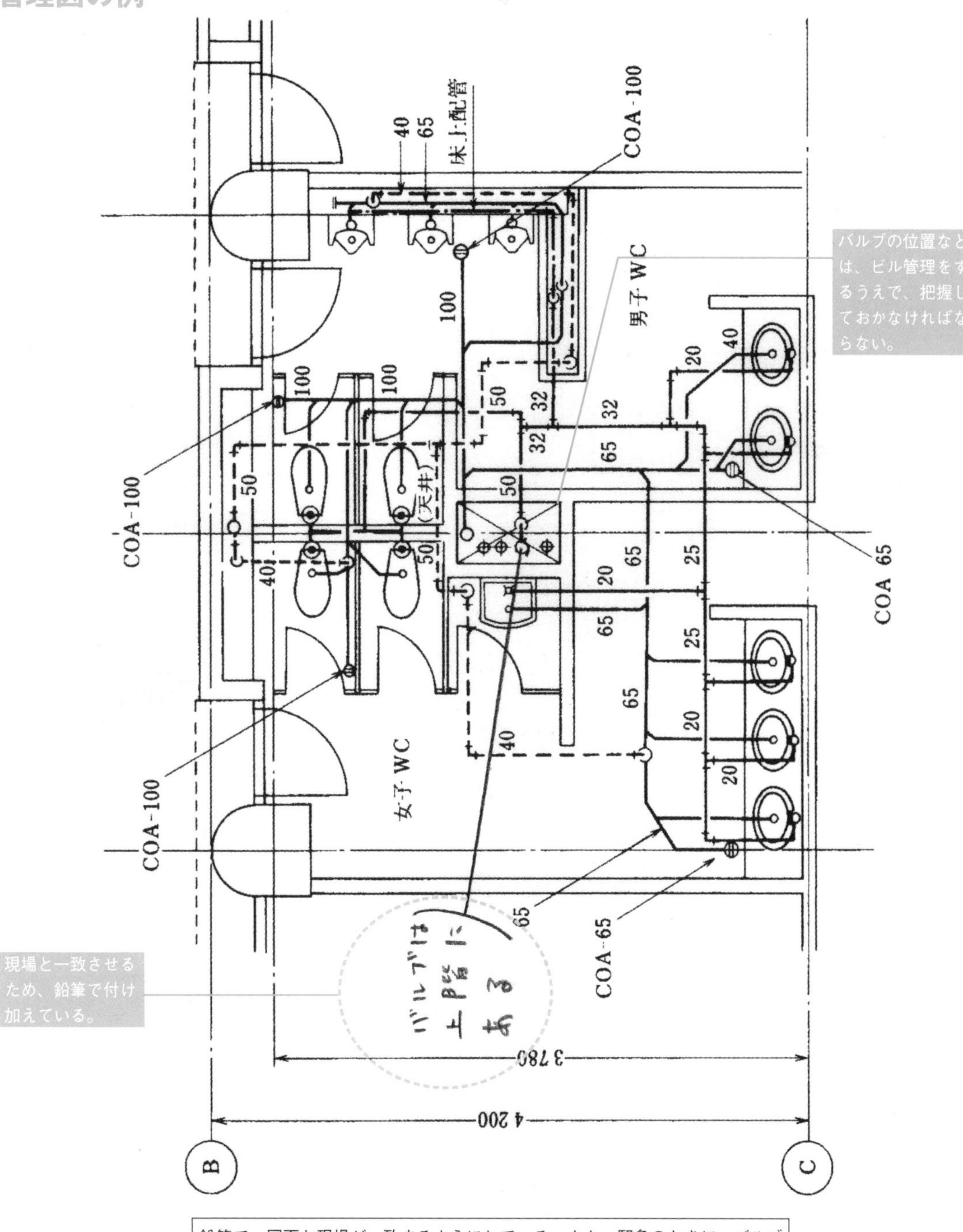

鉛筆で、図面と現場が一致するようにしている。また、緊急のときに、バルブの位置がわかるようになっている。管理図は、設計図や施工図の上に、後で書き足してビル管理用として活用する。

トラブル事例

配管を色分けした管理図が何年も経つと、劣化してよごれてしまい、何が書いてあるのかわからなくなってしまうことがあります。昔書いた配管図で、問題があったところに油性ペンで記したものがありますが、にじんで配管が見えなくなっていました。図面は丁寧に書かないといけません。

図面はいつから

設計図、施工図を書く際は、以前は製図板の上で鉛筆で書いていましたが、今はパソコン上で、CADのソフトを用いて書いています。私も、設計図、施工図は、以前は製図板で書いていました。

私が若いころ、現場に職人が入っているときは、製図をする時間は、午後５時過ぎから始まり、終電の電車に間に合うようにして帰ったものです。実は、この習慣がいまだに続いていまして、設計を始めるときは、午後５時過ぎからです。昼間は、気が散って設計できないのです。

設備の図面は、建築の「平面」と「通り心」は裏に書きます。それが終わると、表にして配管図を描き始めます。「裏トレース」といいますが、躯体図の裏トレースはできますが、便所や機械室詳細は、元々なく、裏に書くので、頭の中で反転させて書きます。トレーシングペーパーの上に書くので、両面から書いて、青焼きをすると、躯体図の上に配管図が乗っているように見えます。

もし、躯体や建築図が途中で変更になると、裏、表すべて訂正になります。

設備の図面は、建築と機械の製図の中間で、どちらかというと、建築図面に近いと感じています。

Part 8

設計施工

給排水衛生設備の工事では、普段目にすることのない配管を扱います。このパートでは、配管の種類やつなぎ方、配管方法などについてくわしく解説します。

設備工事の施工と仮設

施工

給排水衛生設備の施工は工事着工の前段階、解体工事や仮設工事の段階から始まります。建築現場には仮設工事としての現場事務所が建つことがありますので、その設備工事から始まるわけです。建築工事を元請けとして請け負った施工業者の協力業者として、設備工事を担当するわけで、全ての工程に責任を持つ元請けの工程に従って延滞なく工事を進める義務があります。

全ての工事は「段取り八分、仕事二分」といわれるように準備段階が重要で、設備の施工管理者は元請けの現場担当者との綿密な打ち合わせの上で工事を進めます。

全工程の最終段階において、衛生設備工事としての手洗い器、洗面器、鏡やペーパーホルダーの取り付けがあり、それらの取り付け、試運転検査の立ち会い、建て主側への機器の使用説明まで、現場の仕事が終わっても、メンテナンス等その業務は続きます。

設備工事の施工を遂行するに当たって、施主側の設計事務所や元請け施工業者と作業員との間で共通のコミュニケーションを取るには熟練と経験が必要です。

施工計画書や施工図に精通するのは無論、それらを基に、他業種との整合を図り、時に変更を加え、工程を組み、実際の工事を行います。

仮設の給排水管

建築工事は、既存建物の解体工事から始まります。給排水衛生設備においては、解体する建物の給水、ガス停止、および撤去が最初の作業となります。また、解体工事による埃などが散らないように、水をかけながら解体することが多々あるため、仮設の給水、作業員の手洗いや、便所などの仮設工事が必要となります。

解体が終わると、根切り工事が始まります。土中の水(湧水)が出て来ることもあり、その排水のための配管が必要です。建築の工事の進捗に伴い、仮設の休憩所、事務所などの仮設洗面所、便所、シャワー室などの工事も時には必要となります。工事によっては、仮設の事務所などの移動があったりもします。

建築工事が終了近くなると、本設器具の使用はできませんが、配管などは一部使用しながら仮設をつくり使用します。建築工事終了間際には、仮設の撤去があり、本設器具の取り付けがあります。

建築工事に伴う工事は、全て建築主体で行いますが、仮設工事としての足場などは、どの業種とも共有し使うものです。時に、共有の足場では使い勝手状無理がある場合に、設備の仮設工事として専用の足場を組むこともあります。他業種と、上下作業になる場合もあり、段取りよく、打ち合わせを密にしながら、現場での工事を進めてゆきます。

総合仮設計画図の例

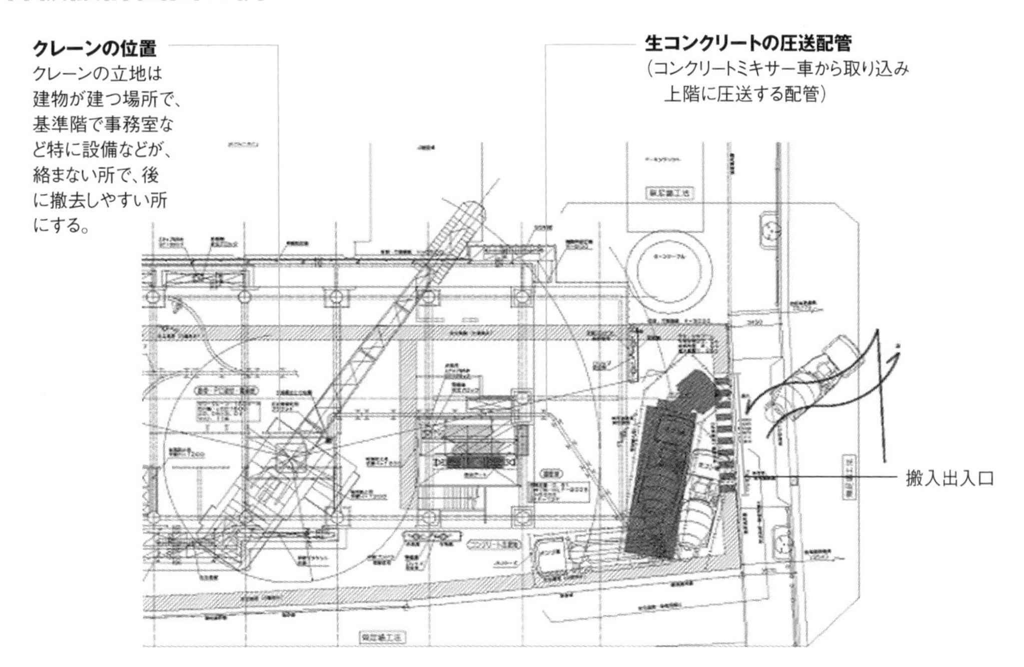

仮設工事の内容表

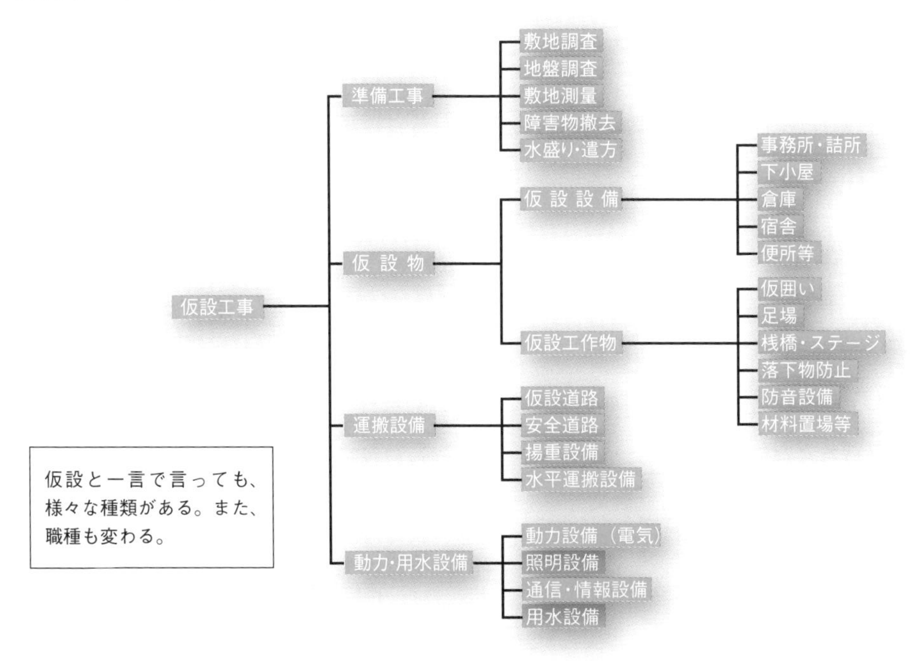

ワンポイントアドバイス

建築工事は、段取りが重要です。大きな現場ですと日常的にいくつもの業種で、作業員が100人を超えて入ります。作業工程を間違えますと、現場での仕事が進まなかったり、手戻りが発生したりします。各業種を含めての定期的な現場定例会なくしては工事は進みません。

ピット内の作業

ピット内を有効利用

建物の地下階の下には、建築工事による耐圧版と地中梁に囲まれたピットがあります。構造的な意味合いから生じる、居室にはなり得ない空間です。設備工事としては、この空間を有効利用することを考え利用します。

ピットの位置が地下水位より低い場所だと、ピット内に湧水が発生し溜まります。ピット内に侵入した地下水(時に雨水)対策が必要で、地中梁や壁に連通管(れんつうかん)という、水抜きパイプを設置し、コンクリートで囲まれた部分から湧水を釜場(かまば)といわれる地下の基礎部分に設ける井戸のような場所一か所に集め排水します。腐食せず、地中梁のコンクリートで押しつぶされないVP管50㎜程度を、3本程度ずつピット間の地中梁に埋め込みます。VP管はコンクリート打設前に型枠の中に入れるので、梁の鉄筋が組み上がり、型枠で塞がれる前に設置しなくてはなりません。鉄筋職と型枠大工職との作業工程の打ち合わせが不可欠で、それぞれの工程を把握しておく必要があります。

ピット内配管作業

ピット内部は配管スペースとしても利用されます。コンクリートが打ち上がってから配管工事が行われます。ピットへは建築工事で取り付けられたマンホールを利用しますが、マンホール設置場所は設備配管やピットに置かれる機器との関係で位置を決めるのが普通です。建築の現場管理者や設備設計者との打ち合わせの上、適切な位置を決めておきます。

人が出入りできるものであれば45㎝以上のものをつけます。ピットには汚水槽、消火水槽などが設置されることもあり、その場合には、汚水槽の水中ポンプ、消火水槽には消火ポンプ等々の搬出入に支障のないものが必要です。

注意すべきは、ピット内の配管のために長物を搬入するときに、入り口45㎝のマンホールですので、必要配管材がピットの壁や床にあたり、入らないことがあります。図面に描かれたように簡単には配管できないことが多く、定尺の長さの配管を短く切って、接続しながらの配管をしなければならないことがあり、注意が必要です。

加えて、ピット内は湿気が高く、酸素も欠乏状態になっていることがありますので、酸欠作業主任者を置いての作業となります。作業前に酸素濃度を測定して作業します。酸欠による死亡事故を起こさないよう十分な配慮が必要で、ピット内作業は、送風機に送風ホースをつけてピット内に空気を送り、作業中は酸欠状態にならないよう注意が必要です。ピット内の作業は、基本的には2名以上の作業員と、ピット外で1名監視をしながら作業を進めます。規定通り行えば、決して危険な作業ではありません。

ピット図の例

〔平面図〕

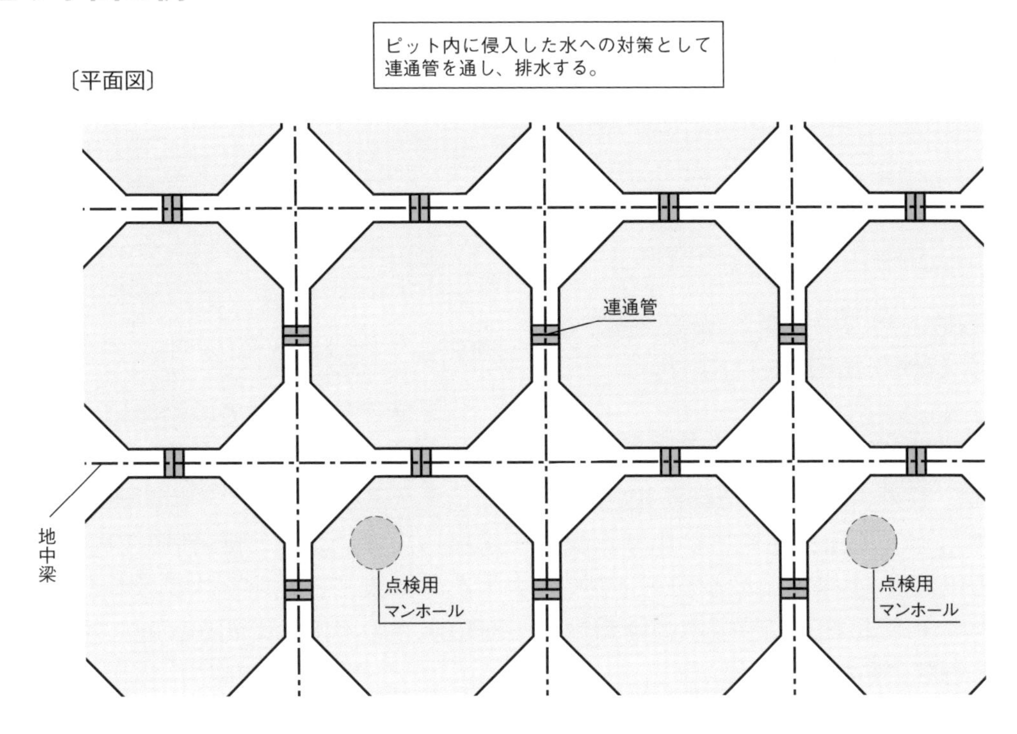

〔断面図〕

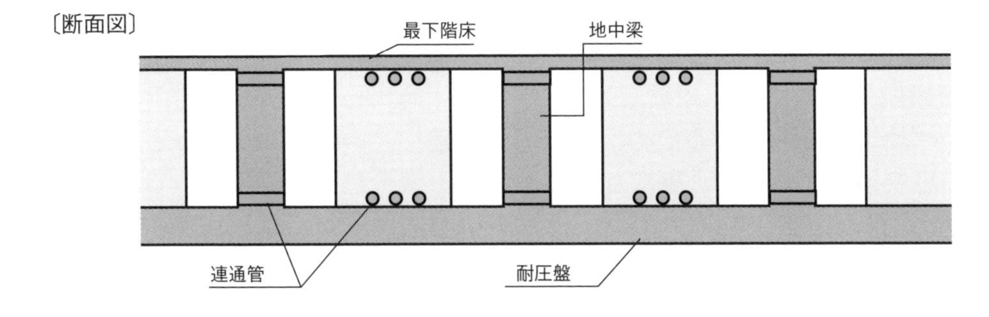

ワンポイントアドバイス

鉄筋コンクリートや鉄骨造のビルになりますと、地下階下部に大なり小なりのピットがあるものです。その空間を有効利用できるのは設備関連の機器や配管です。地中梁の梁背が高くなれば、人が入れるスペースになり、設備配管などには有効利用できます。

給水管の接続

給水管の種類

給水管は、ビニール管、鋼管、銅管、ステンレス管などが使用されます。

ビニール管(硬質塩化ビニール管・VP)

VP管は、切断、接合ともに容易なため、仮設工事などでも重宝されています。腐食しないので、土中、コンクリート内、ピット内にも使われています。耐衝撃性ビニール管などもあります。

切断には、のこぎり、高速カッターなどが使われます。接合は、一般に、TS接合といって、継手にテーパー（少しずつ細くなっていること)が切ってあり、塩化ビニール管の膨潤性と弾力性を利用して接着剤をつけて差し込み、接続します。差し込めば簡単に接合できるため、接着剤を使い忘れることもあり、事故が起きないように注意が必要です。

鋼管・ねじ込み接合

鋼管の接続は、継手がいろいろあり、ねじ込み継手、メカニカル継手などいろいろあります。一般的にはねじ込み継手を使用しています。配管の切断は、電動のこぎりなどを使用します。高速カッターなどを使ったときは、配管内外の、切りくずを十分に取り除く必要があります。ねじ込み接合は、鋼管にねじを切りますので、ねじ切り旋盤を使用します。ねじを切った後、切りくずや油分を十分ふき取って、シール剤をつけてねじ込み、接合します。

鋼管・溶接接合

溶接継手を使用して、溶接接合する鋼管もあります。加工管と呼ばれ、現場で加工指示書を作成し、工場で配管を切断、溶接します。配管の接合は、フランジ継手を付けます。現場ではフランジを接合をしますので接合時間を大幅に短縮できるメリットがあります。

銅管

銅管は、給水管の場合は半田接合をします。銅管をパイプカッターで切断し、面取りをして、道具を使って真円にします。清掃して、フラックスを塗り、配管を差し込み、バーナーなどで半田を流し込み接合します。他に、フレアー接合といって、配管の端部にナット、袋ナットを入れて銅管を広げて配管をあわせ、ナットを締め付けて接合する場合もあり、給水では洗面器の止水栓と給水栓の間の接合などに使われます。

ステンレス管

給水用のステンレス管の切断はパイプカッター、高速カッターなどを使います。ステンレス鋼管は硬く、通常の鋼管より薄く、ねじが切れませんので、継手にオーリングをつけ差し込み、プレスして接合します。

銅管の接続例

コア内臓形A（ゴムリングタイプ）

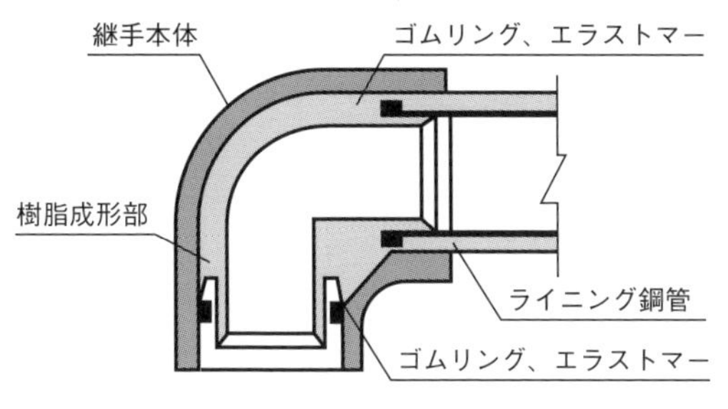

コア内臓形A（シーラントタイプ）

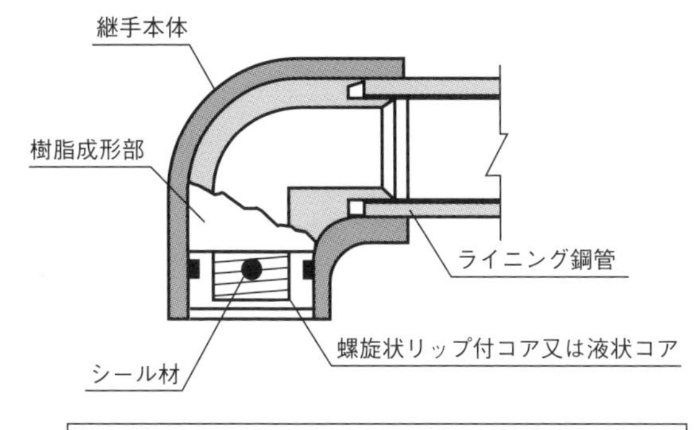

防食（防錆）のため、管の端部にコアというプラスチックの輪をつけて、金属部が液体に触れないようにする。継手も、内部、外部とも樹脂で覆っている。

銅管の接続例

差込接合

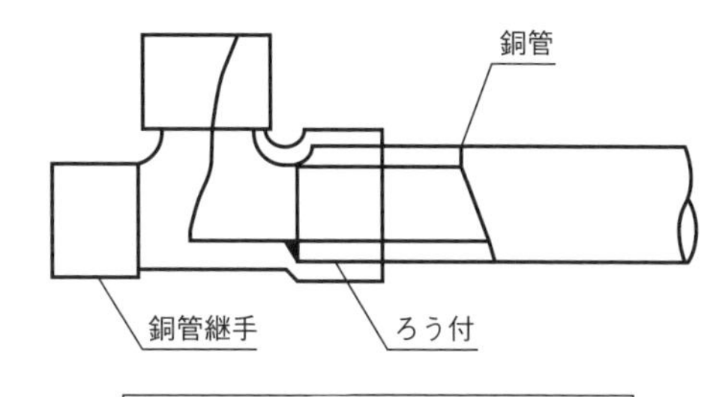

差し込み、半田を流し込んで接続する。

ステンレス管の接続例

食い込み継手

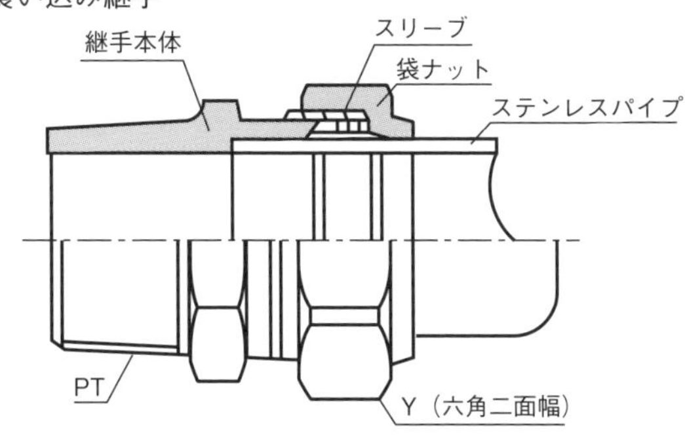

ステンレスパイプを差し込み、食い込ませて接続する。

プレス継手

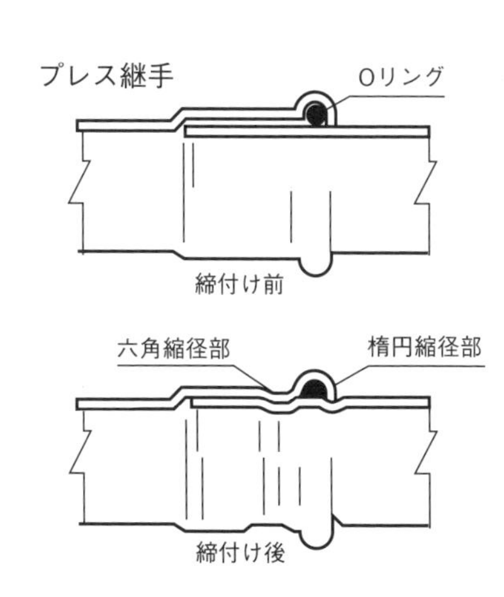

ステンレスパイプを継手に差し込み、継手の周りから圧力をかけて、かしめて接続する。

ワンポイントアドバイス

給水配管材の接続や継手ですが、材質により各種の方法が取られています。ネジを切って差し込む、テーパーを切って接着する、工場で溶接を施し、現場では短時間に接続できるようにする等、長物で現場に入ってくる給水管の組み込み方を知っておきましょう。

排水管の接続

排水管の接合

排水配管は、給水配管と違い勾配が必要ですので、配管の接合部、継手の部分で角度を持たせて配管するのが一般的です。直径の大きい排水管を曲げることは困難で、曲げて使うことはありません。

硬質塩化ビニール管

排水に使う硬質塩化ビニル管(VU管)には、直径に合わせた各種継手が用意されており、設置箇所の状況に合わせて適切な角度の物を使用します。

鋼管

鋼管による排水管の接続は、ねじ込みの継手が普通であり、角度の付いた各種鋼管の継手にねじ込んで接続し、配管の方向や角度を調整します。他に可撓性を持たせたメカニカル継手という、パッキンを入れ、押し輪とともにフランジで締め付けて接続する特殊な構造の物も使われます。鋼管排水継手には可撓性があり、勾配などがつけやすいものが多いのが特徴です。

鋳鉄管

鋳鉄管の切断は、電動のこぎりを使用します。接続は鋳鉄管の端に受け口がついている物を使います。排水用鋳鉄管の接合部には、水蜜性、可撓性、耐震性などが要求されますが、長期にわたりその性能を保持する必要があります。通常、自然流下式の排水に使用されますので、管内の水圧は、特に問題ではなく、接合部の漏水、臭気の漏れがないように施工すればその目的を達します。管内において詰まりなどが発生しないように十分な配慮が必要なのは無論、配管の支持方法などに配慮します。

ユニット便所の接合

ユニット便所は、便器裏の横引き配管ユニットと立て管を結ぶ接合です。従来の便所の排水は床下ですが、ユニットの場合はユニット自体の床を上げ、スラブの上で接合、配管するようになっています。

ユニット便所の排水の横取り出し位置は鋳鉄管の受け口にゴムのあるソケットのような継手を使用します。排水管同士の接合ですが、ユニット側の排水管と立て管との接合ですので、はずれる心配はありません。

器具との接続

排水口部分の金物は、陶器との接触部にゴムパッキンをはさんでロックナット金物で締付けて漏水を防止します。

排水管との接続は鉛管、鋼管、トラップ金物で、ソケット、ふくろナットなどの金物で接続します。給水管と異なり管内は満水状態で水が流れることはありませんので、臭気止めトラップも必要です。

MD継手の接続

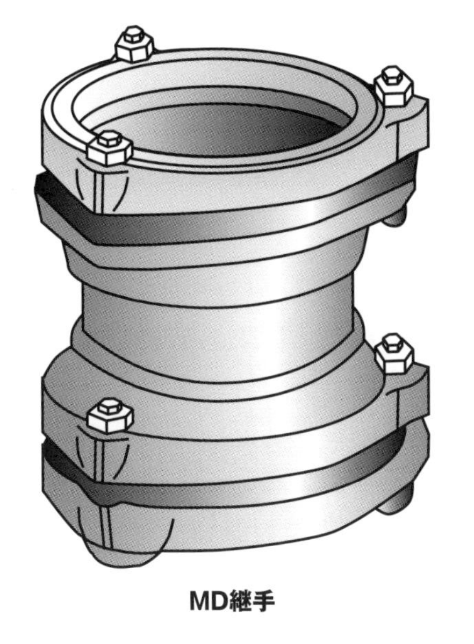

MD継手

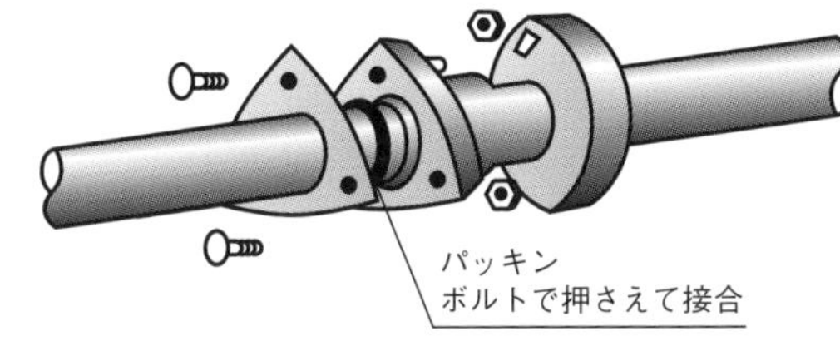

パッキンで押さえて接続する継手は、各社MO、MDなどいろいろな名前で出ている。この継手は、鋼管、鋳鉄管などほとんどの異種管同士の接続も、パッキンを変えてできる。

鋳鉄管の接続

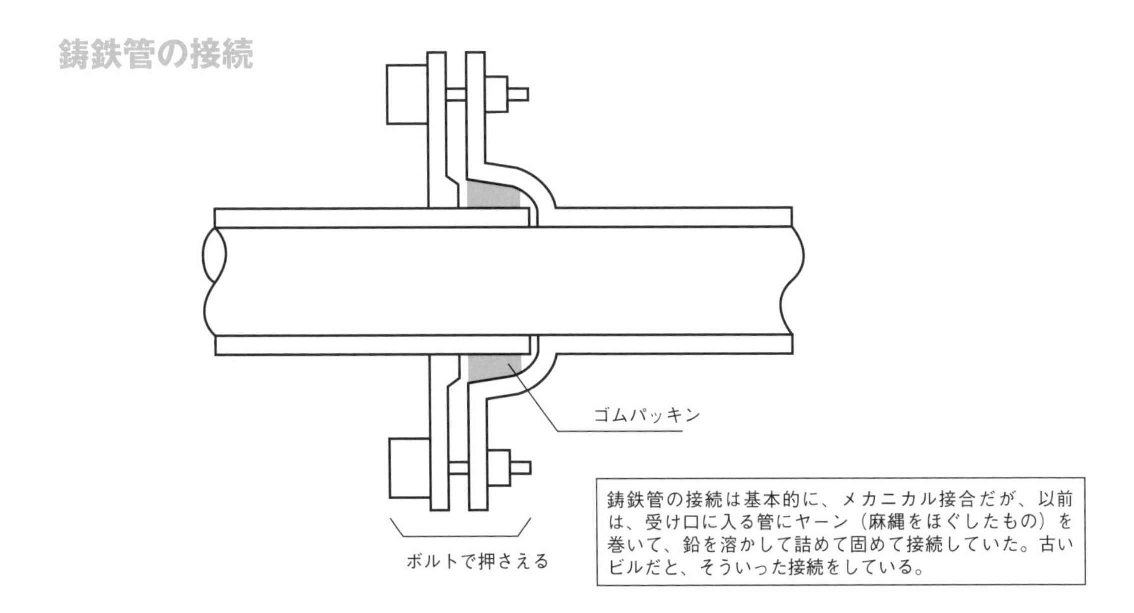

鋳鉄管の接続は基本的に、メカニカル接合だが、以前は、受け口に入る管にヤーン（麻縄をほぐしたもの）を巻いて、鉛を溶かして詰めて固めて接続していた。古いビルだと、そういった接続をしている。

ワンポイントアドバイス

排水管は自然流下を利用した排水です。配管に勾配を付けるのはそのためです。少なくとも管径分の１の勾配が必要です。給水管や給湯管と異なり管内を汚水や雑排水が満水で水が流れることはほとんどありません。衛生器具から排水をしないときは管内は空です。

天井配管作業

天井配管作業

給排水衛生設備の配管は、床下(スラブ下)配管が基本ですが、床下配管は、下の階から見れば、天井裏での配管になりますので天井内配管です。天井の高さは2.1m以上のところがほとんど(居室の天井の高さは建築基準法で、2.1m以上と決まっています。)です。階の高さは３ｍ以上がほとんどなので、配管の位置は、見上げると床から2.5m以上のところが多いため、高所作業になります。

そのため、作業には足場が必要で、事故防止のために、安全帽(ヘルメット)・安全帯を付けての作業となります。配管の施工作業は、腕が胸より下でなければ、ねじを締める作業は困難です。単なる脚立では不安定で、確実な配管作業ができません。固定の足場ができるところは良いのですが、固定足場が設置できないところは、ローリングタワーという移動式足場の上で作業します。

ローリングタワーは、作業をするときに、配管材料、工具、その他配管施工に必要なものを、足場の床の上に置いて作業できますので、効率的に作業ができますし、高さ調整も可能な上、作業が終わると簡便に分解でき、他の部屋や階への移動にも支障がなく、大きな現場では必ず使われる足場です。

配管手順

給水の鋼管、排水の鋼管などのねじ込み継手を使う施工は、スラブ下での配管作業中に配管を切断したり、ねじを切ることはできませんので、全て、予め寸法を取り、配管を切断し、ねじを切って、接合していきます。

工事現場の作業所に配管材料、配管継手等の置き場(箱番)をつくり、そこで配管材の加工、切断とねじを切り作業を行います。配管の切断は、電動鋸、高速カッターなどを使用します。ねじ切りには専用の旋盤を使います。仮設の作業所ですので旋盤の潤滑油などが飛んでも支障がないよう、養生をし、作業場を整えます。太い鋼管の配管から取り付けを始め、段取りよく作業を進め、順次配管作業を終了させ、その都度仮設作業場を縮小しながら工事を進めます。

ねじ込み配管は、右回りでねじが締まっていきますので、右手側からの配管を心がけますが、現場の状況によって途中で分断してしまうことがあり、ねじで接合ができなくなる可能性もあります。フランジを使っての接合であったり、小さいサイズではユニオンといわれる継手を使っての接合であったりします。接合部分はフランジのねじを回すための工具が入る位置にしなければならず、配管作業には注意深い工程管理が必須です。

ローリングタワー（移動足場）での作業

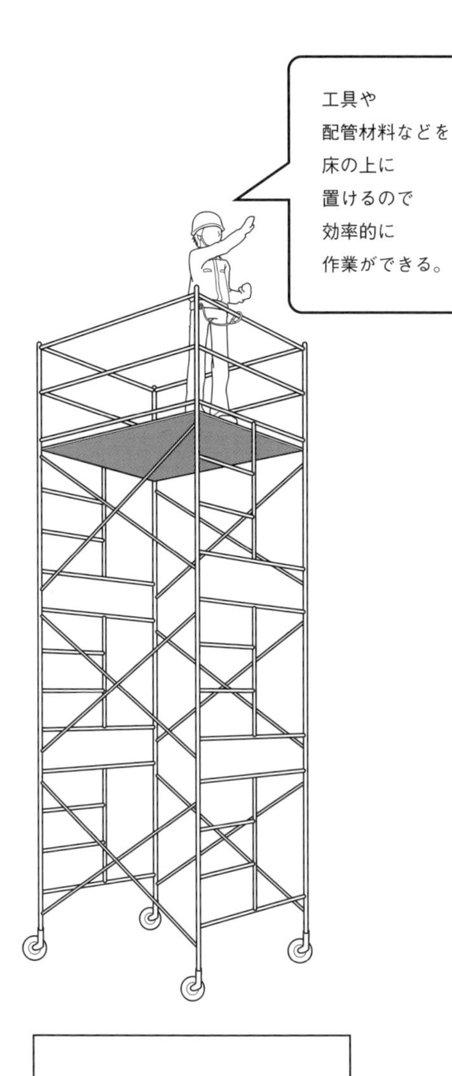

ローリングタワーでの
作業の際は、危険をともなう
ため、安全帽と安全帯を
つけての作業となる。

ユニオン継手

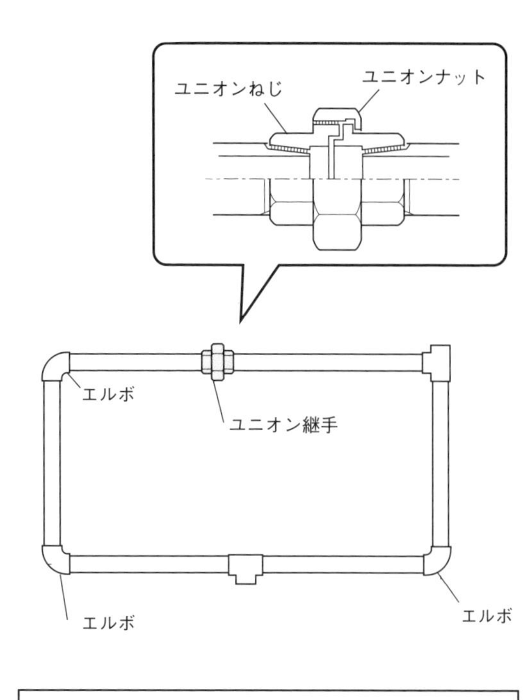

右から来た配管と左から来た配管を接続する時に、
ねじはすべて右回りのため配管できなくなる。
そこでユニオン継手を使って接続する。

ワンポイントアドバイス

いくつもの業種が入れ替わり立ち替わり作業する建築の現場では、各職種が入る順番が重要です。段取りを間違えると無理な作業を強いられます。天井裏での設備配管は、天井の仕上げ工事の業種と重なるのが常です。確実な施工のための打ち合わせが必要です。

梁、壁、床の貫通

梁貫通

給排水衛生設備の配管は、天井内に入る場合、他の設備(電気・空調)よりも高い位置にパイプ類が設置されるのが普通です。これは、空調や照明器具、換気扇などは天井に取り付ける器具で、給排水衛生設備機器の場合は、上階の床上に取り付けられ、床スラブを貫通しての配管のために一番上となります。

天井内には構造体としての梁がありますので、しばしば梁を貫通しての配管が余儀なくされます。

梁貫通配管は鉄筋コンクリートの場合、コンクリート打設時、梁の型枠の中にスリーブを入れ、予め梁には設備を移管するための貫通穴を設けておかなければなりません。梁の型枠ができて、鉄筋工による梁鉄筋の配筋中にスリーブ(紙製の筒)を入れる必要があります。

１本ものの長い配管を、梁間隔が狭く梁貫通が連続して起こるような場所に設置する場合、時として、配管材が連続したスリーブの中に入って行かない事態が発生しますので、図面の段階から施工計画を考えておく必要があります。そのためだけにスリーブの穴を大きく設けるのは、構造駆体には良くないため、構造設計担当者との密なる打ち合わせが必要です。図面の段階から、躯体コンクリートの位置を立体的に把握し、配管施工を考えて準備しています。

梁貫通の位置や大きさ、その数、等々梁スパンや柱との関係において、構造設計の方が、その安全上、優先しますので、図面の段階で、配管ルートなど設備計画上の優先順位に従って、計画することが重要になってきます。現場が動き出してからのルート変更はできるだけ避ける必要があります。

壁貫通、床貫通

壁貫通や床貫通は梁貫通と同じようにボイド(紙製の筒)をコンクリート打設前に入れておき、コンクリートの型枠が取れたときに、取り外して、設備配管の貫通穴とします。

配管後の処理

配管後、貫通部は、基本的に穴埋めをしますが、これは防火のための処置で、防火区画上法的に義務づけられています。

床などの場合は配管径に穴を開けたベニヤの型枠をつくり、上から針金で吊ってモルタルを流し、固まった後に穴埋め補修をしてベニヤの型枠を撤去します。

給湯の配管の場合は、配管の膨張を考慮し、配管周りにロックウールを巻いて穴埋めをします。防火区画貫通になった場合は、配管の前後1mをロックウールで巻き、穴埋めをします。忘れがちな処理ですが、対応を怠ると後々面倒な仕事として残ります。

梁貫通の検討

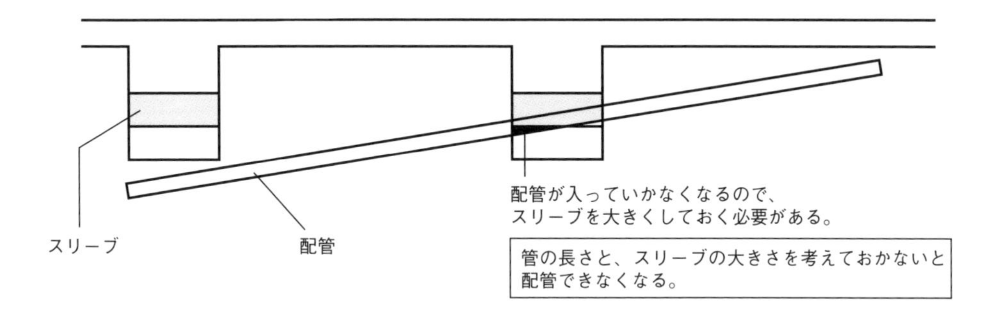

梁貫通スリーブの例

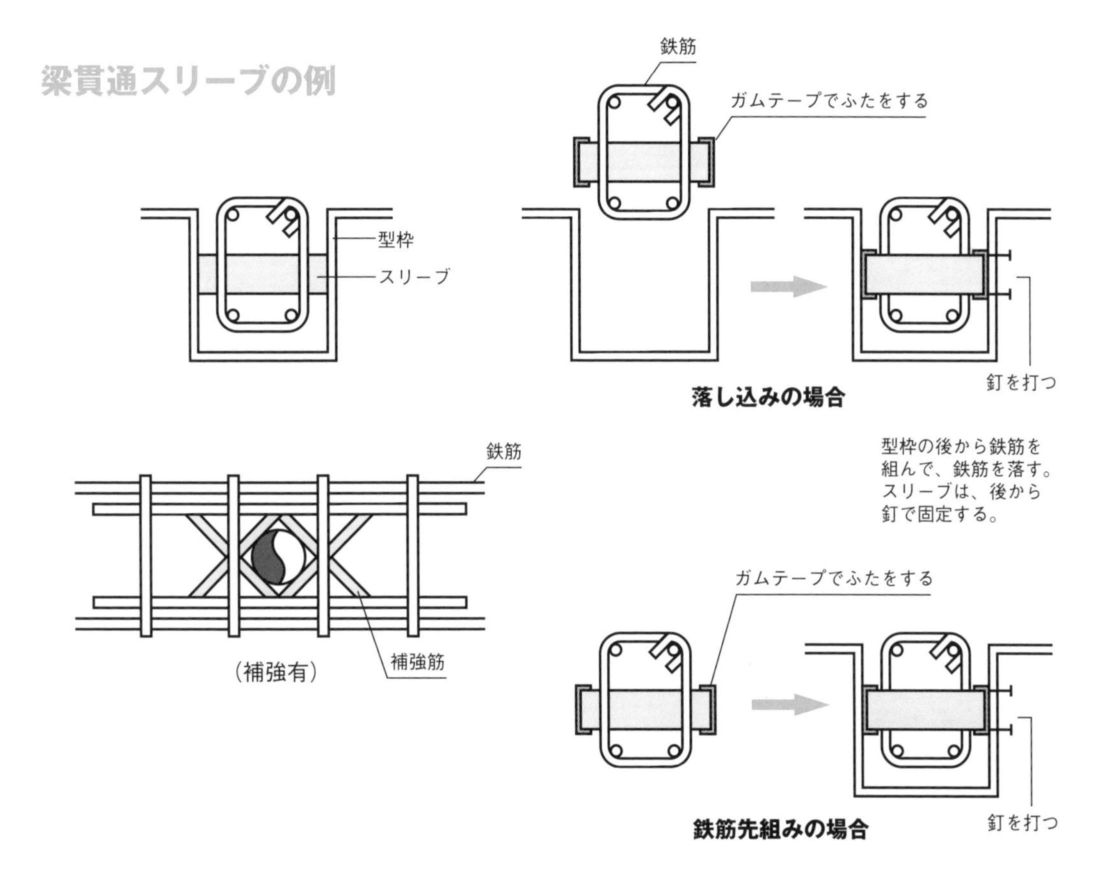

ワンポイントアドバイス

主にコンクリート駆体の貫通について記していますが、主要構造が鉄骨の場合、鉄骨は工場加工されますので、製作図の中に明確に設備配管のためのスリーブの位置が示され、工場で設備スリーブを開けた鉄骨が現場に搬入されます。構造と設備の整合が重要です。

現場の施行管理

施工管理

施工管理は、施主や設計事務所と作業員の間を取り持つ役割も持つ建築工事現場での仕事であり、施工管理しだいで建築物の良し悪しが決まるいっても過言ではありません。施工管理者は通常、現場監督と呼ばれています。

施工管理者（現場監督）

施工管理は、施工の品質、工程、安全、予算の管理をします。基本的に現場一切の采配を担う仕事です。多くの職方との調整、現場の進み具合、天候などを勘案し、延滞なく工事が進むよう管理します。

給排水衛生設備工事の工程は、建築本体の工程に合わせて段取りを組み、作業工程や作業員数、現場に必要な資機材の調整や搬入などを手配し実行します。衛生器具類のグレードなどは設計図に従い、要求通りの器具を搬入します。

作業上の安全管理は、作業員の安全だけでなく他の職種や一般の人に危険が及ばないよう、最大限の注意を払います。

設計図書に書かれているもののほかに、施工管理に任されている部分は、仮設工事や施工方法などです。現場には、予期できない様々な問題が発生します。全ての事象に、迅速に対応し処理していく能力が必要です。工程通り要求された建築を施主に引き渡すために施工管理者の業務は重要なのです。

現場の体制

給排水衛生設備の施工の現場は建築工事の進捗に合わせ進んでいきます。朝の朝礼から、昼休み、終業時間、休業日等も含め、建築工事と一体となって作業が進められます。

労働安全衛生法で建築現場はひとつの工場や作業所と見なされています。設備工事が建築工事とは別の、別途工事として発注を受けた場合でも、仮設の足場などは共有の物として使いますし、様々な職種や職方が、元請け業者の協力業者として現場で働いていますので。安全管理体制は元請けの責任において管理され、現場管理を統括する所長が安全衛生責任者になっています。

現場においては、総責任者である現場代理人の示すルールに従って、設備工事の現場管理者がいて、設備工事を進めます。現場代理人は元請業者を代表する責任者として現場作業の契約事項など、一切の責任者です。現場代理人としての所長の下に、現場主任、係員などの監督がいて、作業員や職人が実際の施工業務を担当する訳です。

現場の体制は、大小の現場で大きく変わります。現場所長の采配で工事が進捗するわけで、給排水衛生設備工事の現場管理者も他業種の管理者とともに、所長の指示、采配に基づいてそれぞれの仕事を遂行してゆくことになります。

施工管理

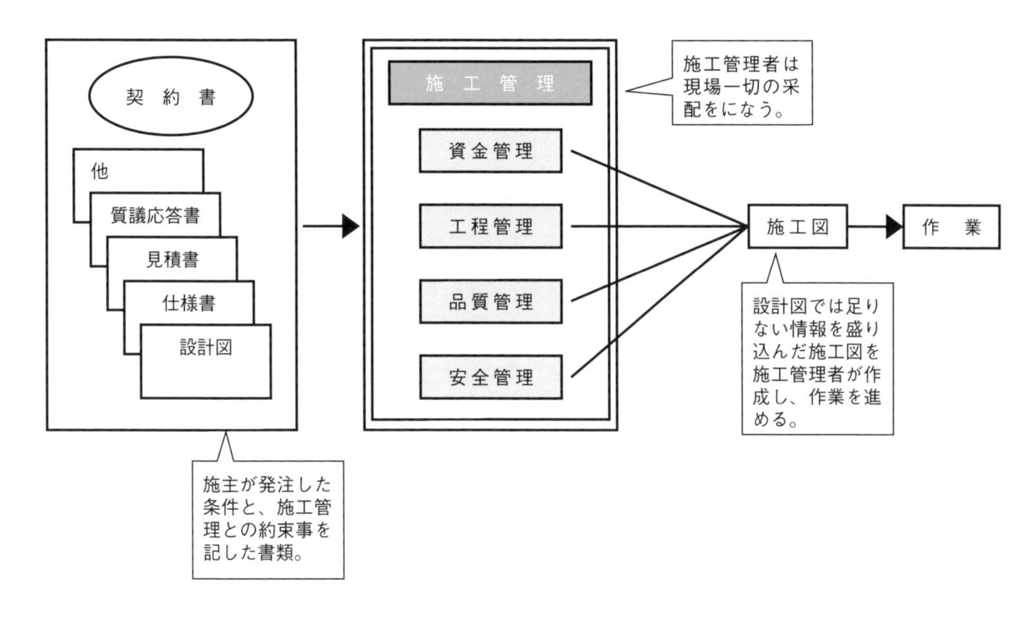

現場の体制

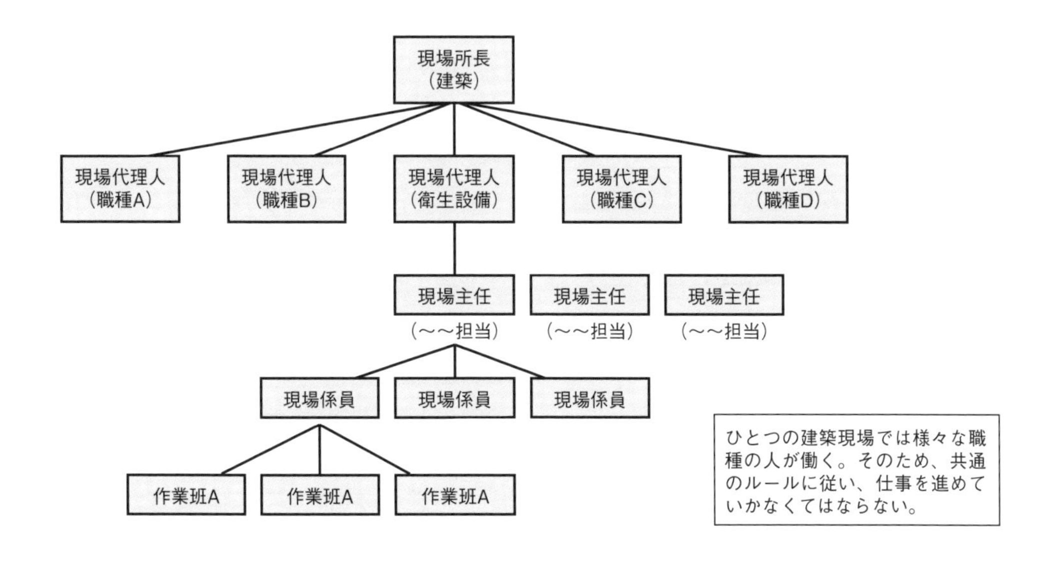

ワンポイントアドバイス

現場での施行管理はタケカンといわれる「管理」で、建築設計事務所が行うサラカンの「監理」とは明確に分けられています。設計監理とは建て主の代理人として、図面通りに現場が進捗しているかを監理する仕事で、一義的には建て主の財産を守る仕事です。

施工図

施工図を描く前に

給排水衛生設備施工図をつくるための図面として、大きく分けて建築意匠図、構造図、設備図などが設計事務所によって描かれています。給排水衛生設備設計図も設備図の一部としてあります。

給排水衛生設備の施工図を描くに当たっては全ての図面に目を通す必要があります。意匠図と構造図を見ながら、床下や天井裏、大小の梁をイメージすることが重要です。意匠図にある仕上げ表などには最終設備機器の品番も入っています。

構造躯体図

鉄筋コンクリートの構造躯体図では、構造体としての駆体の形がわかります。梁やスラブ、壁の厚み等が描かれています。設備図と見くらべながら配管ルートなどがイメージできます。

建築鉄骨図・鉄骨詳細図

元請け業者による鉄骨の施工図からは、柱、梁などの鉄骨の寸法が読み取れます。鉄骨のつなぎ目等、鉄骨の建て方作業員の施工図になります。鉄骨は工場で柱や梁を製作しますので、梁貫通の位置なども明記されています。

仮設計画図・仮設施工図

仮設関連の図面も元請け業者が準備するものです。総合仮設図などには、配置計画図の中に、現場の入退場位置、クレーンの設置位置などが示されています。他には、足場、仮囲い、現場事務所、現場休憩所、資材置き場など、施工中に必要な全てが書き込まれています。

給排水衛生設備施工図の作成

施工図は、現場にできるものを描けばいいというものではなく、現場で実際に施工しやすく作業ができる図面が要求されます。配管が施工しやすいところを考えながら、施工図をつくっていきます。

縮尺は、1/200から1/20の図面ですが、1/200の施工図には、縮尺の違った各所の詳細図がいくつも加わり施工図として完成されます。

給排水衛生設備の施工図は、平面図に配管の接続箇所、シャフトの接続、器具の接続、配管の込み入ったところなどを、施工方法、注意点などを書き込みながら完成させていきます。

衛生設備機器、器具、配管のあるところは全て施工図を描きます。1/50の図で描ける範囲を描いていきますが、機器周り、便所周り、厨房周りの図面は、1/20の詳細図を作成することもあります。

水槽などは、水槽自体の図面と建築基礎の図面を見ながら、水槽の配管を描いていきます。その際、建築の通り心からの寸法で書きます。建築工事は設備工事を含め、全て通り心からの距離が重要で、現場での工事もそれにならいます。

衛生設備施工図の種類

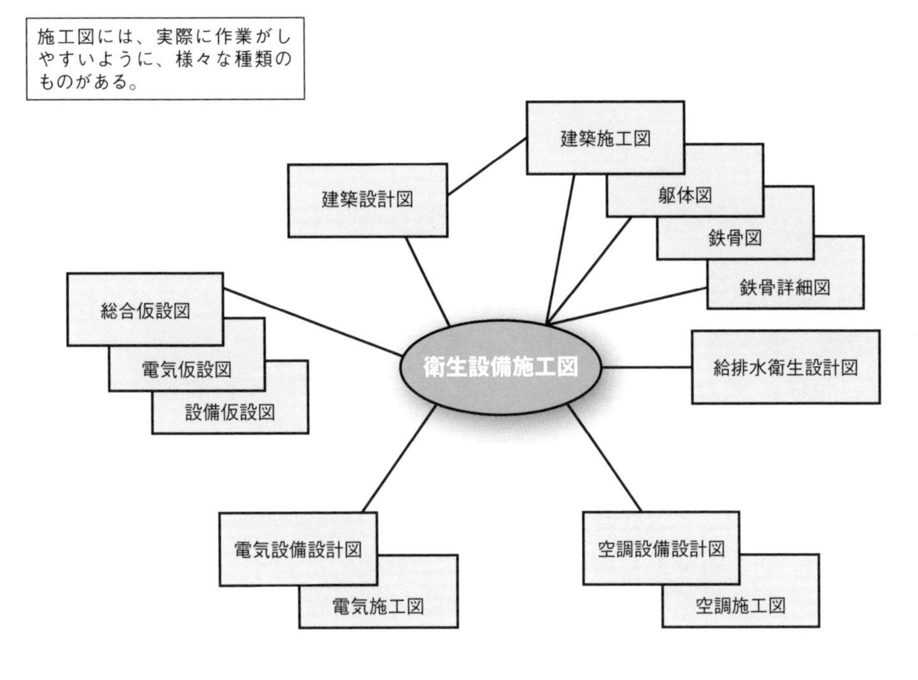

給排水衛生設備施工図の例

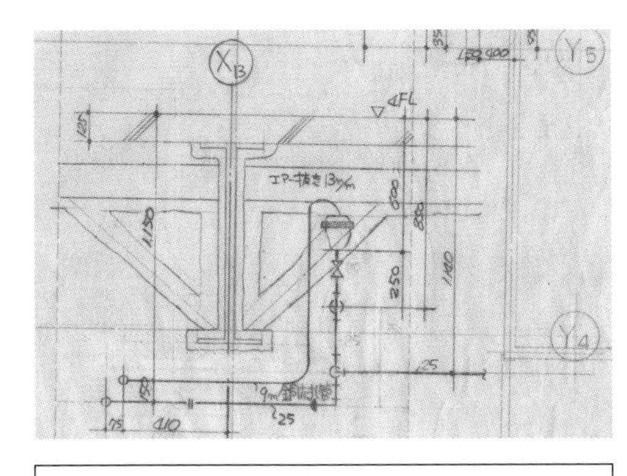

鉄骨詳細図を参照して、梁につく頬杖があることを示している図。

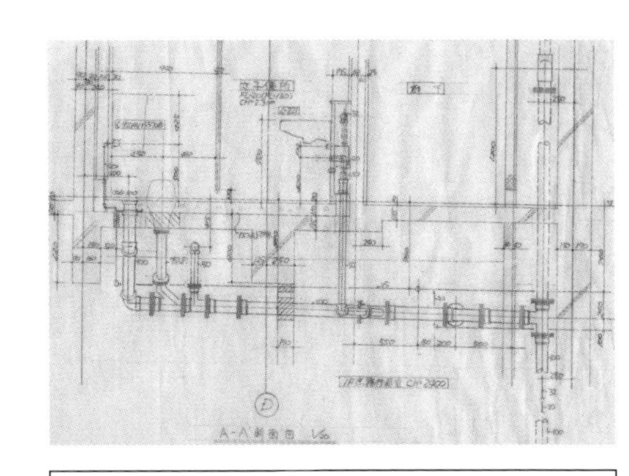

躯体図から、断面を起こして床の段差を示して、配管図を描く。図は2つともに手書きであるが、現在はデジタルで描くことが多い。

ワンポイントアドバイス

建築の図面は設計事務所により描かれた建築、構造、設備の図面が全ての基になりますが、この図面だけでは建物は建ちません。施工図や工作図、それに伴う仮設の図面が必要で、工事を請け負った側で具体的な工事のために、必要な物として準備します。

施工図と施工

施工図の基本事項

施工図の基本は通り心です。この通り心から、柱の位置、壁の位置が決められています。通り心は、設計図に縦方向、横方向にＹ１、Ｙ２……、Ｘ１、Ｘ２……、というようにつけられています。建築工事では通り心からの寸法を測りながら建設していくものです。全ての職種がこの共通の通り心を使って工事を進めています。設備工事でも、この通り心を基準に平面上で正確な場所をミリ単位で描いていきます。

高さ方向の基準は、仕上げの床面の高さを表すFL（フロアーレベル）又は構造駆体の床の高さを示しているSL（スラブレベル）からの表示になります。設備の場合も施工図は平面図で表しますので、高さを表示するのは、FL＋○○と描きます。給排水衛生設備の場合は、見下げ図面ですから、FL－○○になります。

注意すべきは、実際の現場では通り心が現場に描かれることは少ないです。コンクリートの床がないと、通り心は描けません。たとえあっても壁の型枠や鉄筋で隠れてしまいます。実際は、通り心から１ｍ離れたところに描いてあるのが普通です。これを1,000返りとか返り墨といいます。墨を打ってある所から１ｍ離れたところに壁心がある、というように表しています。

梁などに設備スリーブを設置するときには、通り心はどこにもありません。型枠の内側からスケールを当てて正確な場所を特定しなければならない作業が出てきます。

鉄筋工事が始まる前では、型枠にスリーブの位置出しのマーキングをしたり、鉄筋だけが先行しているような状況では、その場の鉄筋のかぶり厚を考慮しながらの位置決めだったりと、設備作業員の臨機応変が求められる場合も多いのです。

現場で施工をするときに、作業員が配管位置やスリーブの位置を通り心から計算して出していると、間違いの元になりかねません。建築の躯体図と、設備図を持って現場で作業することも間違いの元です。施工図には必要な建築関連の情報はすべて描き込み、その上で、給排水衛生設備の配管図を描き、現場での作業効率を高め、ミスのない施工のために施工図が必要なのです。

衛生設備設計図は技術図面ですが、施工図は現場で作業をする作業員のための図面です。作業員の誰でもが理解できるよう、作業しやすいように描かれるべきなのです。

現場監督は施工中の作業員を監督するのではなく、次の作業、先の作業を見ています。施工図をチェックして、間違いのない施工ができていることを確認し、次の段取りを考えています。施工の途中で作業員から質問が出たりする図面は十分な図面とはいえないのです。

施工図の読み方の基本

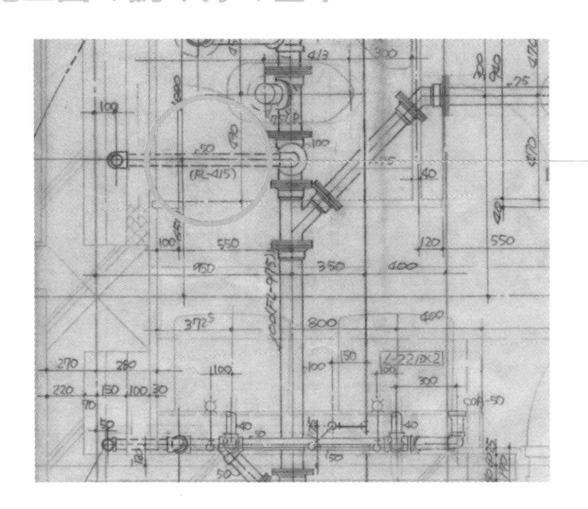

図は、便所詳細図の一部。配管の高さは、FL－○○で書き入れる。排水の配管は、継手の方向、流れの方向もこの図で一目でわかるようになっている。

基準陸墨の表示例

陸墨（ろくすみ）……墨出し作業において、各階の水準の基本となる水平線を表す。一般には、床仕上りより1000mm上げの水平墨をいう。

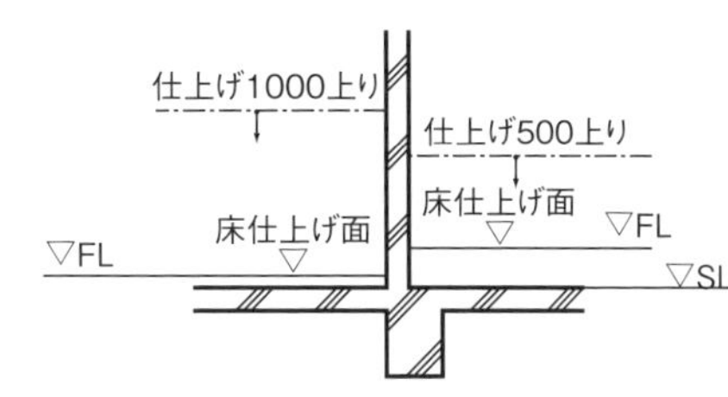

FLとSLとの違い

SLは床スラブの天端（スラブラインの略）。FLは床仕上げの上。

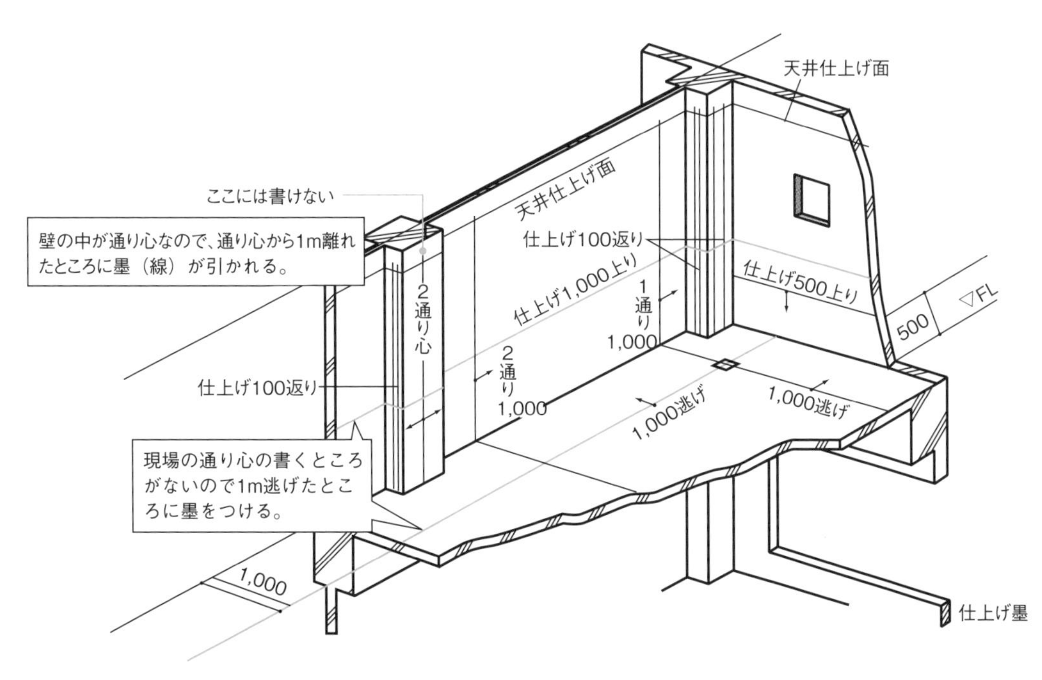

ワンポイントアドバイス

建築は通り心なくしては建設できないことを認識しましょう。加えて、建築はハイテクなものではありません。ローテクなのです。どんな作業員でも読めるような現場での施工図が重要です。技術がなくても誰でも理解できる施工図面があって、はじめて良い建物が生まれます。

施工図の重要性

施工図のいろいろな用途

施工図は、作業員に渡すだけでなく、施工図を使って、材料の手配をします。給排水衛生設備の配管材料、配管の本数、継手の数を拾い(図面から材料の数を数える)ます。材料を拾うときはフリーハンドで、立体的にアイソメ図を描いて、配管の延長、継手の数を数えます。継手は一つ不足しても、不足したところから先は工事が滞ります。間違いのない施工図と拾いの作業が大切になります。

加工管・金物製作指示

現場の作業所で配管を加工しなくても済むよう、工場に配管加工の指示を出し、加工管をつくって現場に持ち込み、配管などの吊り作業をすることは、現場の省力化になります。施工図と現場を照合して、加工管を採用することは工期短縮の上からも大切なことです。

施工工期

施工工期は、作業員が1日どのくらい配管できるかの歩掛りでわかります。配管接合数のほか、現場には様々な配管工事の障害がありますので、それがどの程度のものなのかさえ判っていれば、工事期間は想定できます。経験年数にもよりますが、どのタイミングで現場での作業ができるかなども判断できます。施工図を基に現場のチェックポイントを把握し、工程を立てることができます。

施工図に隠されたノウハウ

施工図には施工ノウハウが詰まっています。配管施工は、配管した後に給水、給湯管ともに圧力テストを実施しますが、圧力が掛けやすいように、配管の途中にもバルブを入れておいたり分岐を取っておくなどして、チェックがしやすいように施工図に描き込んでおくのもノウハウで、後の事故の減少にも繋がります。

排水配管は、満水テストをしますので、満水テストができるところで、満水テスト用の継手や分岐の継手を入れます。入れた継手は、後に掃除口として使えるようにするなど、無駄のない施工を心がけると、品質のよい施工に繋がります。

加えて、判りやすい施工図からは事前に施工困難な場所や危険な場所が見えてきます。そのためにも、きめ細かな施工図の準備は重要であり、経験によるノウハウは貴重といえます。

施工図と施工管理者

施工図は、そこで作業をする人たちのためにつくられる図面です。そのため、実際の現場と施工図が一致しなければいけません。そして、当然、現場は、施工図通りにでき上がります。そこに作業員の苦労がないようにするのが、施工管理者の仕事であり、給排水衛生設備の施工図です。

配管の拾い例

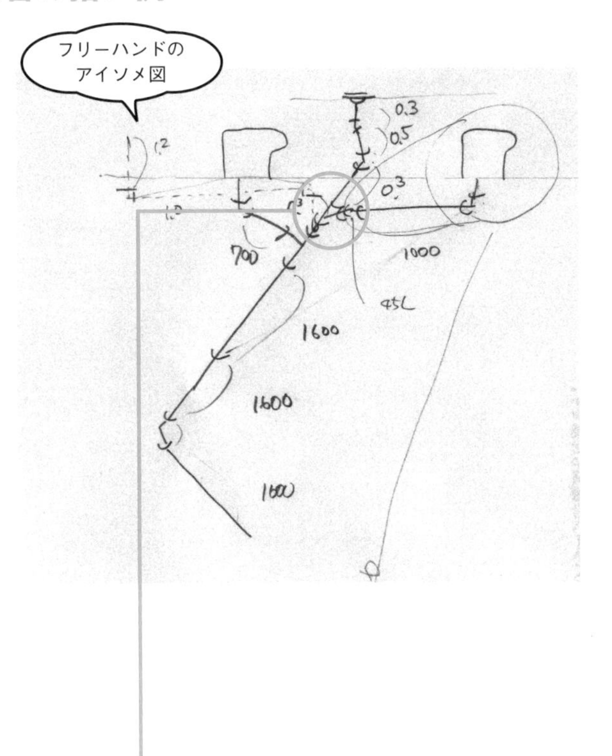

鋳鉄管	90L(P.B.)−75	T	2
	45L−75	ー	1
	Y−100×75	T	2
	90L−100	ー	1
	ST−100×50	T	2
	1600−100	Ŧ	3
	45L−100	ー	1
	1000−75	T	2
鉛　管	75−300+300		0.6m
鋼　管	90L−100	ー	1
	45L−100	ー	1
	100−0.3+0.5+0.3		1.1m
通　気	50−1.2+1.0+0.3		2.5m
	50L−	T	2

拡大図

45L−75
45° エルボー75mm
鉛管75
90L(P.B.)−75
90エルボ
鉛管接続用
1000−75
1m−75mm

配管の注文をするときに、配管を数える必要がある。それを「拾い」という。そのときフリーハンドでアイソメ図を書き、表をつくって配管を拾う。その後、配管の太さ順などに書き写して発注する。

ワンポイントアドバイス

給排水衛生設備工事の施工図に限らず、建築現場に入るそれぞれの職方は、それぞれに作業手順や詳細図を含んだ施工図を基に現場作業します。施工図作成には現場を熟知した熟練の方、経験を重ねた方の知識が必要です。完璧な施工図の準備は難しいものです。

配管の吊り

配管の吊り

配管は建築構造駆体から宙に浮いているように吊られていることが多くなります。駆体のスリーブで受けたり、駆体の床や梁下から吊り下げるように設置します。そのため配管を吊る金物の受けが構造駆体に必要になります。配管を吊るす際は、インサートといわれる雌ねじを、コンクリート打設前に定位置に取り付けておく必要があります。配管の重さや管径によって吊るす位置を決め、施工図にその位置を示してあります。配管の位置は通り心の位置を基準に、壁からいくつ離れているのかが示されています。

給水、給湯の配管は事前に、吊る高さの位置まで高さをそろえた「全ねじボルト(鉄筋全てにねじが切ってあるボルト)」を入れます。排水管は勾配を付けなければいけませんので、その辺を考慮の上、仮留めにした後、所定勾配通りに吊るします。的確にインサートが入っていないと、配管するにも、吊るすにも余計な手間がかかります。インサートと配管の場所がずれたり、元々入っていない改修工事などは、アンカーを天井に入れる事になります。

アンカーは天井のコンクリートにドリルで穴を開け、この穴にアンカーを打ち込みますので、天井の高さまでドリル・ハンマーを持って行く手間や、打ち込む手間等々、適切な位置にインサートがあるとないのとでは作業の進み具合が格段に違います。段取りよくインサートを型枠に設置できるように配管施工図が必要であり、工程の打ち合わせが大切になります。

揚水管など、ポンプの振動や、配管内に流れる水が配管を揺らすことがありますので、揚水管の場合には、吊るというより、固定するように設置します。アングル金物で架台を製作し、スラブ下に固定します。配管が複数本平行して並んでいる場合にも、1本1本吊るのではなく、吊り架台をつけて配管します。

給湯配管は熱膨張があるので、10mに一箇所程度の伸縮継手または伸縮を吸収するような配管が必要です。そのため、配管は伸びる方向を拘束しないよう、振れ止めなどを付けて固定します。

立て管

パイプ・スペースなどのシャフトの中に並んで入っている配管は、上下階の床スラブで支えます。同時に振れ止めのために、壁からの支えもとり固定します。ほとんどの配管は自立できる強さを持っていますので、構造駆体のスラブで十分ではありますが、壁からの支えで配管が振れないよう振れ止めを入れます。通常だと、スラブ下の揚水管固定のためのアングル金物と同じような架台を製作し、壁に固定し、パイプの振れ止めとします。

インサート

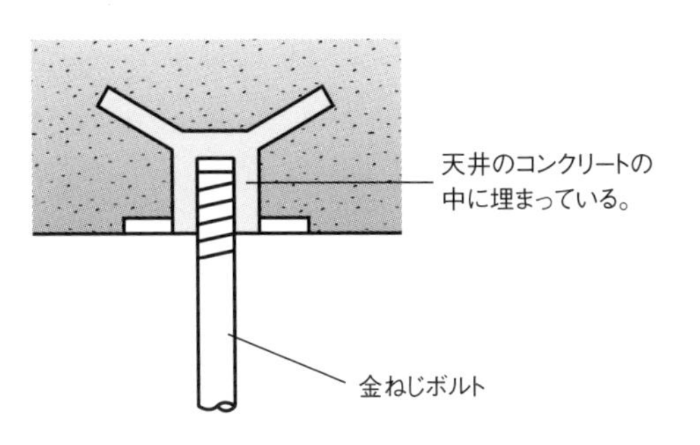

インサートはコンクリート打設前に取り付ける。

いろいろな配管の吊り方

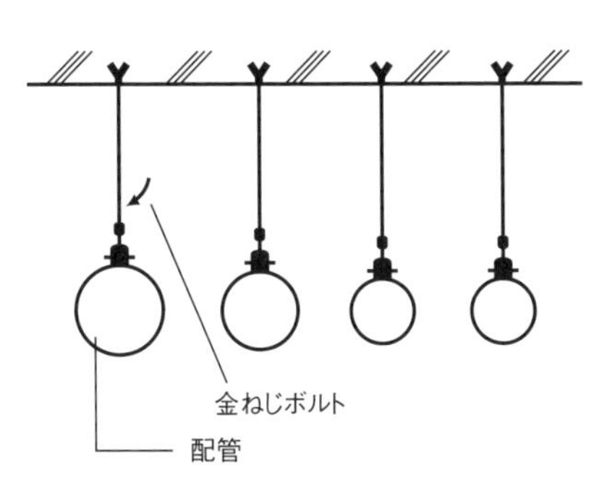

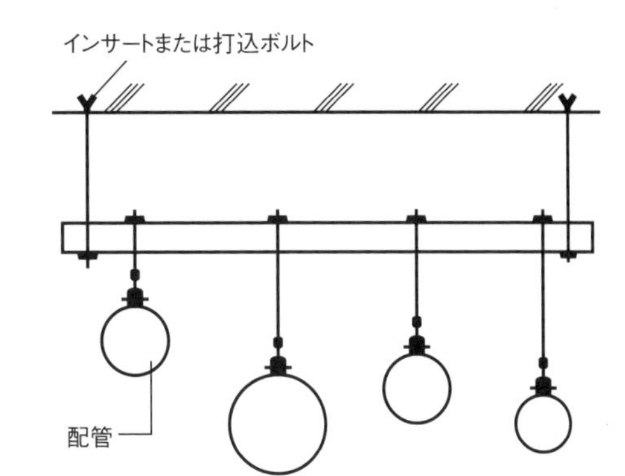

左は、配管1本ずつ吊るす方法で、右は共通金物を使って、吊るす方法。

配管のいろいろな床固定の方法

配管が振れないように振れ止めをつけて固定する。

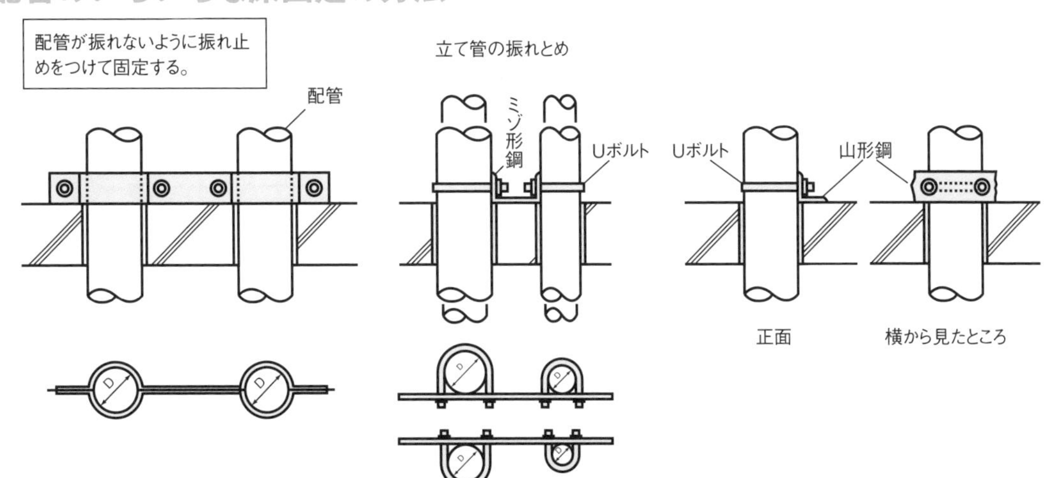

ワンポイントアドバイス

各種の配管を計画通りのルートで設置する作業ですが、集合住宅などにおいては、床スラブ上の仕上げ床高を確保し、その間に床配管します。それぞれの住戸内での配管を完結することで、何らかの漏水事故が発生した場合、階下住戸への影響を避けるのが目的です。

建築防水と排水金物

シンダー・コンクリート内の配管

建築工事では、防水層を押さえる意味合いもあるシンダー・コンクリートを打設する場所があります。設備配管も、このシンダー内に配管したり、床の防水金物とともに排水管の設置工事があります。

シンダー内配管は防水層の上の配管になります。シンダーの厚さは100㎜～150㎜程度ですので、シンダー内配管の排水管径は限られてきます。加えて勾配を考えると150㎜の厚さで80㎜の配管が入る程度のスペースでしかありません。

厨房などの排水は、最短距離の配管で排水側溝に流すべきです。配管が交差するような設置はできませんので、交差がないように配管をします。

配管は、アルカリ性のコンクリート内のため鋼管は腐食はしませんが、防食テープを巻くなどの防食対策を施しておきます。硬質塩化ビニールの排水管であっても継手は使用しないで、器具から排水側溝まで、真っすぐに配管をします。

排水防水貫通

防水層を覆うシンダー上部に流れる水は適切に排水しなくてはなりません。床排水金物には防水皿とセットになっており、この皿に向けて勾配のある防水層を皿が受け止める構造になっています。防水皿の下から配管を接続し排水するアスファルト・フェルトなどの防水層施工前に防水皿を取り付け、防水層の敷き込みが終了した後、配管工事を行うことになります。

防水工事の施工には、その前後に設備工事が必要とされますので、入念な打ち合わせが必要であり、工程管理が求められます。屋上の雨水排水金物も基本的には同様な構造であり、同じように対処します。

配管の防水貫通

配管が建築の防水層を貫通する場合があります。このときには、つばつき鉄管スリーブを使用します。コンクリート打設前に、床と同レベルの位置に、つばつき鉄管スリーブを置きます。シンダー・コンクリートからスリーブが50㎜から100㎜程度立ち上がる長さにしたものを製作し、躯体コンクリートの型枠建て込み時に設置します。その後防水層を巻き上げ、シンダー・コンクリートを打設した後に配管します。配管後は、穴埋めを行い、鉄管スリーブの露出を防ぐため、カバーを付けます。

配管の地中外壁貫通

地下室内の配管が外壁を貫通し地中に埋設されるような場合には、つばつき鉄管スリーブを用いて、防水貫通と同様の処置をし、地中からの雨水や地下水の侵入を食い止めます。

シンダー・コンクリート内配管の例

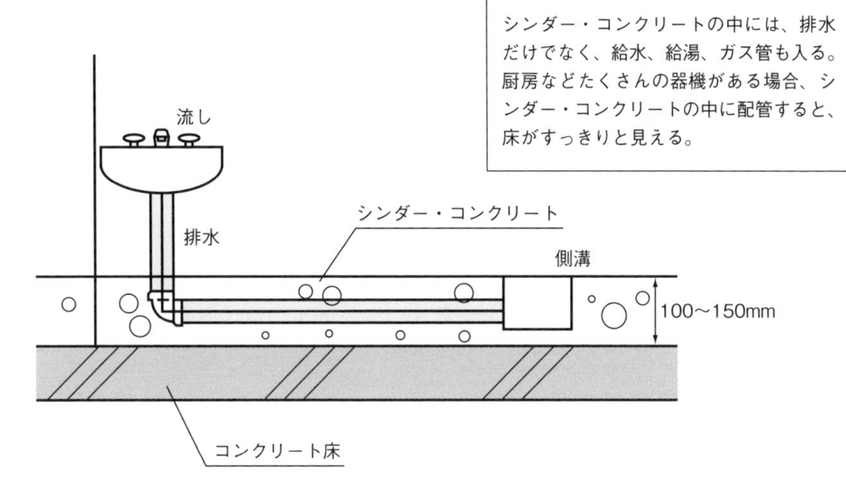

床の防水貫通例

地中外壁貫通例

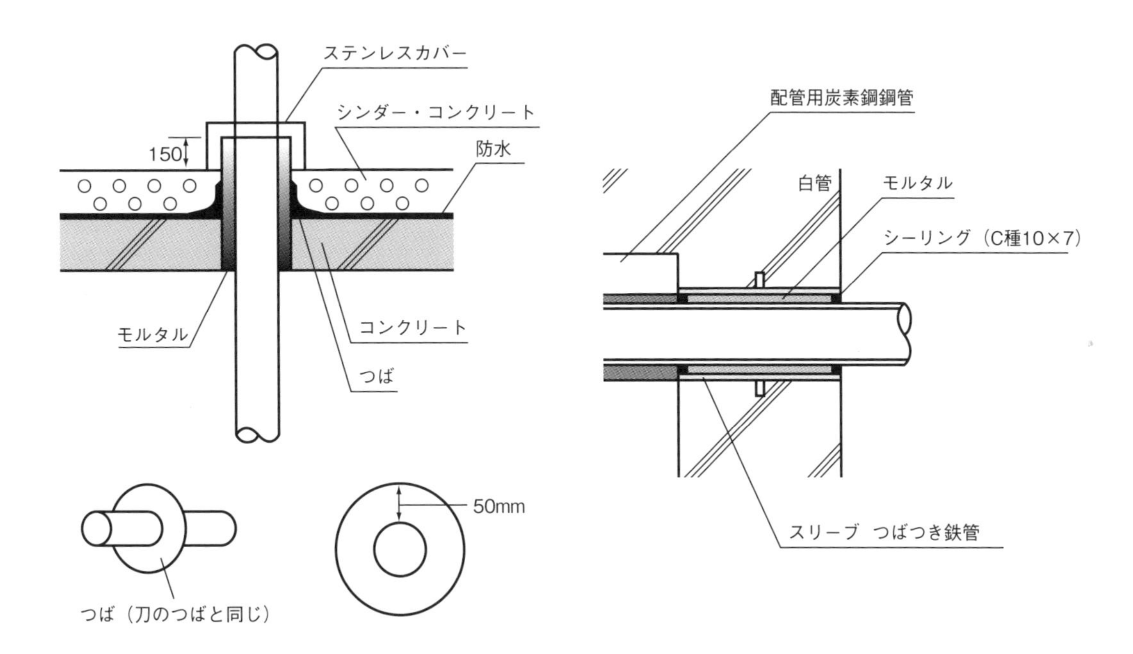

ワンポイントアドバイス

建築の防水工事に絡む設備の排水工事は適切な工事を怠ると漏水の原因となります。配管の周囲、上下や左右に防水層がある場合には、防水層を巻き込んで確実に止水することが求められます。駆体コンクリートの打設前に適切に金物を設置するよう求められます。

配管の化粧

配管の化粧

普段、配管は床下や天井裏、シャフトなどに隠れて、人からは見えないようになっていますが、結露が起こらないように保温材を巻きます。機械室や露出している配管はペイントで化粧したり、見た目にも配慮します。

防露施工

給水、排水管などは外側に結露により出た水が雫となって流れ落ちますので、結露が発生しないように保温材を巻く防露施工をします。機械室、天井内、シャフトなどの隠蔽部分や一般の人が入らない部屋での配管にはグラスウールを巻き、その上から銀紙を巻き亀甲(きっこう)金網をかけて押さえて保温します。

一般の人が目にする部分では、グラスウールを巻き綿布を巻いて塗装します。この綿布巻き保温は露出部分であるため、保温配管の太さを均一にし、見た目を意識して美しく仕上げます。

外部の露出部分では、雨や雪の防水を考慮し配管に断熱材を巻き、その上を亜鉛鉄板等で巻きます。現在は塗装された鉄板を使いますが、ステンレス板で巻く場合もあります。その時々の状況に合わせて使い分けています。これらはラッキングと呼ばれており、すべての配管工事が終わり、配管テストが終わった後に保温職人が行います。

仮設の足場が残っている間に施工できればいいのですが、現場にはちりや埃が多く、仮設撤去の時に足場がぶつかり、見苦しくなることもあるため、後にローリングタワーを使って取り付けることも多々あります。

配管塗装

露出配管で、配管の触れ止め金物、保温の必要のないところの配管などを塗装することがあります。塗装も保温同様、現場が終わる前に、汚れがつかない時期を見計らって行います。

配管は細い円柱状のため、塗装しづらく、塗料が下に落ちることがあります。塗装工事は、塗装する部分の周囲や直下の床などを養生することに手間と時間を必要とします。そのため、塗装工事というよりも養生工事といわれるほどです。

塗装の後には、配管の種別がわかるように文字を書き入れます。文字書きは、塗装職人の中に文字書きを担当する職人がいて、誰にでも読みやすい文字で適切な位置に書きます。文字は設置された設備機器などにも書き、竣工後の維持管理に役立ちます。

文字が書けない亀甲金物巻きの配管には、それぞれの名称を記した札を取り付けておきます。

バルブなどには「常時開」や「常時閉」などの指示板なども付け、日常の使い勝手の良いものにします。

防露施工の例

配管保温　綿布巻き

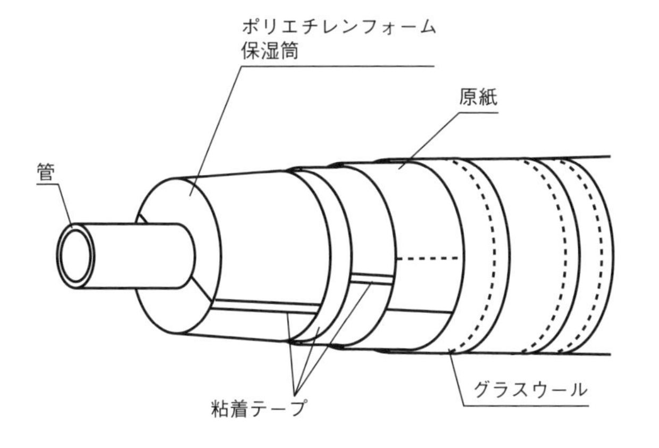

室内など、人目につく所では、太さを均一にするなど、見た目も意識する。

配管には結露を防ぐために、保温材を巻く防露施工をする。

配管保温　アルミガラスクロス巻き

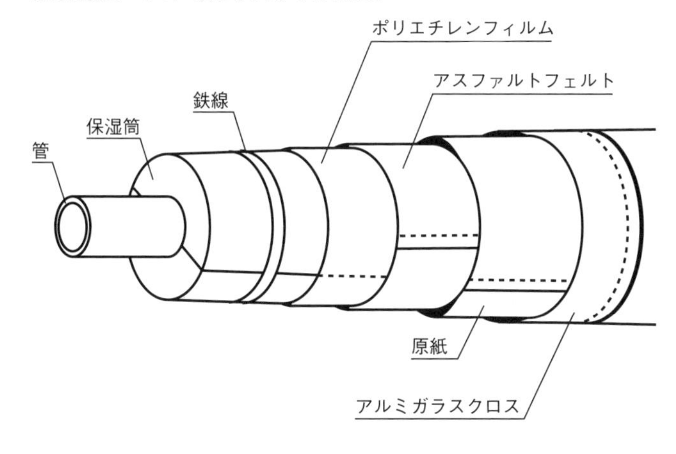

外部の露出部分では、防水のために断熱材の上に亜鉛鉄板などを巻く。

ワンポイントアドバイス

設備配管工事の最終段階の大切な工事になります。裸での配管に結露が生じ、流れて天井材を濡らしシミをつくることがあり、保温対策は重要です。設備配管を意図的に見せる建築意匠もあります。整然と並んだ配管を美しく見せるのも設備業者の仕事のひとつです。

ビル管理に求められる資質

私は、現場が終わって半年間、常駐していてビル管理の人と一緒にいました。そのころ、クレームがあると、優しい言葉で対応できず、自分の知っている技術を解説できないのでいらいらしていました。まだまだ若くて、何もできませんでした。

それから20年ほど経ち、現在はビル管理の講師をしています。私も若くはありませんが、生徒は私よりも年上の人がほとんどです。

私も若いときにくらべれば、やさしく、わかりやすく説明できるようになって来ました。多分、このビル管理という職業は、いろいろなことを経験された方ができる仕事かなと思っています。ビル管理は、一匹狼的な仕事をしていた人には向かないともいわれます。看護士などのように、シフト勤務でチームで仕事をします。当然、引き継ぎがあります。チームで仕事をするということは、コミュニケーション能力が問われます。

ビル管理で求められる能力は、まず第一に、このコミュニケーション能力で、次に技量です。その技量は、何もすごく高度な技術というわけではなく、中学や高校の物理をやさしく解説できるような人であれば、適任だと感じています。

Part 9

建築物の管理

完成した建物の給排水衛生設備を、より良く、より長く使うための維持・管理の仕事などを述べるとともに、これからの時代に役立つ資格についても紹介します。

建築の資格免許

建築の維持・管理

建築物はひとつの敷地に、多くの人たちの参画があってでき上がります。建築企画から始まり、設計があり施工工事があり、竣工後の維持管理があって、寿命まで長ければ100年を超えます。

人命に関わる建築の仕事は公的に認められた資格や免許を持った人による責任ある業務の遂行が求められます。

設計

事業計画に基づいた建築企画を経て、基本設計、実施設計、監理を行うのが建築設計事務所の仕事です。各種の法的な規制を遵守し、構造的にも支障のない建物を設計します。

設計事務所は、1級、2級建築士事務所、木造建築士事務所があり、それぞれの事務所は建物の規模、用途の制限内の設計ができるようになっています。各事務所には管理建築士の資格者が必要で、法的責任者になります。基本設計は資格や免許は必要なく、建築家と称する無資格者もいます。実施設計は図面に責任が持てる建築士の資格者の押印が必要です。

建築の設計は、大きく意匠設計、構造設計、設備設計と分かれますが、実施設計段階では資格者の責任において全ての図面が用意されます。設備図面においても設備設計1級建築士の責任の上に作成されます。

施工

建築の意匠・構造・設備の実施図書に基づいて見積もりを行い、工事金額が決定し、工事請負契約後に着工となり建築工事が始まります。工事を請け負うことができるのは建設業の許可を得ている業者であることが前提です。

建設業は、一般建設業と特定建設業の2種類があり、営業の範囲、請負契約の金額などによる違いがあります。

建設業の資格を得るには、その業種に関する経験年数か、その業種に合った施工管理技士の資格者であることが問われます。1級と2級があり、特定建設業の場合は1級が必要です。

給排水衛生設備工事を請け負う場合は、1級、2級管工事施工管理技士の資格が必要です。他に、給排水衛生設備には防災工事として消防関係の設備を扱うため、消防設備士の資格も必要です。この資格は、給排水衛生設備工事関連で、一種は消火栓やスプリンクラーなど、二種は水噴霧や泡消火など、三種は二酸化炭素消火などの窒息消火を使用して防災工事を行うときに必要になります。建物を施工するに当たっては、甲種の消防設備士が必要です。

建築工事現場で働く作業員全員が有資格者ではないので、間違った作業を行った場合には、資格者として注意する義務があります。

各種建築士の業務範囲

1. 高さ13mを超え又は軒高が9mを超える建築物は全て1級建築士による工事管理が必要

2. 1以外の建築物（高さが13m以下かつ軒高が9m以下の建築物）は下表のとおり

<table>
<tr><th rowspan="2">延べ面積</th><th>構造</th><th colspan="3">木造</th><th colspan="2">鉄筋コンクリート構造（注1）</th><th colspan="3">左欄以外</th></tr>
<tr><th>階数</th><th>1</th><th>2</th><th>3以上</th><th>2以下</th><th>3以上</th><th>1</th><th>2</th><th>3以上</th></tr>
<tr><td colspan="2">30m² 以下</td><td colspan="2" rowspan="2">工事管理者に資格要件なし</td><td rowspan="3" colspan="3">工事管理者に資格要件なし（鉄筋コンクリート構造2以下・30m² 以下）
1級、2級建築士</td><td colspan="2" rowspan="2">工事管理者に資格要件なし</td><td rowspan="2"></td></tr>
<tr><td colspan="2">100m² 以下</td></tr>
<tr><td colspan="2">300m² 以下</td><td colspan="2">1級、2級、木造建築士</td><td colspan="3"></td></tr>
<tr><td colspan="2">500m² 以下</td><td colspan="3"></td><td colspan="2" rowspan="3">1級建築士</td><td colspan="3"></td></tr>
<tr><td colspan="2">1000m² 以下</td><td colspan="3">特殊な用途は1級建築士（注2）</td><td colspan="3">特殊な用途は1級建築士（注2）</td></tr>
<tr><td colspan="2">1000m² 超え</td><td></td><td colspan="2"></td><td></td><td colspan="2">1級建築士</td></tr>
</table>

階数が3以上で、かつ、床面積5000m² 超の建築物について、設備設計1級建築士による設計への関与が必要。

消防設備士の種類

免状の種類		工事整備対象設備等
甲種	特種	特殊消防用設備等
甲種又は乙種	第1類	屋内消火栓設備、スプリンクラー設備、水噴霧消火設備、屋外消火栓設備
	第2類	泡消火設備
	第3類	不活性ガス消火設備、ハロゲン化物消火設備、粉末消火設備
	第4類	自動火災報知設備、ガス漏れ火災警報設備、消防機関へ通報する火災報知設備
	第5類	金属製避難はしご、救助袋、緩降機
乙種	第6類	消火器
	第7類	漏電火災警報機

給排水衛生設備に関係するものは、第1類～第3類となる。

ワンポイントアドバイス

人命を預かる仕事に携わる人には公的な資格が必要であり、医師や看護師、調理師などがあります。車の運転にも免許が必要です。建築も人命に関わる仕事で、建築士を始め各種の資格が必要となります。それぞれの資格者は自覚と責任意識を持って仕事に臨みます。

設備関連の資格①

建物を維持していく資格

建物を維持していくには、建物が健全に機能し、建物を使用する人が安全で、建物の外に影響を与えないよう管理をするために各種の資格が必要です。給排水衛生設備工事で取り付けた各種器具機材のメンテナンス等の業務に資格が必要となります。

下記は全て国家資格となります。

ボイラー技士

最近の建物ではボイラーのない建物も多く必ずしも各建物にボイラー技士は必要としませんが、ボイラーに変わるヒーターや圧力のかかるものがありますので、２級ボイラー技士の資格を求められます。受験資格は、ボイラー実務講習を終了した者または、学歴、他の資格などの要件があります。

危険物乙種４類

通称「乙４」といわれている資格です。消防法で、引火性液体(ガソリン、灯油、エタノールなど)を貯蔵する施設のあるところで必要になる資格です。灯油などの液体燃料である一定以上の貯蔵庫が有る場合は必要になります。誰でも受験できます。

乙種消防設備士

消火栓、スプリンクラーなどの消防設備の整備、点検業務を行うための資格です。甲種と同じように、給排水衛生設備に関してはそれぞれの消防設備に分かれて１種、２種、３種があります。誰でも受験できます。

消防設備点検資格者

消防設備の点検を行うことができる資格です。講習を受講して、取得できます。

講習の受講資格は、消防設備士ほか管工事施工管理技士など給排水衛生設備に関する資格、建築士などの建築に関する資格があれば受講できます。５年ごとの再講習を受けなければいけないことになっています。

防火対象物点検資格者

特定防火対象物の消防設備の点検を行うことができる資格です。講習を受講して取得できます。受講資格は、消防設備士、建築設備士、建築士など消防、設備、建築などの資格保持者です。

建築物環境衛生管理技術者

通称「ビル管理技術者」といわれる資格です。建築物における衛生的環境の確保に関する法律により、3000㎡以上の特定建築物には必要な技術者です。受験資格は、厚生労働省で定められた２年以上の実務に従事した人が受験できますが、受験ではなく、講習会で技術者になることもできます。

ボイラー取扱作業主任者の資格別一覧表（ボイラー則第24条）

伝熱面積の合計	資　格
500㎡以上	特級ボイラー技士（貫流ボイラーのみの取扱:1級ボイラー技士）
25㎡以上500㎡未満	特級、1級ボイラー技士
25㎡未満	特級、1級、2級ボイラー技士
小規模ボイラーのみ	特級、1級、2級ボイラー技士又はボイラー取扱技能講習修了者

(1)貫流ボイラーについては、その伝熱面積に10分の1を乗じて得た値を当該貫流ボイラーの伝熱面積とすること。
(2)廃熱ボイラーについては、その伝熱面積に2分の1を乗じて得た値を当該廃熱ボイラーの伝熱面積とすること。
(3)令第20条第5号イからニまでに掲げるボイラーについては、その伝熱面積を参入しないこと。
(4)厚生労働大臣が定めた安全に停止させる機能を持つ自動制御装置を備えたボイラーが、数基ある場合は、最大の伝熱面積を持つボイラー以外のボイラーの伝熱面積を算入しないことができる。

消防用設備関係資格と対応する設備、職務範囲

<table>
<tr><th rowspan="2">設　備</th><th colspan="2">消防設備士</th><th>消防設備点検資格者</th></tr>
<tr><th>工事</th><th>整備・点検</th><th>点検のみ</th></tr>
<tr><td>特殊消防用設備等</td><td>甲特</td><td></td><td>特種</td></tr>
<tr><td>屋内消火栓設備、スプリンクラー設備、水噴霧消火設備、屋外消火栓設備</td><td>甲1</td><td>甲1・乙1</td><td rowspan="3">1種</td></tr>
<tr><td>泡消火設備</td><td>甲2</td><td>甲2・乙2</td></tr>
<tr><td>不活性ガス消火設備、ハロゲン化物消火設備、粉末消火設備</td><td>甲3</td><td>甲3・乙3</td></tr>
<tr><td>自動火災報知設備、ガス漏れ火災警報設備、消防関係へ通報する火災報知設備</td><td>甲4</td><td>甲4・乙4</td><td rowspan="2">2種</td></tr>
<tr><td>金属製避難はしご、救助袋、緩降機</td><td>甲5</td><td>甲5・乙5</td></tr>
<tr><td>消火器</td><td rowspan="4">—</td><td>乙6</td><td>1種</td></tr>
<tr><td>漏電火災警報機</td><td>乙7</td><td>2種</td></tr>
<tr><td>動力消防ポンプ設備、連結散水設備、連結送水管、消防用水、簡易消火用具、パッケージ型消火設備、パッケージ型自動消火設備</td><td rowspan="2">告示で定める種類で点検可</td><td>1種</td></tr>
<tr><td>非常警報器具、非常警報設備、排煙設備、非常コンセント設備、無線通信補助設備、誘導灯、誘導標識</td><td>2種</td></tr>
</table>

凡例：「甲1」は甲種第1類をあらわす。

ワンポイントアドバイス

聞き慣れない各種の資格ではありますが、建築現場での作業や、竣工後の維持管理に携わる人には必要な資格であり、人によってはいくつもの資格、免許を持っています。設備関係者だけではなく、各職種にそれぞれいくつもの資格制度があり、証明書の提示も必要です。

設備関連の資格②

その他の資格

給排水設備工事に絡む消防関連事項は、講習によって防火管理技能者の資格を得られます。消防だけでなく、ビルの環境、ビルのエネルギーの使用などの熱管理士、特殊建築物点検技術者などの様々な資格があります。ビルの維持管理の業務はビル管理面での知識とその運用が不可欠です。

資格は、国家資格、大臣認定資格、都道府県の資格、民間の私的資格などいろいろあります。今後ビル管理の仕事は、その重要性が増してきます。

ビルを維持するための資格では、テナントビルなどのように、テナントの入れ替えなどのときに工事を伴うことが多く、特に飲食業などでは厨房の入れ替え、給排水の工事に伴い、ビルのオーナー側の立場から、助言できることを求められます。

消防、水道事業者など関係各所への届出、打ち合わせなどが必要になってきますし、他のテナントへの告知、工程管理など資格者が行います。ビル全体に影響を与えない改修工事管理が必要になってきますので、ビル管理といえども施工管理の知識が求められてきます。

今後、重要なのは省エネルギー対策です。省エネルギーに対しても、改修工事の折に、適切な助言、提言できる知識も重要になります。

管工事施工管理技士

管工事施工管理技士は管工の施工者にとっては必要な資格ですが、ビル管理者には、特に求められる資格ではありません。ビル管理会社では、第２種電気工事士、２級ボイラー技士等が必要です。

他に、場合により第３種電気主任技術者または管工事施工管理技士の資格の取得を求めている会社があります。目的に合わなくなった建物を解体して建て替える時代から、建物が長寿命化し、改修しながら目的に合わせて使用する事で、建物にかかる経費を抑える時代になってきたからです。

建物の再生、延命のために、時代にそぐわなくなったり老朽化した建物設備を改修します。新築時と同じように資格者による施工が必要です。

管工事施工管理技士の資格は、本来施工のための資格ですが、施主と施工者の間に立って管理する場合は、施主から受注した建設業工事として施工の管理をし、施工業者に発注することになります。ビルの維持管理を目的とする場合でも管工事施工管理技士の資格が必要になってきました。

ビルの維持管理には、新築施工の知識と経験が役に立ちます。建物を改修するときは建築設備の知識は無論、他業種の仕事の内容を知っておく必要もあり、豊富な経験や知識は貴重です。

施工管理技士受験資格

１級技術検定

第一次検定	第二次検定※1・2
19 歳以上 （受検年度末時点）	○１級第一次検定合格後、 ・実務経験５年以上 ・特定実務経験１年以上を含む実務経験３年以上 ・監理技術者補佐としての実務経験１年以上 ○２級第二次検定合格後、 ・実務経験５年以上 （1 級第一次検定合格者に限る） ・特定実務経験１年以上を含む実務経験３年以上 （1 級第一次検定合格者に限る）

２級技術検定

第一次検定	第二次検定※1・2
17 歳以上 （受検年度末時点）	○２級第一次検定合格後、実務経験３年以上 （建設機械種目については２年以上） ○１級第一次検定合格後、実務経験１年以上

※１　「第一次検定合格」については、令和3年度以降の第一次検定合格が対象、また「2級第二次検定合格」については、令和2年度以前の２級技術検定合格も対象
※２　関連資格による受検要件は国土交通省HP参照

＊令和６年度より上記の新受験資格に変更。令和６年度から10年度までは移行措置期間とし、第二次検定は旧受検資格（国土交通省HP参照）と新受検資格の選択が可能

（国土交通省HPより）

ワンポイントアドバイス

建築構造駆体の寿命は60年（木造は30年）といわれています。それにくらべ、給排水衛生設備の寿命は15年前後です。本来の建築物は毎15年ごとに、設備関連の改修工事があるのが理想といえます。今ある建物も適切に維持管理し改修工事を行えば寿命は延びます。

ビル管理の重要性

ビル管理業

ビル管理は、通常業務としてビルの維持・管理を目的としていますので、設備の点検、整備の仕事がメインです。ビル管理技術者は給排水衛生設備の知識だけでなく、空調設備、電気設備の知識も必要ですし、ビルを使用するオーナー、テナントに対して、建物技術に関する疑問にも答えられるよう建築全般の知識が必要になります。

常時点検作業

ビル管理の業務は、チームを組んでのシフト勤務になります。ビルの使用時間、または24時間対応で、交代で勤務します。

通常業務は、毎日、週一、隔週、月一度、3ヶ月、6ヶ月、1年などのような、機械設備の点検整備を行います。

給排水衛生設備は、受水槽、高置水槽の点検、ポンプの点検・整備、汚水槽の点検、給水状態、給湯状態、排水状態などの点検が主な仕事になります。

給水・給湯状態は、水・湯の使用量の計量、ガスや石油の使用量などの計量、水・湯のポンプの圧力、給水・給湯圧力などの点検をします。点検で異常があったときは、対処できるものはその場で対処しますが、対処できないものは的確な業者を呼んで処置します。

異常のあるときは、そのままの対処だけで終わるのではなく、日常点検記録簿に記入します。

ビル管理は、一人でやっているのではなく、複数人によるシフト勤務で管理していますので、同じ情報を共有することが大切です。

点検業務は、点検記録簿にフォーマットがあり、○×などで記入していきますが、備考欄には少しでも異常音や、定常でなかったことがあるときは、記入しておきます。

ビル管理は、給水量などを計測していますが、その際に異常な使用量があったときは、建物のイベントなども記入しておくと、今後、建物の中の水槽、ポンプの改修などをするときに、同容量ではなく、使用状況に合わせた容量の機械を導入することができます。また、同程度の新築のビルなどを設計する場合の基礎資料として使えますので、たくさんの建物の給水、電気、ガスなどの使用量、時間ごとの使用量などのデータが基礎データとして、新しい建物などの設計資料として役立ちます。

ビル管理には創造性がないと思われがちですが、基礎データの蓄積は、次なるビルを設計するときに大切な情報となることを自覚すべきです。ビル管理者は、将来新築する建物の基礎データを作成する作業をしている訳で、このデータなくして、創造性を発揮することはできないのです。日報に書く、備考欄を埋めるのは将来への貴重なデータです。

点検表の例

年間管理計画表（　　　年度）（例）

年　月　日作成

区分			維持管理項目	頻度	4	5	6	7	8	9	10	11	12	1	2	3	備考	
空調設備			空調機内外の点検・整備	定期													告示	
			排水受けの点検(清掃)	1回/1月													規則	
			加湿装置の点検・整備	1回/1月													規則	
			加湿装置の清掃	1回/1年													規則	
			冷却塔・冷却水水管の清掃	1回/1年													規則	
			冷却塔の点検・整備	1回/1月													規則	
			空気環境測定	1回/2月													規則	
			粉じん計較正	1回/年													要領	
給水設備	貯水槽(貯湯槽含む)設備		受水槽·高置水槽清掃	1回/1年													規則	
			給水設備点検・整備	1回/1月													指導	
			貯湯槽内の攪拌・排出	定期													告示	
		水質検査	15(10)項目	1回/6月													規則	
			消毒副生成物	1回/年														6～9月
			有機化学物質	1回/3年														地下水
			全項目50項目	使用前														
			遊離残留塩素等	毎日														指導
	配管		管損傷・水漏れ等点検	定期													告示	
			汚水等逆流、吸入点検	定期													告示	
			防錆剤の水質検査	1回/2月													告示	
雑用水			雑用水槽の点検・清掃	定期													告示	
	水質		pH・臭気・外観・遊離残留塩素	1回/7日													規則	
			濁度・大腸菌	1回/2月													規則	
排水設備			汚水槽・雑排水槽の清掃	1回/4月													指導	
			排水槽等の点検	1回/1月													指導	
			ｸﾞﾘｰｽﾄﾗｯﾌﾟの点検·清掃	使用日毎													指導	
			浄化槽の清掃	1回/6月													浄化槽法等	
ね			生息状況調査等	1回/1月													指導	
清掃			日常清掃	毎日													規則	
			大掃除	1回/6月													規則	
			清掃機械·器具点検	定期													告示	
ア			吹付けアスベストの点検	定期													指導	

規則：ビル衛生管理法施行規則(省令)
告示：厚生労働省告示第１１９号
要領：建築物環境衛生維持管理要領

＊フォーマットは会社により異なる。

月次計画表は、日常業務において１年間のサイクルで、点検などを行う予定を入れてある。建物の使われ方などにより時期を調整して点検月などを決めていく。
年間管理計画表は、ほぼ毎月点検日を決めて、定常的に点検をする。点検とは別に、日常的に、目視、異音などがないことを確かめる。

ワンポイントアドバイス

建物の維持管理の仕事は給排水衛生設備工事に関わる事象です。無論電気工事や防水工事等、注意を払うべき職種はありますが、給排水衛生設備の比ではありません。常にビル全体を見回し、異常がないかを点検する人がいて、中で働く人の安心が保障されるのです。

管理の対応

各種の対応

設備事故発生時、ビル管理者には、常に適切な対応が求められています。通常の定常点検整備業務に加え、一次対応としての緊急対応と、クレーム対応です。

緊急対応

緊急対応は、漏水、水が出ないなどの場合での対応で、緊急を要する場合が多く、ビルの使用者から連絡があった場合、緊急の度合いを的確に判断し、行動します。様々なことが起こりますので、対応の仕方もその都度変わります。一度状態を確認した後は、ビル管理者自身が対応できる程度のものであれば、即刻、処置を施しますが、業者を呼ばなければならないときは、どこで、どの配管が、どのような不具合になっていて、現在どうしているかを的確に伝えなければなりません。

特に緊急の場合は、業者が見に来て材料を手配してから作業するのではなく、適切な情報を伝えることができれば、業者は材料を持って職人を連れてきます。

それには、管理図面などで確認の上、的確に必要事項を伝え、迅速なる対応を心がけます。設計図や施工図が描けないにしても、図面の読み方を訓練していれば、緊急のときは対応できます。管理図を見ながら常日頃、どこに何があるのか把握しておくことが必要です。

クレーム処理

クレーム処理は、しばしばビル管理者を悩ませる事象です。建物の使用者は、建物は常に十分満足に機能して当たり前であると感じています。感情的なクレーマーに対しても、冷静に、納得してもらえる心使いが求められます。

ビル使用者にとって、ビル管理者はビルの機械や器具と同じように感じていることが多々あります。人間と建物という物体との間を取り持つ通訳者であるビル管理者ではありますが、ビル使用者は、往々にして身勝手なものであることを承知し、冷静沈着に、事情を説明します。

クレームはビルの不具合に向けて発せられるべきもので、管理者に向けられてはいないことを理解して対応すべきです。

ビル管理者は、一次対応の、緊急性のあるものか、緊急性のない問題なのか、感情的なクレームかを見分けなければなりません。そのうえで、感情的なクレームについては、ビル管理者の対話能力、人柄、話術等の技量が発揮されます。

ビル管理は、技術を持っていれば誰でもできるというものではなく、人の話を聞く能力、受け流す能力、大切な事項を聞き分ける能力が求められます。

人の感情を制御するのは、設備器具や機器、配管などの不具合を制御するより、はるかに困難であることを自覚し、日頃からのコミュニケーションも大切です。

ビル管理を取り巻く様々な対応

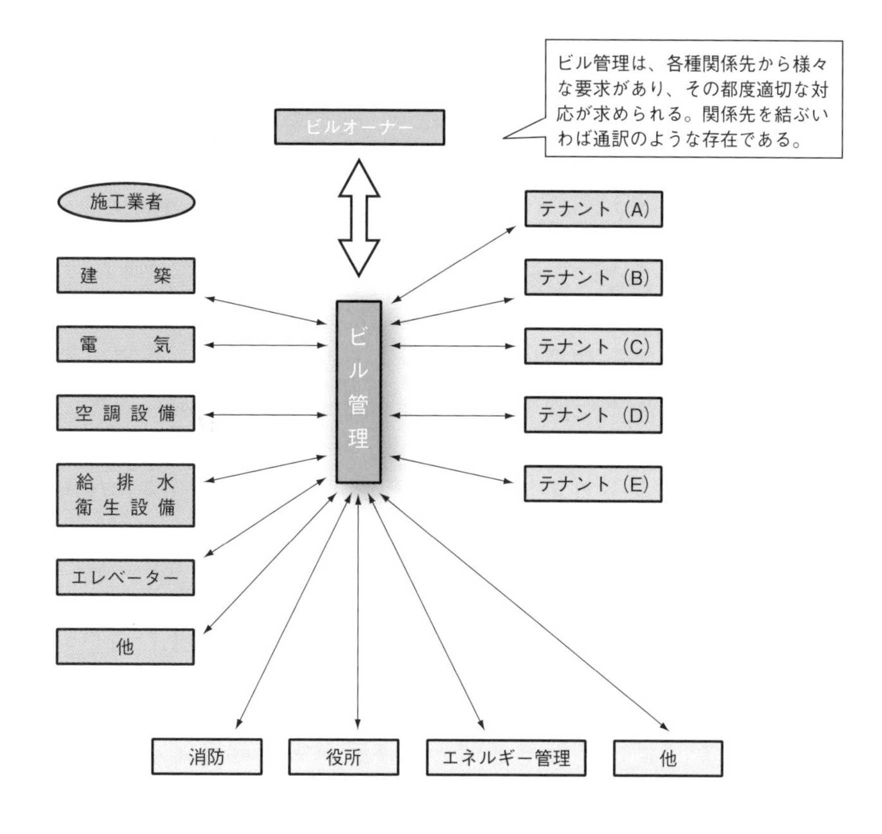

ビル管理者は、時には感情的であったり、理不尽なクレームを受けることもあるが、どんなクレームに対しても冷静に対応しなければならない。

ワンポイントアドバイス

クレーム処理は、一筋縄では行かなくなる場合がありますが「言い方が気にくわない」等の人為的なトラブルに起因することも多く、修復が困難になる場合があります。人としての節度や礼儀など設備管理者である前に社会人であることを自覚しなければなりません。

省エネルギー

省エネルギー対策

ビルが竣工して１年経つと、対前年比の設備データが出てきます。

そのデータから、同じような規模の建物と、水道を含めたエネルギー使用量を比較します。そこから、今後かかるコストを予測します。エネルギーコストと機器導入コストを勘案し、コストに見合わないものは償却して、省エネルギーを目指す対策が必要になります。

受水槽なども、大きすぎれば、受水量の調整をして最適な水の量を調整・管理します。ポンプの起動時間、間隔も最適に調整していきます。

建物の設計は一つ一つの建物にあった設計をしています。基準となる採用データは、間違いのない量を確保しています。当然、不足することはありませんが、一方で、余分な所は出てくるものです。

ビルの使用者も、快適な環境であれば、何も不自由はしません。竣工当時から快適な環境の下で１年経過し、省エネルギーのために快適性が低下すると、クレームが出ます。竣工当初の快適性を維持した上での省エネルギー対策が必要です。

給排水衛生設備の場合、省エネルギーは直接、水の使用を抑える水のリサイクルを提案したり、給湯をコントロールするなどの対策がほとんどです。少しの省エネが、大きな省エネルギーにつながります。

省エネルギービル

もともと省エネルギーを施して完成したビルは、同程度のビルのエネルギーコストとの比較によって、その程度が把握できます。中水道、雨水リサイクル、太陽熱利用、廃熱利用などですが、初期費用とランニングコストからの経済的判断も求められます。

竣工後の省エネルギー対策

水の使用量は、大便器の洗浄水が多く、その水の使用を下げると、節水に繋がります。大便器を節水便器にする、小便器はセンサーを使って、使用した人数を数えて適切な時に洗浄すると水の使用量が下がります。水の使用量が下がると、高置タンク方式の重力給水システムでは、ポンプの運転回数が減り、揚水量が減りますので、動力使用量が下がります。

水の使用量は、使用者にわからないところで節水していますが、洗面器、手洗い器の節水ができると、より効果が上がります。一見すると小さな給排水衛生設備での水に関する省エネルギー対策ですが、大量に水を消費する大型ビルなどでは、有効な節水方法で、省エネの一環として採用されつつあります。

給湯は使用時間に合わせた工夫をすると省エネルギーにつながります。今後、省エネルギー対策として十分な調査、検証が必要になります。

省エネルギー計画

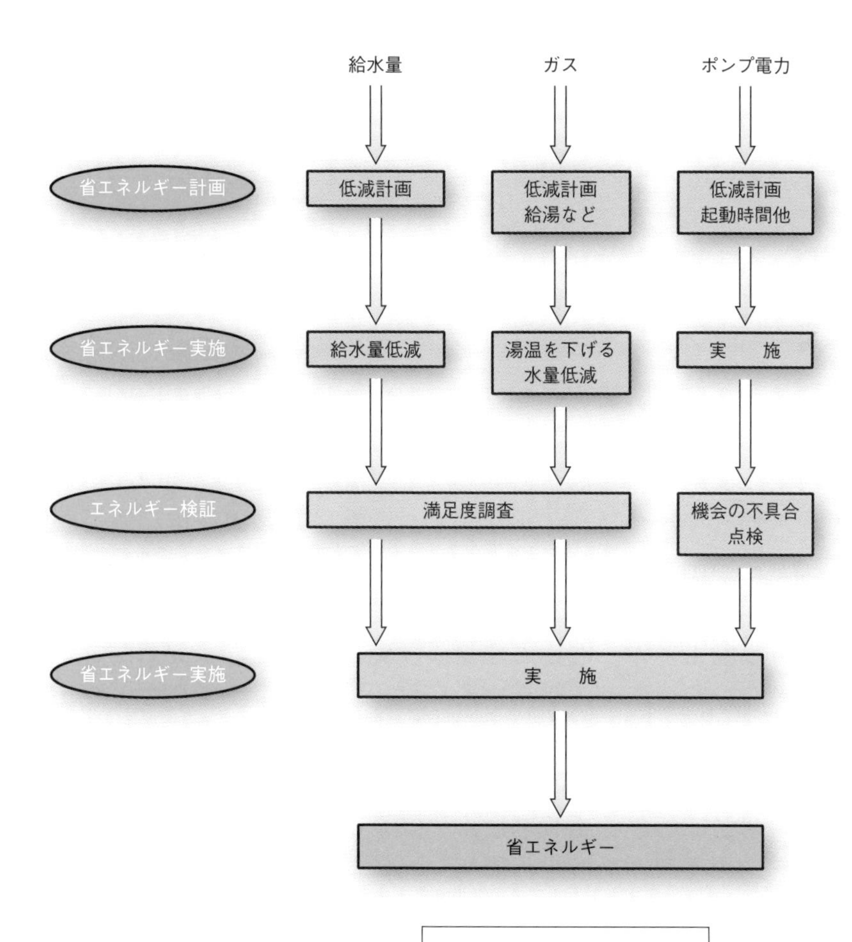

省エネルギーは、給排水衛生設備だけでなく、その他の設備である電気、空調とともに、計画・実施をして、成果を上げていくようにしていく。

ワンポイントアドバイス

省エネは、現代の大きなテーマです。「限りある有効資源を大切に使っていくべきである」という反省の上に、全ての面で叫ばれています。水、電気、石油、ガス等々、それこそ湯水のように使ってきた人類に科せられた課題で、建築設備にも省エネ対策が必要です。今の社会で、万人が取り組むべき問題です。

ライフサイクルコスト

ビル管理の資質

給排水衛生設備は、建物の使用者にとっては、水を利用する所での関わりです。水を飲んだり、手を洗うことから、清掃に使う水、洗濯に使う水、トイレの洗浄水まで、様々な場面で付き合います。そこには衛生器具があり、配管があり、どこかに繋がっています。

しかし、建物の使用者との付き合いはそこまでで、水が出なかったり、水が思いもよらない所から出てくれば、即ビル管理者に連絡がいきます。

常日頃、人は設備工事のことなど考えることなく蛇口をひねります。給排水衛生設備が信頼され、不具合がないことが当たり前であり、日常なのです。水が出なかったり、妙なところから出ればビル管理者に助けを求めることになり、異常事態なのです。

ビル管理は建物のすべての設備を知らなければなりません。その上で、技術者として、なぜ水が出るか、なぜ水が出ないか、なぜ漏水しているのかを、説明できるようにしなければいけません。難しい知識や、難しい公式を知っていても、一般の人には通用しません。より身近に、道理にかなったことを説明できなければなりません。

説明は、誰にでも優しく、そして技術はより省エネルギーに、高度になっていきます。その間を取り持つ技術者が、ビル管理者です。科学的な幅広い知識と、より身近な解説ができるビル管理者が求められています。

ライフサイクルコスト

建築物などの企画、設計に始まり、竣工、運用を経て、修繕、耐用年数の経過により解体処分するまでの全期間に要する費用をすべて含めて合算したものをライフサイクルコストといいます。

費用対効果を推し量るうえでも重要なコストで、初期建設費であるイニシャルコストと、エネルギー費、保全費、改修・更新費などのランニングコストにより算出します。ライフサイクルコストの低減を図るには、企画・計画段階から全費用を総合的に検討することが必要といわれていますが、既存のビルに対して、耐用年数を調査して算出し、これからかかる全期間のランニングコスト、修繕費用を算入し、解体処分するまでの費用を出します。この結果、ランニングコストが大きくなりすぎると建物を建て替えたほうが省エネに貢献するとの結論になるわけです。建築物を、無機質な単なる物として算出します。経営的戦略の指針と、保険、借り入れ金利等々全て含めて建築物のコストを見ます。金額に換算できない建築物に対する人の思い入れなどは無視されます。経済社会の中での建築の扱いはビル管理の考え方とは異なっています。

建築物のライフサイクルコスト

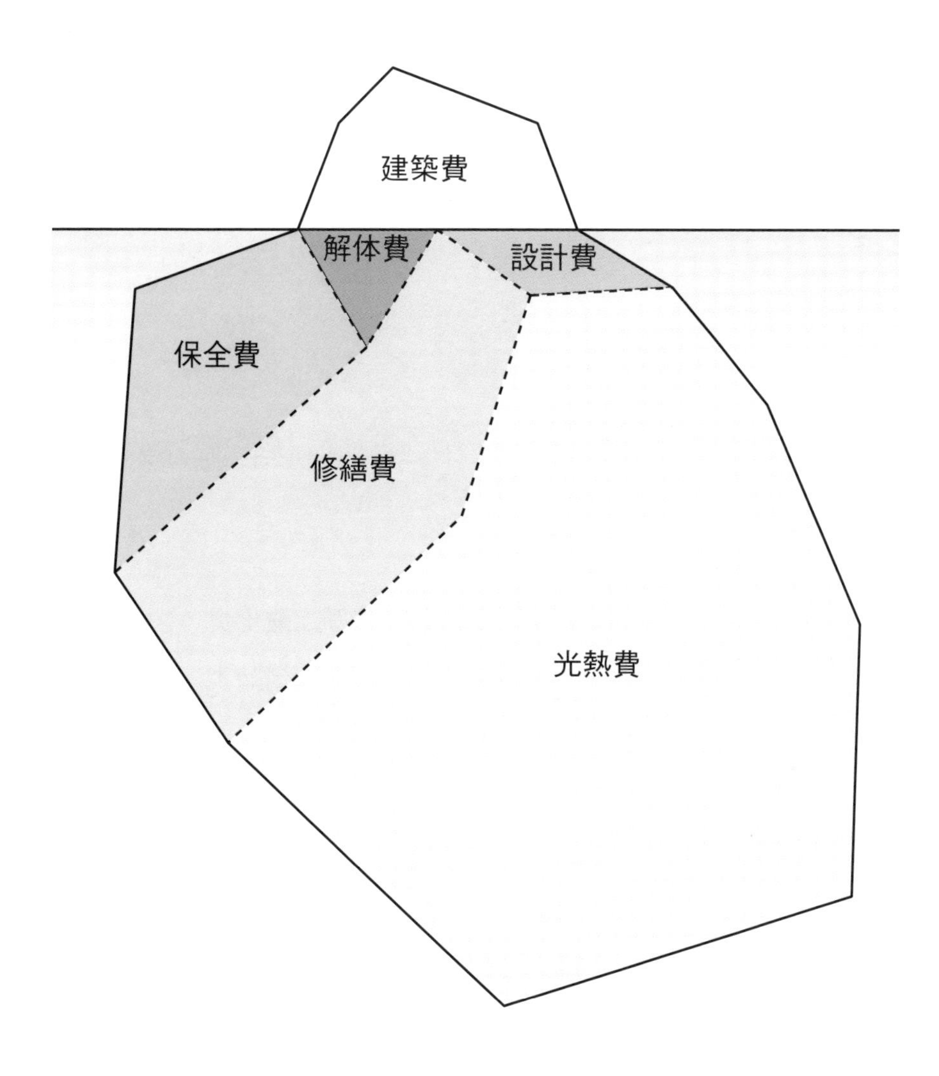

ライフサイクルコストの概念

建築物のコストは、建設費のみを考えがちだが、建築物が立ったあとのことを考えた場合、建築費は氷山の一角である。
ライフサイクルコスト全体からすれば、保全費や修繕費、光熱費の維持・管理にかかる割合の方が高い。

ワンポイントアドバイス

現代の日本社会は資本主義経済社会です。全てをお金に換算して損得を計算してる貧しい人が実はお金持ちです。建築は単なる物ではありません。簡単に￥換算できる物ではないのです。人が、住み、働き、遊ぶ、崇高な場所です。経済の論理で建築は計れません。

環境には バランスも 大切

病院の新築工事の監理をしているときに、病院の院長が二酸化炭素削減のために、省エネ装置を入れたいといい出し、結果としてイニシャルコストがどんどん膨らんでしまいました。その上、コージェネレーションにより電気と湯を取り出したいとの意見も出たため、さらにコストアップになりました。

施工業者は、追加金額さえ出れば何もいいませんが、病院側が追加金額に見合った契約をしてくれません。

このとき、病院側からは「病院の経営が苦しいから」と説明を受けましたが、設備監督が「先生、環境、環境といって病院がつぶれたらどうするんですか？」と反論したところ、結局この話はストップしてしまいました。

「省エネルギーになる、環境に良い」ということは、＝省コストではありません。前述のように、ライフサイクルコストを見合わせながら省エネルギーを進めていかないと高コストの建物になります。

いまの時代、省エネルギーとコストのバランスを考えながら、満足できる環境をつくっていく必要があります。

索　引

さ

た

な

は

ま

や

ら

わ

参考文献

『空気調和・衛生工学便覧　第10版』
社団法人空気調和・衛生工学会編著
『給排水衛生設備計画設計の実務の知識』
空気調和・衛生工学会編（オーム社）
『国土交通大臣登録平成20年度設備設計一級建築士講習テキスト（上巻）』
財団法人建築技術教育普及センター編

監修

中島　康孝
早稲田大学第一理工学部建築学科卒業。
現職は工学院大学名誉教授、ＮＰＯ法人建築環境・設備技術情報センター（ＡＥＩ）理事長。工学博士（早稲田大学）、一級建築士、設備設計一級建築士、建築設備士。
日本建築学会賞、日本太陽エネルギー学会賞、国土交通大臣功労賞などを受賞。著書に『建築設備ポケットブック』共著（相模書房）、『空気調和衛生工学会便覧』共著（空気調和・衛生工学会）、『新エネルギー利用ハンドブック』共著（日本太陽エネルギー学会）などがある。

執筆者

森川　元樹
工学院大学建築学科卒業。一級建築士事務所（有）森川設計取締役、東京都立城東職業能力開発センター講師。一級管工事施工管理技士、設備設計一級建築士。

いちばんよくわかる　給排水・衛生設備（きゅうはいすい・えいせいせつび）〔第２版〕

2012年2月1日　初　版　第1刷発行
2024年4月1日　第2版　第1刷発行

編著者	ＴＡＣ株式会社（建築設備研究会）
発行者	多田敏男
発行所	ＴＡＣ株式会社　出版事業部（ＴＡＣ出版） 〒101-8383 東京都千代田区神田三崎町3-2-18 電話　03（5276）9492（営業） FAX　03（5276）9674 https://shuppan.tac-school.co.jp
組版	ジーグレイプ株式会社
印刷	株式会社ワコー
製本	株式会社常川製本

ISBN 978-4-300-11163-5
N.D.C. 533

TAC出版 書籍のご案内

TAC出版では、資格の学校TAC各講座の定評ある執筆陣による資格試験の参考書をはじめ、資格取得者の開業法や仕事術、実務書、ビジネス書、一般書などを発行しています！

TAC出版の書籍

＊一部書籍は、早稲田経営出版のブランドにて刊行しております。

資格・検定試験の受験対策書籍

- 日商簿記検定
- 建設業経理士
- 全経簿記上級
- 税　理　士
- 公認会計士
- 社会保険労務士
- 中小企業診断士
- 証券アナリスト
- ファイナンシャルプランナー(FP)
- 証券外務員
- 貸金業務取扱主任者
- 不動産鑑定士
- 宅地建物取引士
- 賃貸不動産経営管理士
- マンション管理士
- 管理業務主任者
- 司法書士
- 行政書士
- 司法試験
- 弁理士
- 公務員試験(大卒程度・高卒者)
- 情報処理試験
- 介護福祉士
- ケアマネジャー
- 社会福祉士　ほか

実務書・ビジネス書

- 会計実務、税法、税務、経理
- 総務、労務、人事
- ビジネススキル、マナー、就職、自己啓発
- 資格取得者の開業法、仕事術、営業術
- 翻訳ビジネス書

一般書・エンタメ書

- ファッション
- エッセイ、レシピ
- スポーツ
- 旅行ガイド（おとな旅プレミアム/ハルカナ）
- 翻訳小説

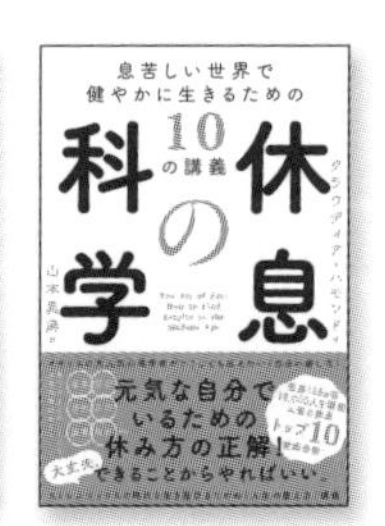

(2021年7月現在)

書籍のご購入は

1 全国の書店、大学生協、ネット書店で

2 TAC各校の書籍コーナーで

資格の学校TACの校舎は全国に展開!
校舎のご確認はホームページにて

資格の学校TAC ホームページ
https://www.tac-school.co.jp

3 TAC出版書籍販売サイトで

24時間
ご注文
受付中

https://bookstore.tac-school.co.jp/

新刊情報をいち早くチェック!

たっぷり読める立ち読み機能

学習お役立ちの特設ページも充実!

TAC出版書籍販売サイト「サイバーブックストア」では、TAC出版および早稲田経営出版から刊行されている、すべての最新書籍をお取り扱いしています。
また、無料の会員登録をしていただくことで、会員様限定キャンペーンのほか、送料無料サービス、メールマガジン配信サービス、マイページのご利用など、うれしい特典がたくさん受けられます。

サイバーブックストア会員は、特典がいっぱい!(一部抜粋)

通常、1万円(税込)未満のご注文につきましては、送料・手数料として500円(全国一律・税込)頂戴しておりますが、1冊から無料となります。

専用の「マイページ」は、「購入履歴・配送状況の確認」のほか、「ほしいものリスト」や「マイフォルダ」など、便利な機能が満載です。

メールマガジンでは、キャンペーンやおすすめ書籍、新刊情報のほか、「電子ブック版TACNEWS(ダイジェスト版)」をお届けします。

書籍の発売を、販売開始当日にメールにてお知らせします。これなら買い忘れの心配もありません。

書籍の正誤に関するご確認とお問合せについて

書籍の記載内容に誤りではないかと思われる箇所がございましたら、以下の手順にてご確認とお問合せをしてくださいますよう、お願い申し上げます。
なお、正誤のお問合せ以外の**書籍内容に関する解説および受験指導などは、一切行っておりません。**
そのようなお問合せにつきましては、お答えいたしかねますので、あらかじめご了承ください。

1 「Cyber Book Store」にて正誤表を確認する

TAC出版書籍販売サイト「Cyber Book Store」の
トップページ内「正誤表」コーナーにて、正誤表をご確認ください。

CYBER BOOK STORE TAC出版書籍販売サイト

URL:https://bookstore.tac-school.co.jp/

2 1の正誤表がない、あるいは正誤表に該当箇所の記載がない ⇒ 下記①、②のどちらかの方法で文書にて問合せをする

★ご注意ください★

お電話でのお問合せは、お受けいたしません。
①、②のどちらの方法でも、お問合せの際には、「お名前」とともに、
「対象の書籍名(○級・第○回対策も含む)およびその版数(第○版・○○年度版など)」
「お問合せ該当箇所の頁数と行数」
「誤りと思われる記載」
「正しいとお考えになる記載とその根拠」
を明記してください。
なお、回答までに1週間前後を要する場合もございます。あらかじめご了承ください。

① ウェブページ「Cyber Book Store」内の「お問合せフォーム」より問合せをする

【お問合せフォームアドレス】

https://bookstore.tac-school.co.jp/inquiry/

② メールにより問合せをする

【メール宛先 TAC出版】

syuppan-h@tac-school.co.jp

※土日祝日はお問合せ対応をおこなっておりません。
※正誤のお問合せ対応は、該当書籍の改訂版刊行月末日までといたします。

乱丁・落丁による交換は、該当書籍の改訂版刊行月末日までといたします。なお、書籍の在庫状況等により、お受けできない場合もございます。
また、各種本試験の実施の延期、中止を理由とした本書の返品はお受けいたしません。返金もいたしかねますので、あらかじめご了承くださいますようお願い申し上げます。

TACにおける個人情報の取り扱いについて
■お預かりした個人情報は、TAC(株)で管理させていただき、お問合せへの対応、当社の記録保管にのみ利用いたします。お客様の同意なしに業務委託先以外の第三者に開示、提供することはございません(法令等により開示を求められた場合を除く)。その他、個人情報保護管理者、お預かりした個人情報の開示等及びTAC(株)への個人情報の提供の任意性については、当社ホームページ(https://www.tac-school.co.jp)をご覧いただくか、個人情報に関するお問い合わせ窓口(E-mail:privacy@tac-school.co.jp)までお問合せください。

(2022年7月現在)